KB264682

경북지역
불교 문화재

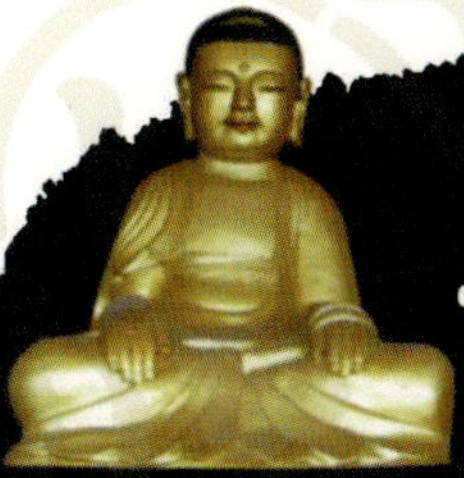

경북지역 불교 문화재

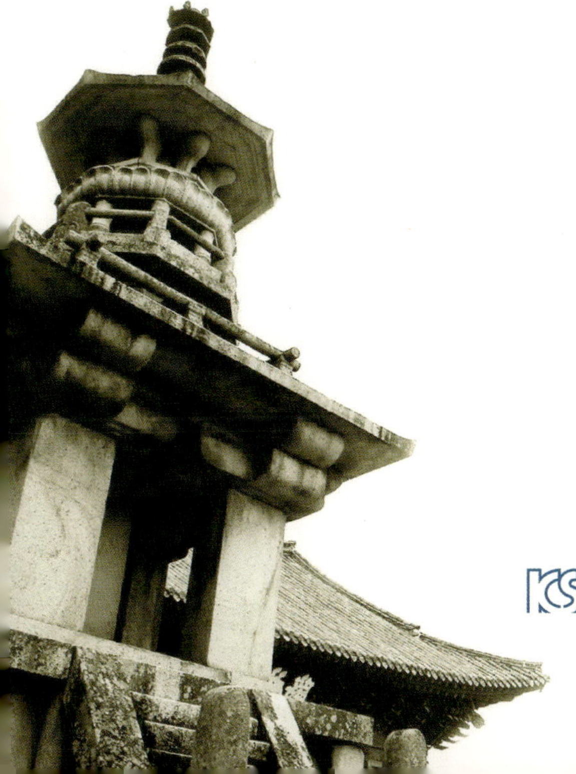

김환대 지음

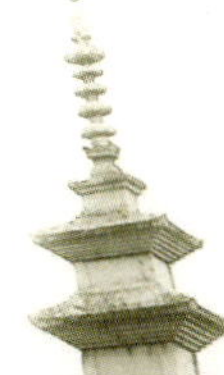
한국학술정보㈜

책을 내면서

우리나라는 어느 곳을 가든 천혜의 아름다움을 간직한 자연과 문화유적이 있다. 요즘 들어서는 이러한 우수한 문화유산을 체험하고 우리 문화재를 알리고자 각 지역에서 많은 사람이 활동하고 있다.

이 책은 오랜 기간 현장답사를 통해 축적된 경북지역의 1700여 점이 넘는 다양한 문화재 중 불교 관련 문화재 자료들을 자료화하여 펴낸 것이다.

지정 문화재가 있는 건축물, 불상, 탑, 부도, 석조물 등 불교 관련 문화재를 망라하였고, 최근 지정 현황을 중심으로 정리하였다.

경북지역에 불교 관련 문화유적이 많은 이유는 아무래도 불교가 전래되어 천년고도 신라가 오랜 기간 이 지역에 있었고, 이후로도 가장 활발한 불교문화가 발달하였기 때문일 것이다. 시대의 흐름에 따라 다양한 형태와 양식으로 발달한 유적은 그 종류도 다른 지역에 비해 다양하며 가치도 크다고 할 수 있다.

  답사나 사진 자료들을 정리하는 데 있어, 많은 도움을 주신 주위 답사 동호인 여러분께 감사의 마음을 전한다.

  분량이 많은 관계로 미흡한 부분이 있을 수도 있으나 이후에도 계속 꾸준히 보완할 것이며, 경북지역의 불교문화유적을 이해하고 답사하는 이들에게 활용되는 책으로 거듭나길 바란다.

2008. 10.

경주에서 김환대

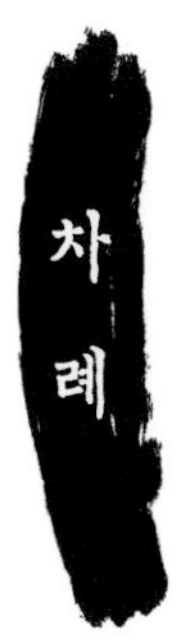 차례

사찰 건축물(佛宇(佛殿))

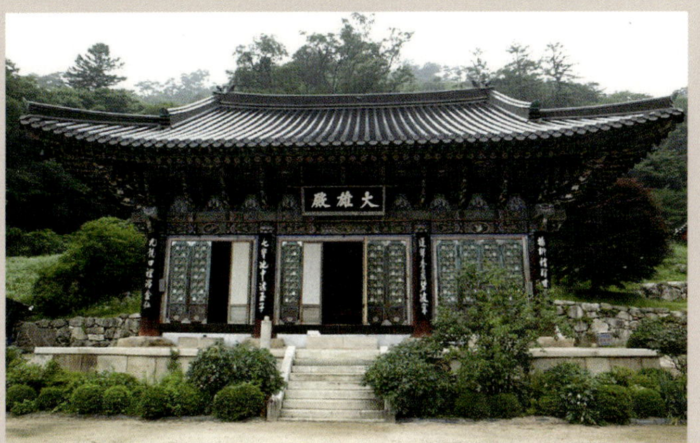

우리나라에 불교가 전해내려온 이래 많은 건축물이 들어섰다. 신라가 삼국을 통일한 직후에 경주지역을 중심으로 경북지역 각지에 많은 사찰이 건립되었는데, 잦은 전쟁과 화재로 인해 대부분이 소실되고 조선시대가 지나면서 폐사되거나 중창되어 현재에 이르고 있다.

유명 사찰은 최근 발굴조사를 통해 새로운 사실들이 알려졌다. 경북지역에는 현재 우리나라에서 가장 오래된 목조 건물로 알려진 영주 부석사 무량수전이나, 안동 봉정사 극락전, 대웅전, 영천 은해사 거조암 영산전 등 주심포 양식의 고려시대 후기 건물이 남아 있고, 김천 직지사 대웅전 등 조선 후기 건축물이 남아 문화재로 지정되어 있으며, 그 종류도 다양한데 대부분은 대웅전이다.

대웅전 이외에도 대적광전·원통전·극락전·보광전·약사전·나한전·응진전·명부전·영산전·유리보전·무량수전·무량전 등이 있다.

현재 국보 제14호 영천 은해사 거조암 영산전, 제15호 안동 봉정사 극락전, 제18호 영주 부석사 무량수전, 제19호 조사당과 보물 제55호 봉정사 대웅전, 제242호 개목사 원통전, 제836호 청도 대적사 극락전 그리고 경상북도 유형문화재 제138호 영덕 장육사 대웅전, 제160호 의성 대곡사 대웅전, 경상북도 문화재 자료 제40호 안동 용담사 무량전, 제231호 포항 보경사 대웅전 등 많은 건축물이 지정되어 있다.

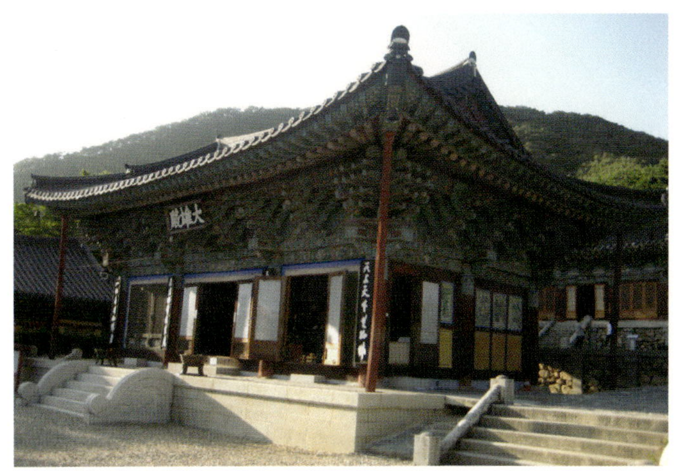

포항 보경사(寶鏡寺) 적광전과 대웅전이 경상북도 문화재로 지정됨

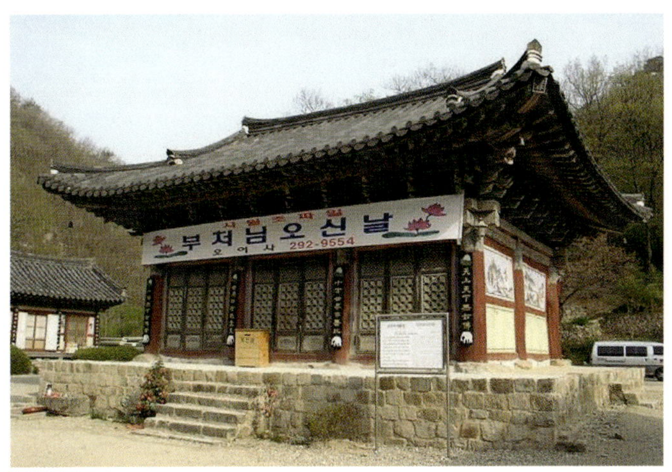

포항 오어사(吾魚寺) 대웅전이 경상북도 문화재로 지정됨

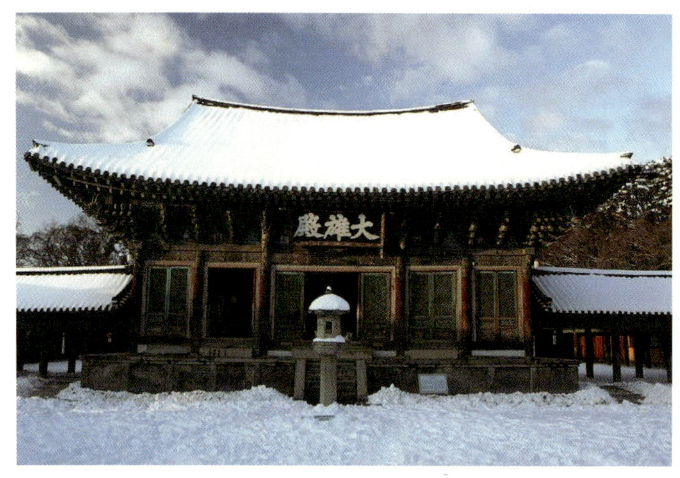

경주 불국사(佛國寺)가 유네스코 세계문화유산에 등록됨

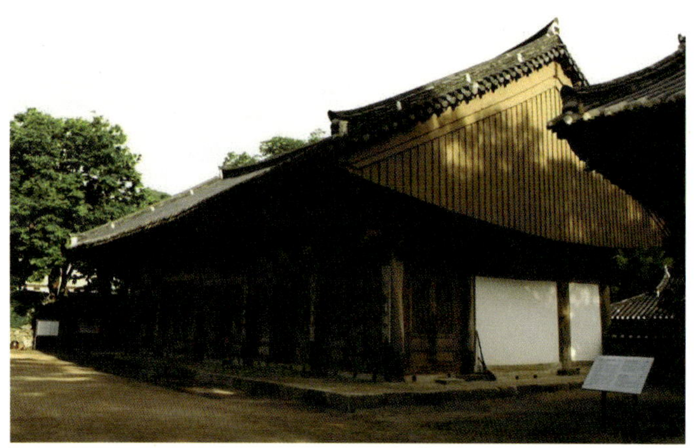

경주 기림사(祇林寺) 대적광전과 응진전, 약사전이 문화재로 지정됨

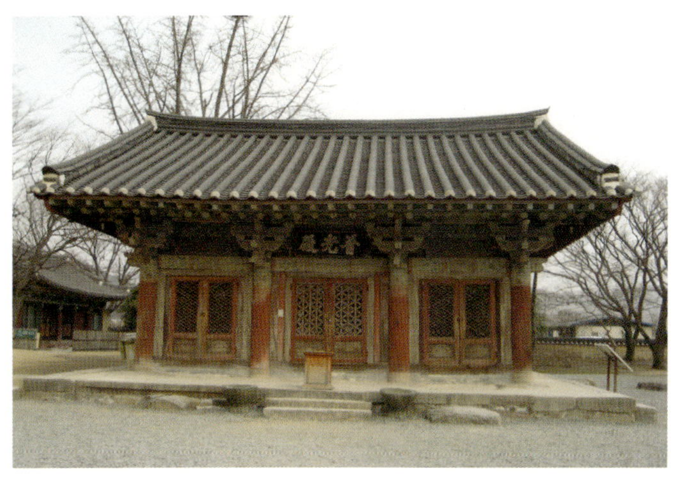

경주 분황사(芬皇寺) 석탑과 약사여래입상이 문화재로 지정됨

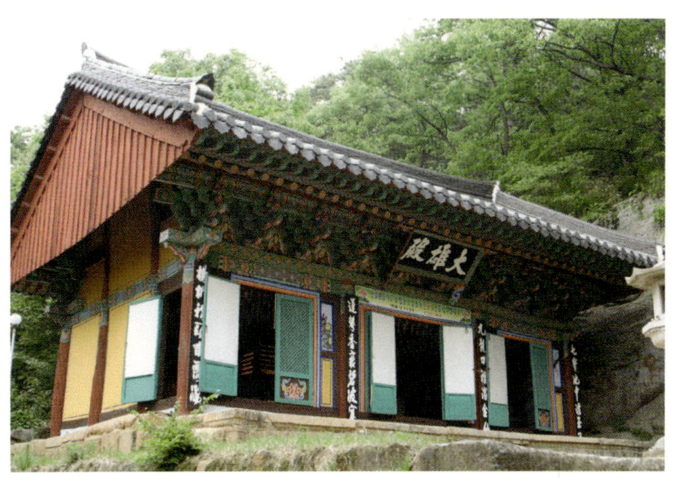

경주 백률사(栢栗寺) 대웅전이 경상북도 문화재로 지정됨

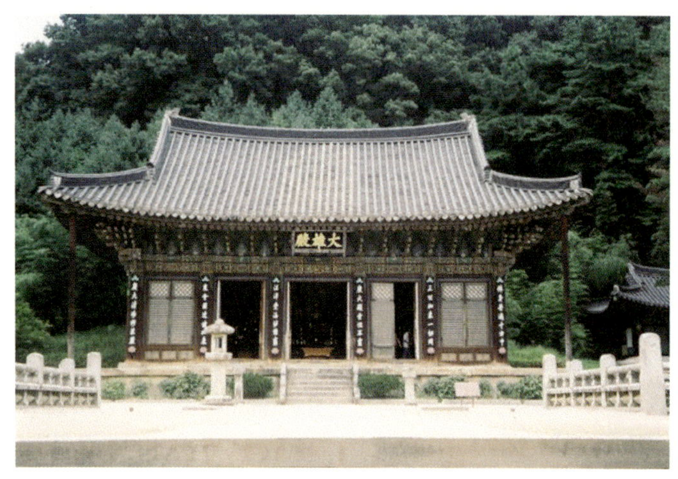

김천 직지사(直指寺) 대웅전이 문화재로 지정됨

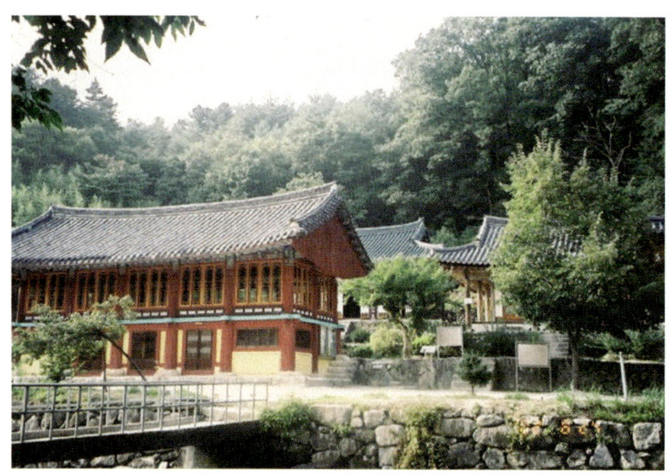

김천 청암사(靑巖寺) 대웅전과 보광전이 경상북도 문화재로 지정됨

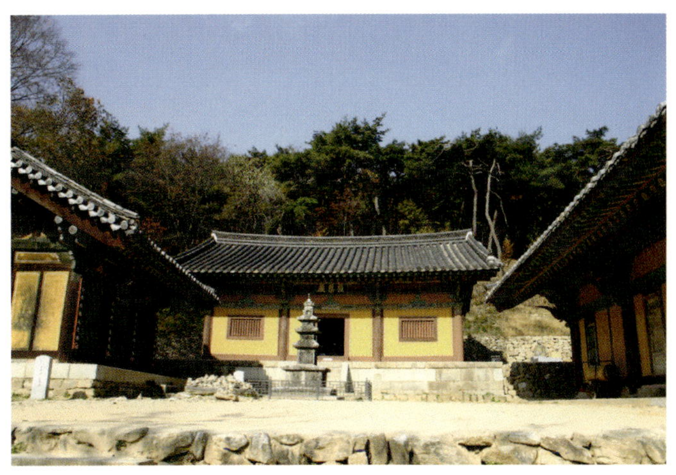

안동 봉정사(鳳停寺) 극락전과 대웅전이 문화재로 지정됨

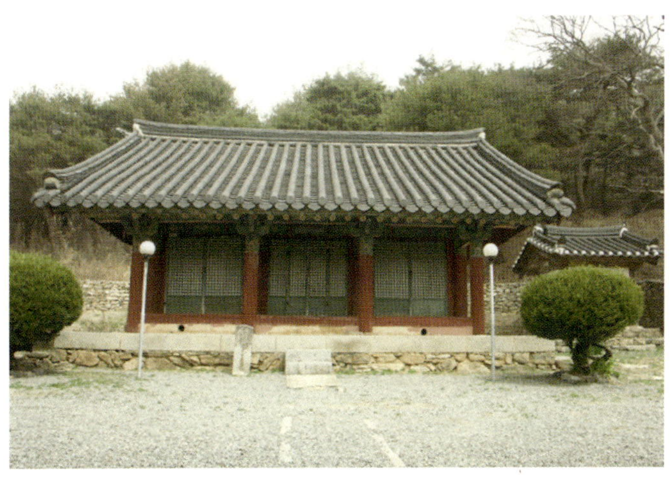

안동 개목사(開目寺) 원통전이 문화재로 지정됨

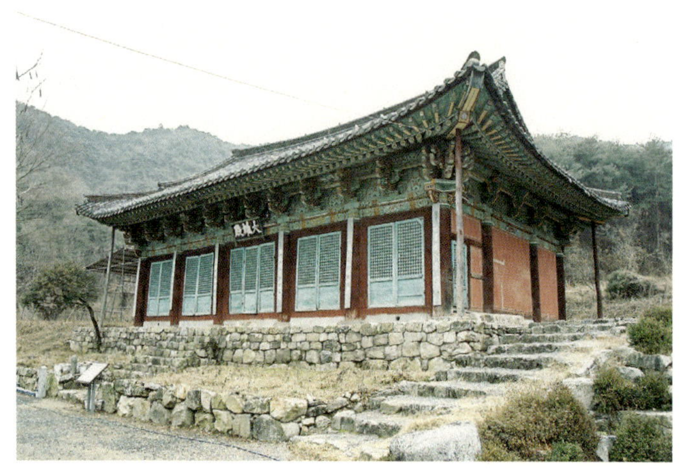

안동 황산사(黃山寺) 대웅전이 경상북도 문화재로 지정됨

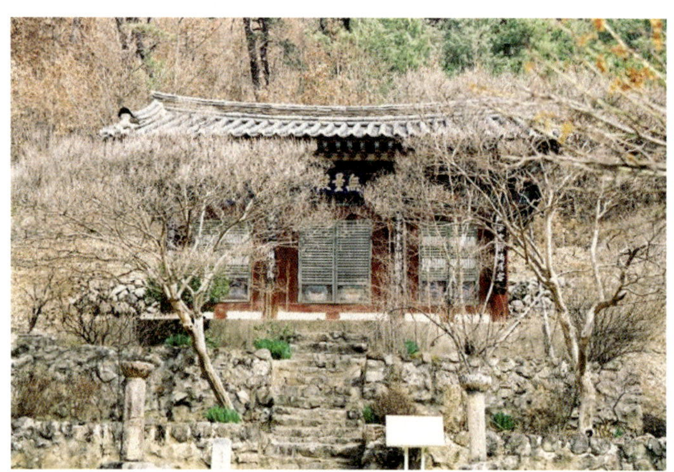

안동 용담사(龍潭寺) 무량전이 경상북도 문화재로 지정됨

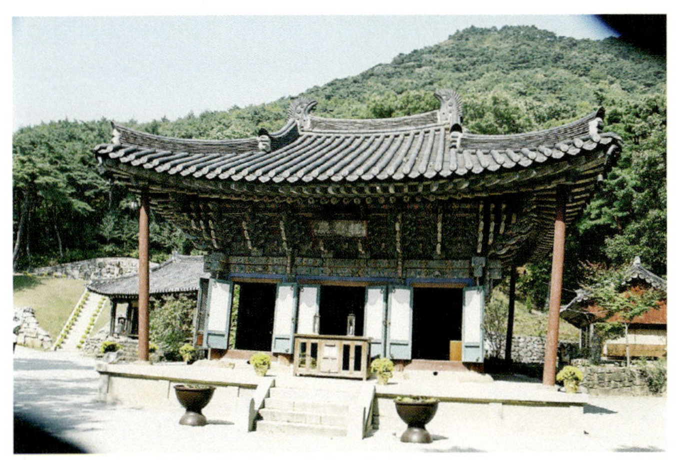

구미 도리사(桃李寺) 극락전이 경상북도 문화재로 지정됨

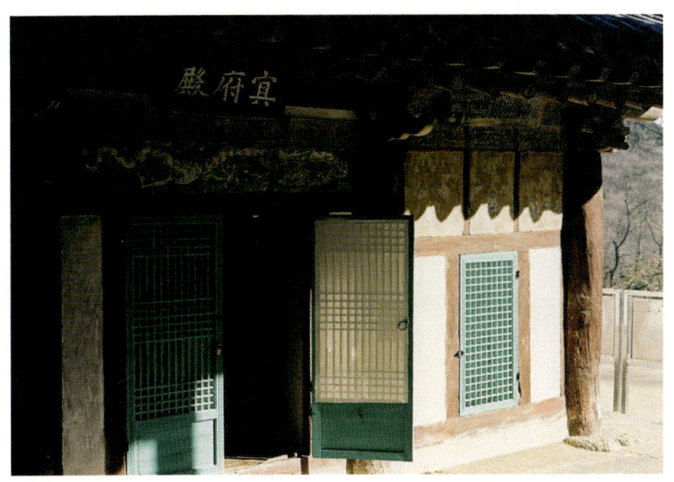

구미 수다사(水多寺) 명부전이 경상북도 문화재로 지정됨

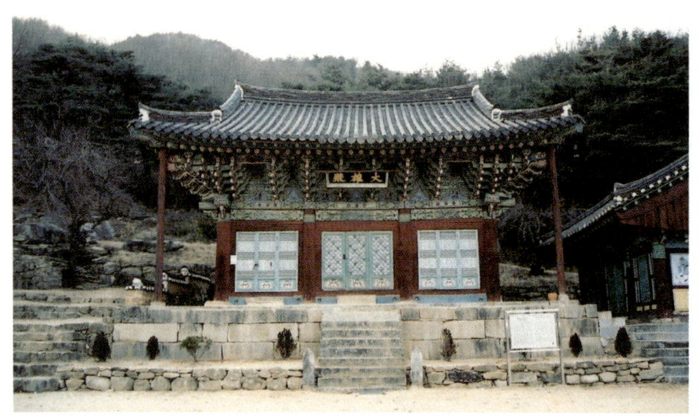

구미 대둔사(**大苞寺**) 대웅전이 경상북도 문화재로 지정됨

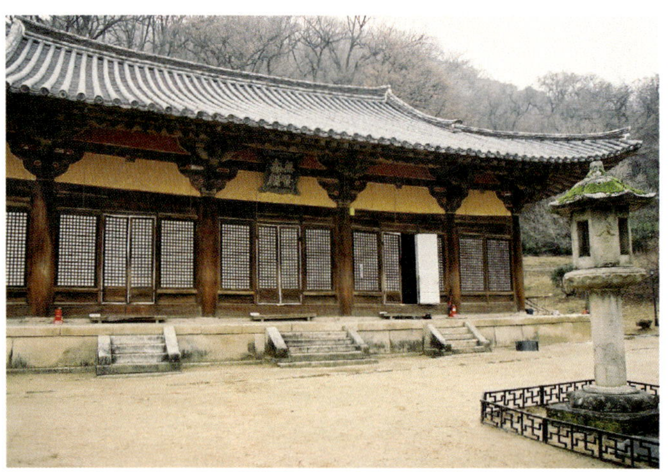

영주 부석사(**浮石寺**) 무량수전, 조사당이 문화재로 지정됨

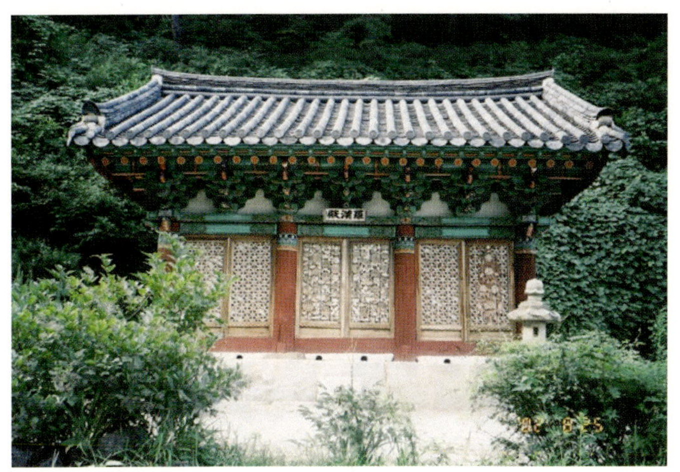

영주 성혈사(聖穴寺) 나한전이 문화재로 지정됨

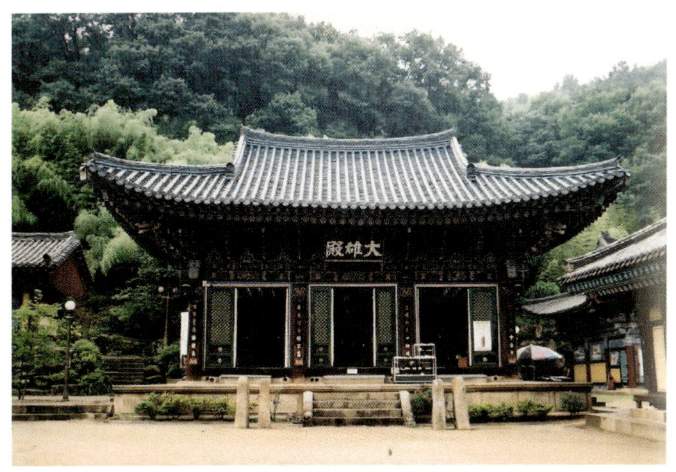

영천 은해사(銀海寺) 대웅전이 경상북도 문화재로 지정됨

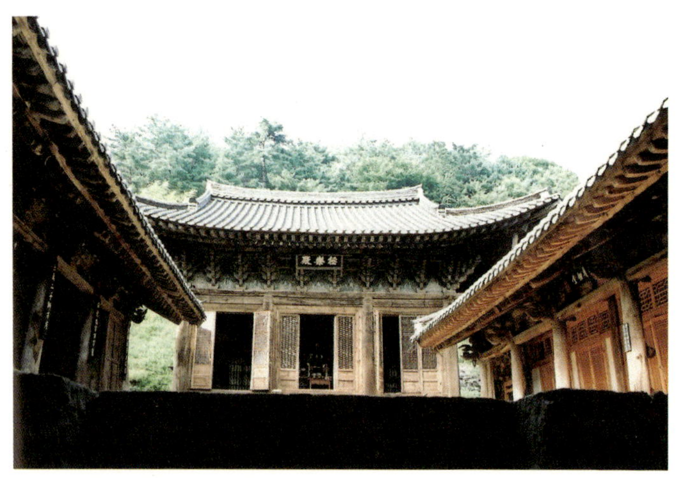

영천 은해사 백흥암(百興庵) 극락전이 문화재로 지정됨

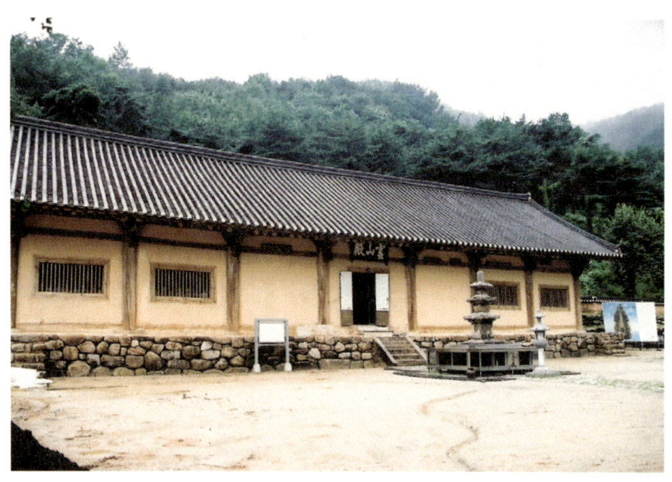

영천 은해사 거조암(居祖庵) 영산전이 문화재로 지정됨

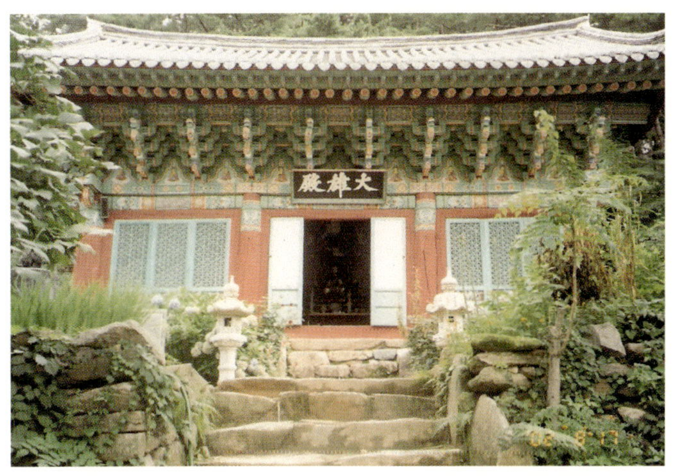

영천 거동사(巨洞寺) 대웅전이 경상북도 문화재로 지정됨

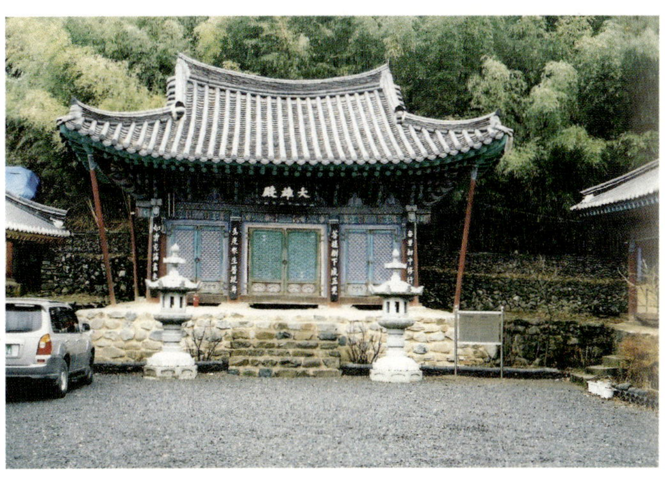

영천 영지사(靈芝寺) 대웅전과 범종각이 경상북도 문화재로 지정됨

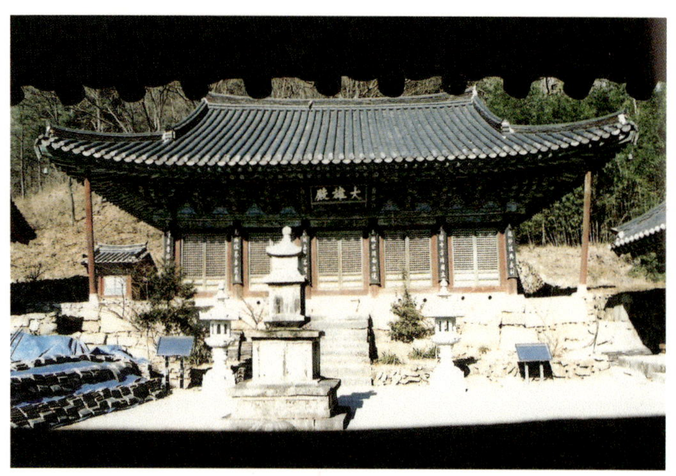

경산 환성사(環城寺) 대웅전이 문화재로 지정됨

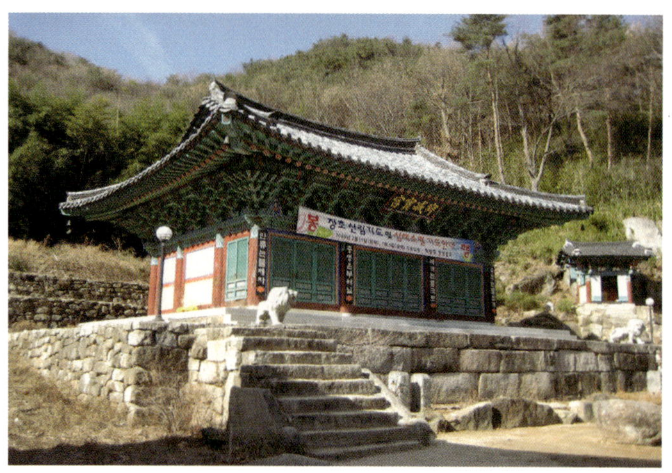

경산 불굴사(佛窟寺) 삼층석탑과 석불입상이 문화재로 지정됨

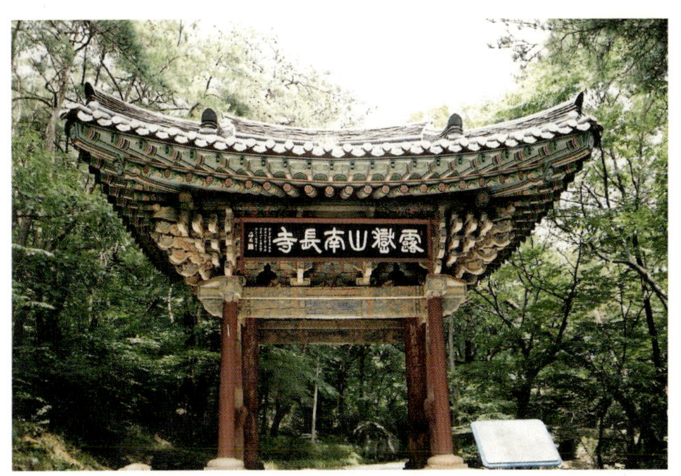

상주 남장사(南長寺) 일주문이 경상북도 문화재로 지정됨

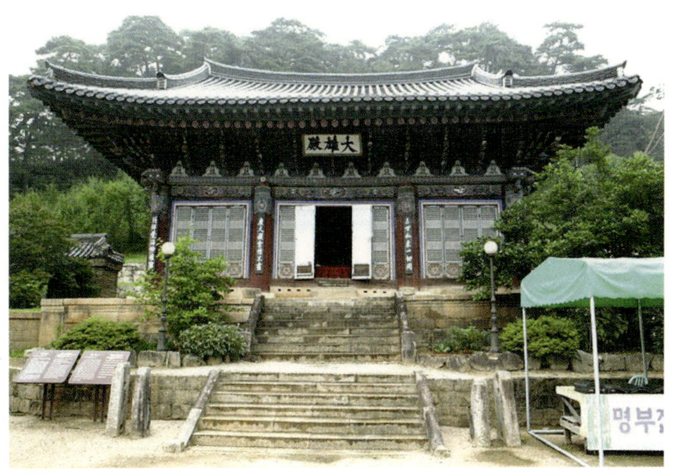

문경 김용사(金龍寺) 대웅전이 경상북도 문화재로 지정됨

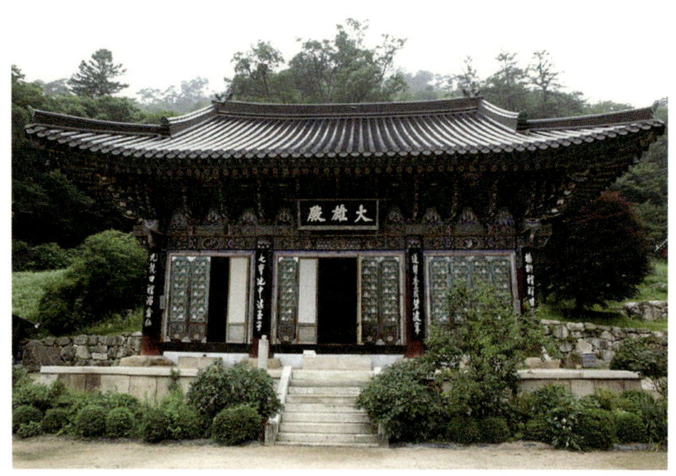

문경 대승사(大乘寺) 대웅전 내 목각후불탱이 문화재로 지정됨

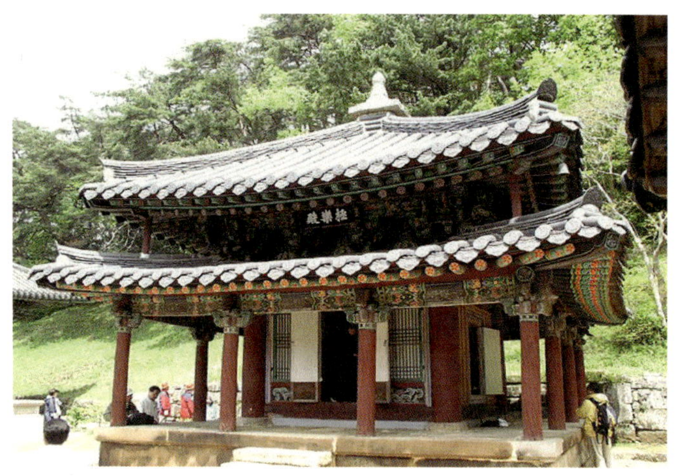

문경 봉암사(鳳巖寺) 극락전이 경상북도 문화재로 지정됨

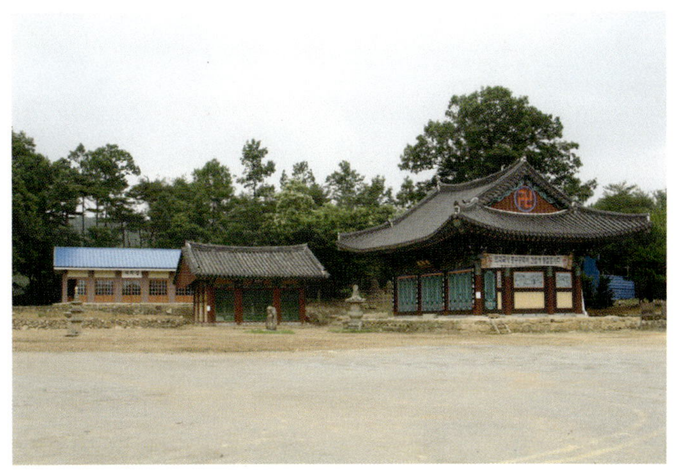

군위 인각사(麟角寺) 『삼국유사』를 지은 장소로 알려진 곳

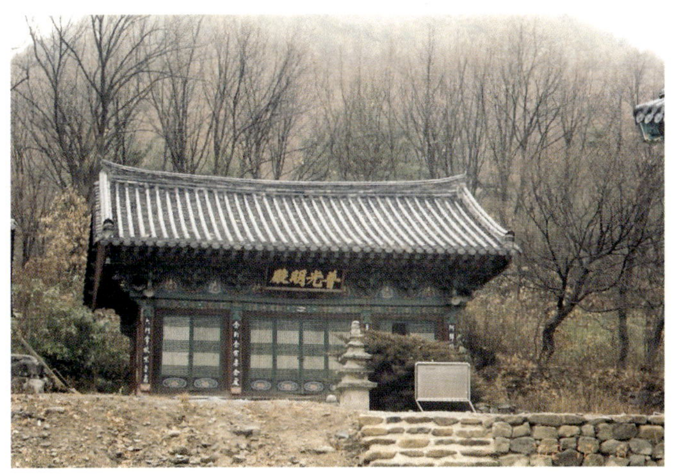

군위 법주사(法住寺) 보광명전이 경상북도 문화재로 지정됨

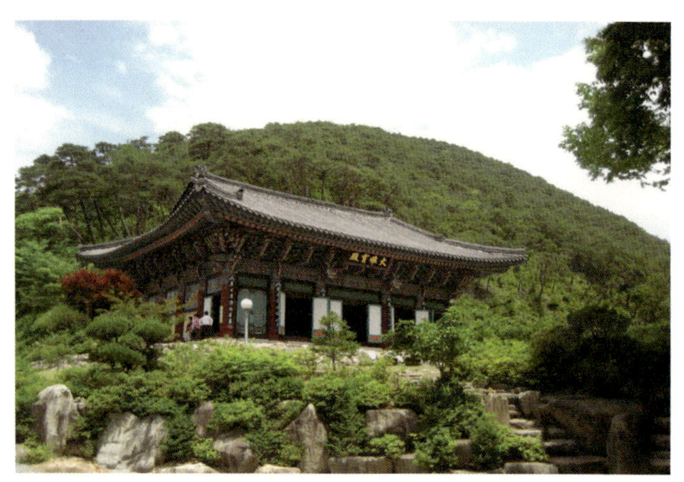

의성 고운사(孤雲寺) 대한불교 조계종 제16교구 본사

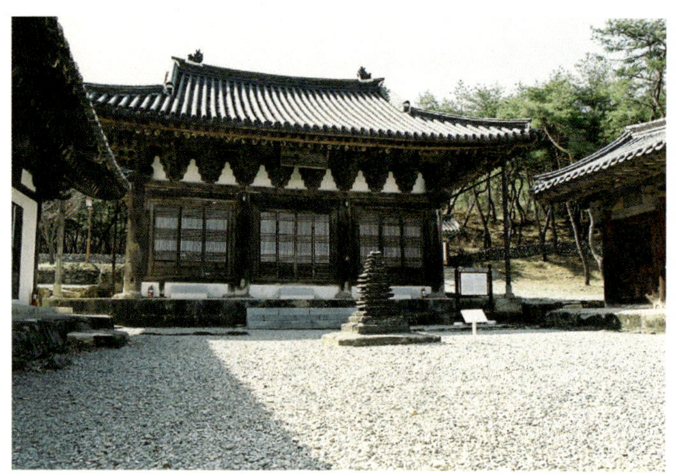

의성 대곡사(大谷寺) 대웅전과 명부전이 경상북도 문화재로 지정됨

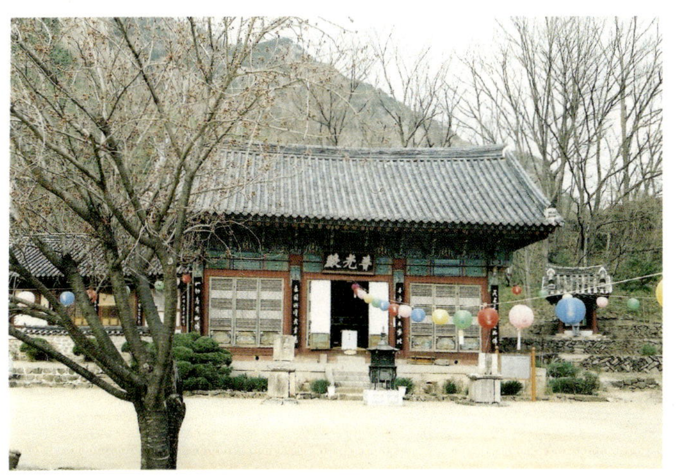

청송 대전사(大典寺) 보광전이 문화재로 지정됨

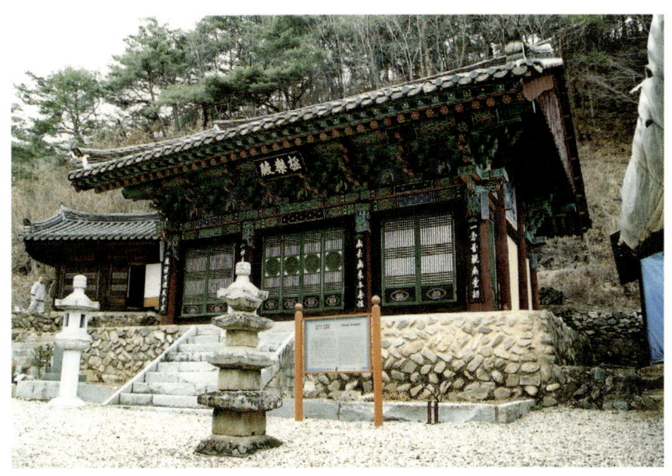

청송 보광사(普光寺) 극락전이 경상북도 문화재로 지정됨

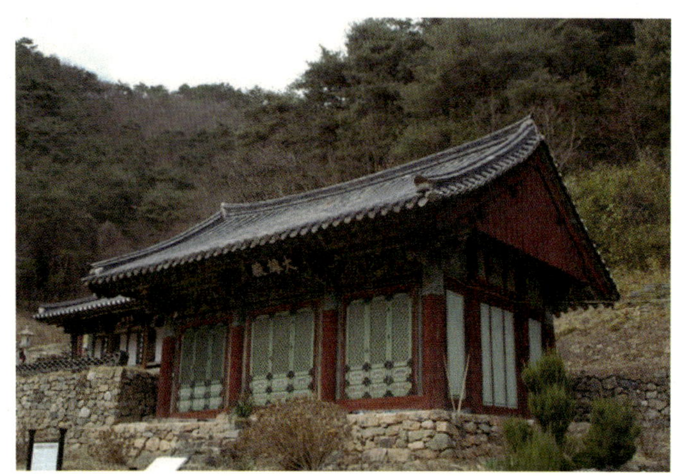

영덕 장육사(莊陸寺) 대웅전이 경상북도 문화재로 지정됨

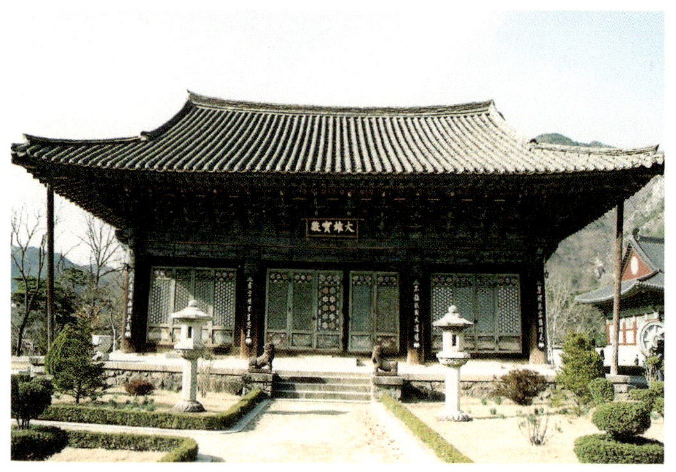

청도 운문사(雲門寺) 대웅보전이 문화재로 지정됨

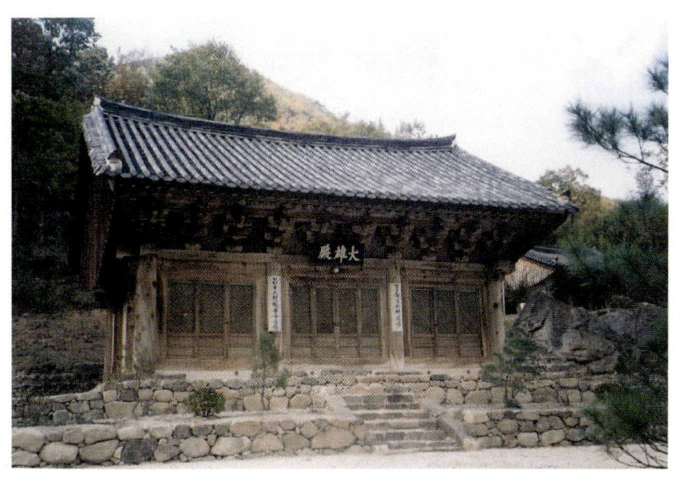

청도 대비사(大悲寺) 대웅전이 문화재로 지정됨

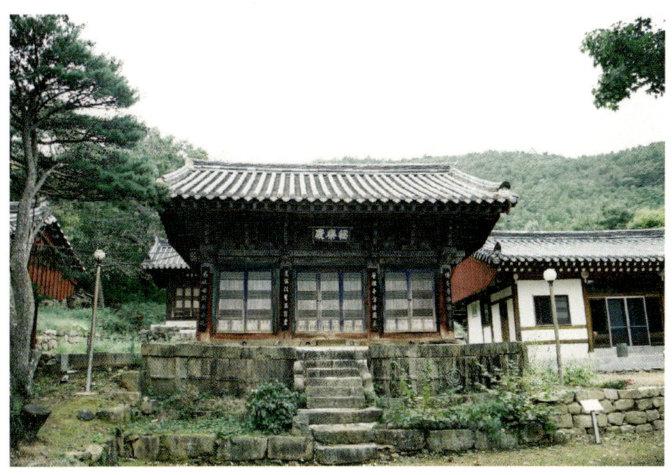

청도 대적사(大寂寺) 극락전이 문화재로 지정됨

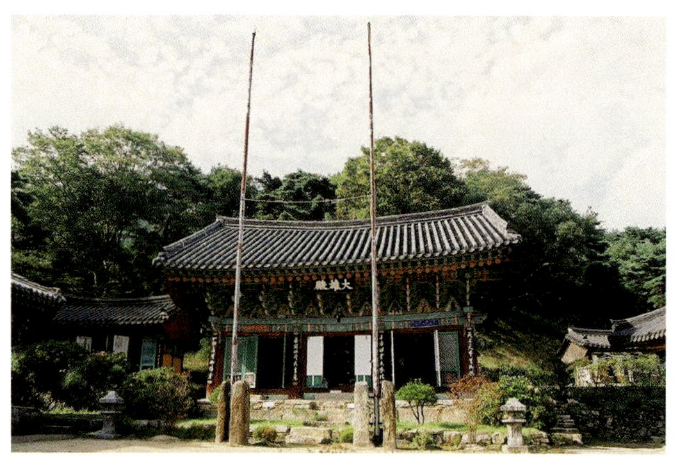

청도 적천사(磧川寺) 대웅전이 경상북도 문화재로 지정됨

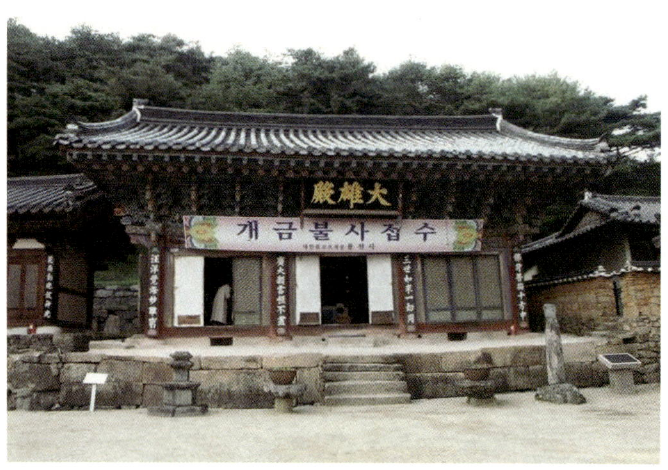

청도 용천사(湧泉寺) 대웅전이 경상북도 문화재로 지정됨

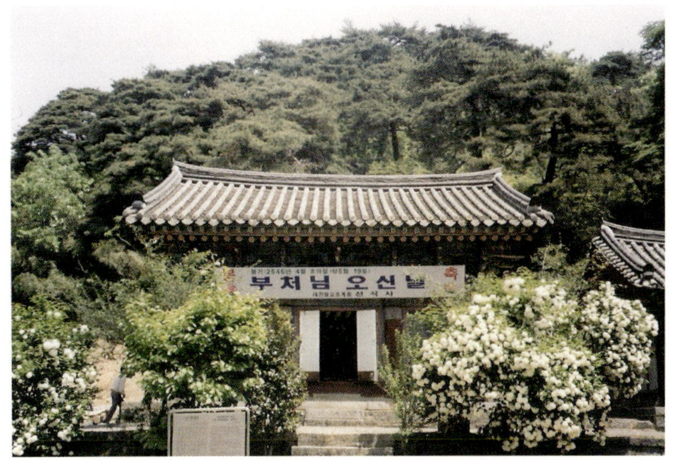

성주 선석사(禪石寺) 대웅전이 경상북도 문화재로 지정됨

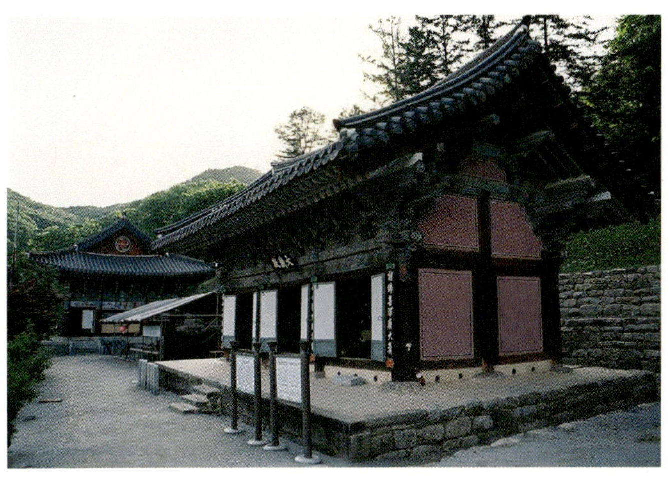

예천 용문사(龍門寺) 대장전이 문화재로 지정됨

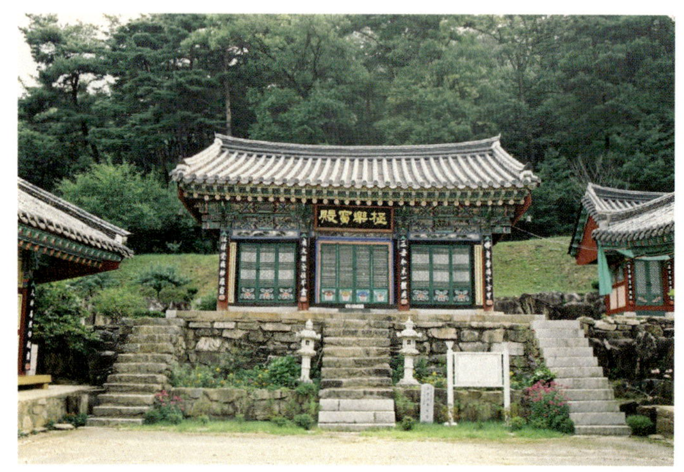

예천 보문사(普門寺) 극락전이 경상북도 문화재로 지정됨

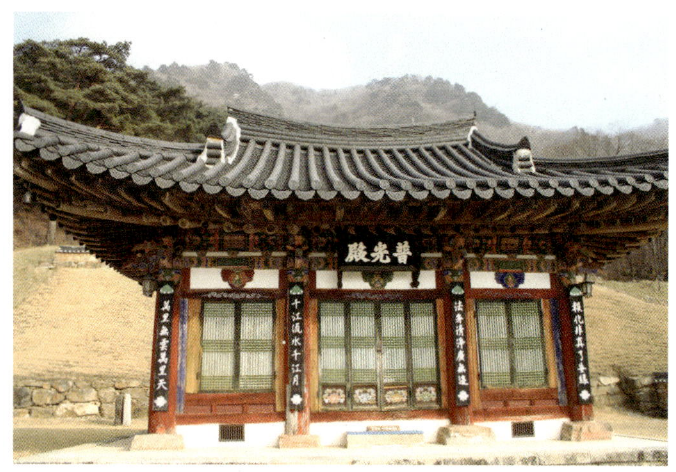

봉화 축서사(鷲捿寺) 석등, 삼층석탑이 경상북도 문화재로 지정됨

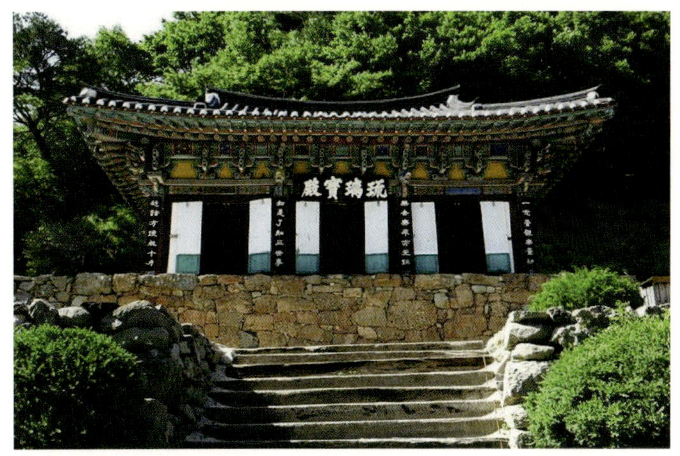

봉화 청량사(淸凉寺) 유리보전이 경상북도 문화재로 지정됨

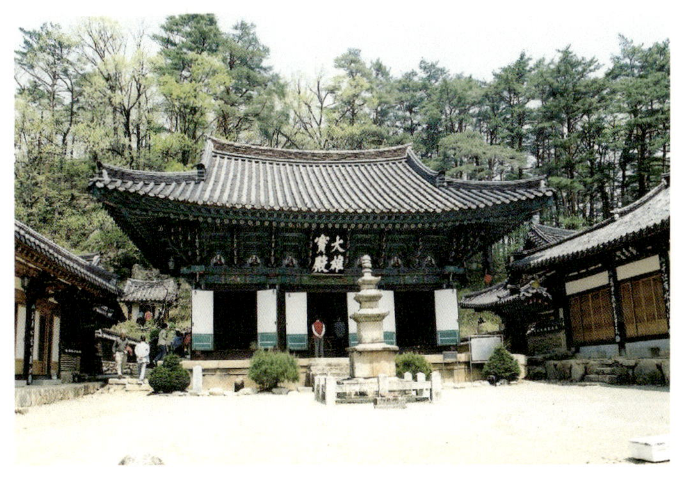

울진 불영사(佛影寺) 대웅보전이 문화재로 지정됨

문화재로 지정된 불전 건물

2008년 9월 현재(경상북도)

지정 종별	지정 문화재명	소재지
유형문화재 제254호	보경사 적광전	포항시 송라면 중산리 622
문화재 자료 제231호	보경사 대웅전	포항시 송라면 중산리 622
문화재 자료 제88호	오어사 대웅전	포항시 오천읍 항사리 34
보물 제833호	기림사 대적광전	경주시 양북면 호암리 419
유형문화재 제214호	기림사 응진전	경주시 양북면 호암리 419
문화재 자료 제251호	기림사 진남루	경주시 양북면 호암리 419
문화재 자료 제252호	기림사 약사전	경주시 양북면 호암리 419
문화재 자료 제4호	백률사 대웅전	경주시 동천동 406 - 1
유형문화재 제215호	직지사 대웅전	김천시 대항면 운수리 216
문화재 자료 제120호	청암사 대웅전	김천시 증산면 평촌리 688
문화재 자료 제288호	청암사 보광전	김천시 증산면 평촌리 685
국보 제15호	봉정사 극락전	안동시 서후면 태장리 901
보물 제55호	봉정사 대웅전	안동시 서후면 태장리 901
보물 제448호	봉정사 화엄강당	안동시 서후면 태장리 901
보물 제449호	봉정사 고금당	안동시 서후면 태장리 901
보물 제242호	개목사 원통전	안동시 서후면 태장리 888
유형문화재 제141호	봉황사 대웅전	안동시 임동면 수곡리 563
문화재 자료 제40호	용담사 무량전	안동시 길안면 금곡리 83
문화재 자료 제317호	금정암 화엄강당	안동시 길안면 금곡리 247
문화재 자료 제165호	광흥사 응진전	안동시 서후면 자품리 236
유형문화재 제139호	수다사 명부전	구미시 무을면 상송리 산12
유형문화재 제162호	대둔사 대웅전	구미시 옥성면 옥관리 1090
문화재 자료 제318호	도리사 극락전	구미시 해평면 송곡리 403
국보 제14호	은해사 거조암 영산전	영천시 청통면 신원리 622
보물 제790호	은해사 백흥암 극락전	영천시 청통면 치일리 549
문화재 자료 제367호	은해사 대웅전	영천시 청통면 치일리 479
유형문화재 제137호	거동사 대웅전	영천시 자양면 보현리 1683
문화재 자료 제207호	영지사 대웅전 및 범종각(2동)	영천시 대창면 용호리 14
문화재 자료 제442호	남장사 일주문	상주시 남장동 502

지정 종별	지정 문화재명	소재지
국보 제18호	부석사 무량수전	영주시 부석면 북지리 148
국보 제19호	부석사 조사당	영주시 부석면 북지리 148
보물 제832호	성혈사 나한전	영주시 순흥면 덕현리 277
보물 제1574호	봉암사 극락전	문경시 가은읍 원북리 485
문화재 자료 제235호	김용사 대웅전	문경시 산북면 김용리 410
보물 제562호	환성사 대웅전	경산시 하양읍 사기리 150
유형문화재 제84호	환성사 심검당	경산시 하양읍 사기리 150
문화재 자료 제535호	법주사 보광명전	군위군 소보면 달산리 773
유형문화재 제151호	고운사 가운루	의성군 단촌면 구계리 116
유형문화재 제160호	대곡사 대웅전	의성군 다인면 봉정리 894
유형문화재 제161호	대곡사 범종각	의성군 다인면 봉정리 894
문화재 자료 제444호	고운사 연수전	의성군 단촌면 구계리 116
보물 제1570호	대전사 보광전	청송군 부동면 상의리 200
유형문화재 제184호	보광사 극락전	청송군 덕리 429
문화재 자료 제73호	수정사 대웅전	청송군 파천면 송강리 2
보물 제834호	대비사 대웅전	청도군 금천면 박곡리 794
보물 제835호	운문사 대웅보전	청도군 운문면 신원리 1789
보물 제836호	대적사 극락전	청도군 화양읍 송금리 256
유형문화재 제295호	용천사 대웅전	청도군 각북면 오산리 1062
문화재 자료 제321호	적천사 대웅전	청도군 청도읍 원리 981
문화재 자료 제113호	선석사 대웅전	성주군 월항면 인촌리 217
보물 제145호	용문사 대장전	예천군 용문면 내지리 391
문화재 자료 제169호	용문사 자운루	예천군 용문면 내지리 391
유형문화재 제138호	장육사 대웅전	영덕군 창수면 갈천리 120
보물 제1201호	불영사 대웅보전	울진군 서면 하원리 122
보물 제730호	불영사 응진전	울진군 서면 하원리 122
유형문화재 제47호	청량사 유리보전	봉화군 명호면 북곡리 247

불상(佛像)

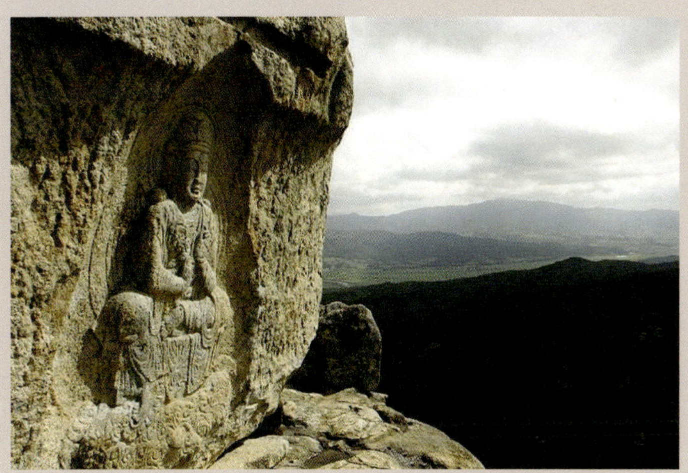

전국 어느 사찰을 가든 전각이나 노천에 불상이 있다. 우리나라에서는 불교가 전래한 삼국시대부터 다양한 종류의 불상을 만들기 시작했다. 불상의 얼굴과 형태가 각각 다르듯 그 종류와 모양도 예배의 대상으로서 다양화되어 있다. 삼국시대 불상 중 작은 소형 금동불에 명문이 있는 불상들을 일부 제외하고, 가장 빠르게 나타난 조각물이 7세기 말에 조성된 석불들이다. 당시 신라 땅인 경주를 중심으로 경주남산의 배리 석불입상이나, 불곡 석불좌상, 삼화령 미륵삼존불(국립경주박물관소장), 단석산 신선사 마애불상군 등은 삼국시대 말기에 속한다. 이후 통일신라 전성기인 8세기 중엽 이후에는 우수한 조각의 불상들이 많이 만들어지는데 경북지역도 예외는 아니다.

가장 대표적인 상으로는 석굴암 석굴의 본존불을 비롯한 다양한 조각상, 불국사 금동 아미타여래좌상과, 비로자나불좌상, 남산 미륵곡 석불좌상이라 하겠다. 이후 9세기에 이르러 다양한 불상들이 만들어지는데 전국적으로 보아도 가장 많이 조성된 불상들이다.

석불, 마애불이 주로 많이 조성되었는데, 경주 남산의 석불과 마애불, 석조 비로자나불과 철불의 등장은 새로운 유형을 낳았다. 고려시대 초기에는 철불이 조성되었는데, 영천의 선원동 철불좌상은 보기 드문 예이다. 조선시대에 오면서 금동불 일부와 건칠불이 조성되었다.

경주 기림사 건칠보살좌상과 영덕 장육사 건칠보살좌상 등이 대표적이라 하겠다. 이렇게 시대에 따라 다양하게 조성된 불상은 다른 지역에 비해 우수한 가치를 지니고 있다.

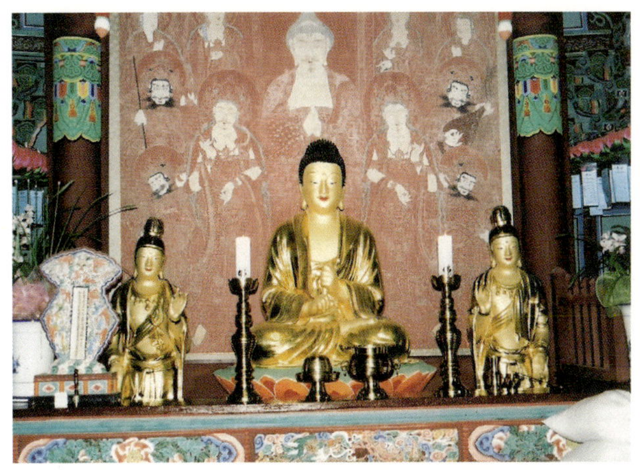

포항 보경사 적광전 비로자나 삼존불상

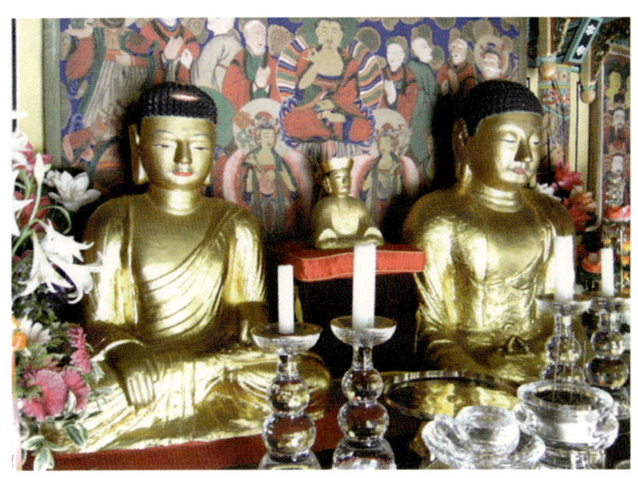

포항 법광사 원통전 석불좌상

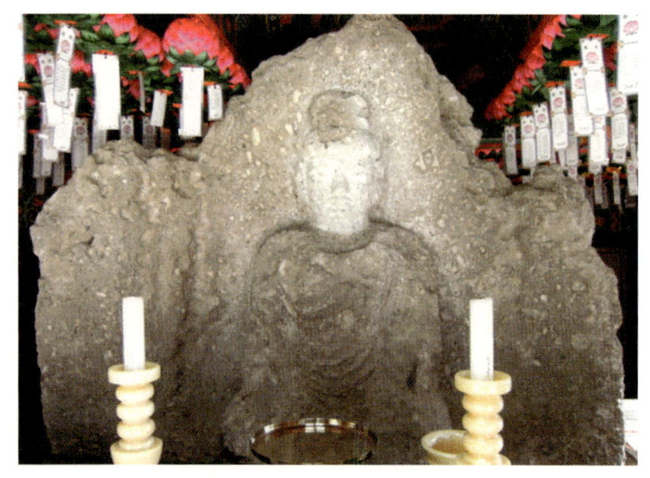

포항 고석사 보광전 마애여래좌상

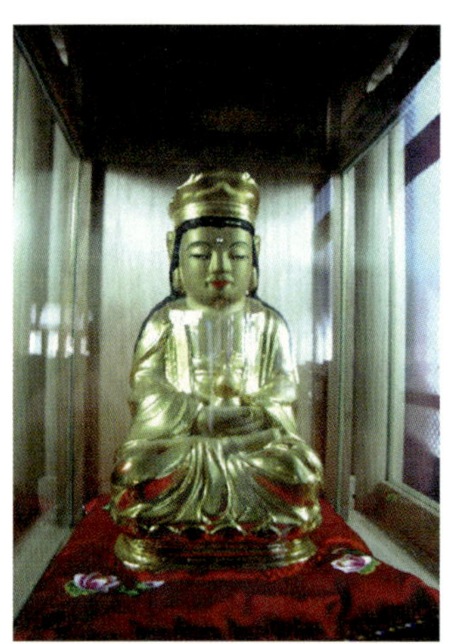

대성사 석조관음보살좌상

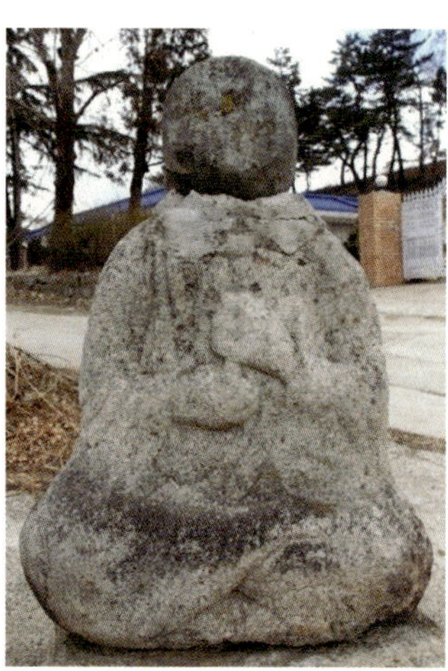

서정리 석조비로자나불좌상

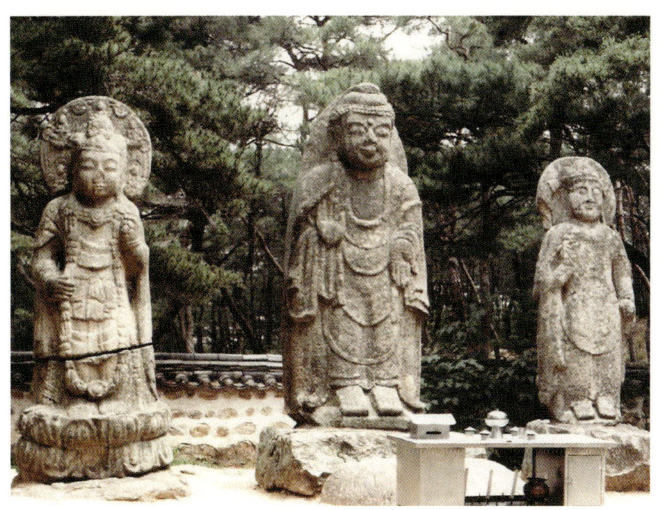

배리 석불입상(경주남산)

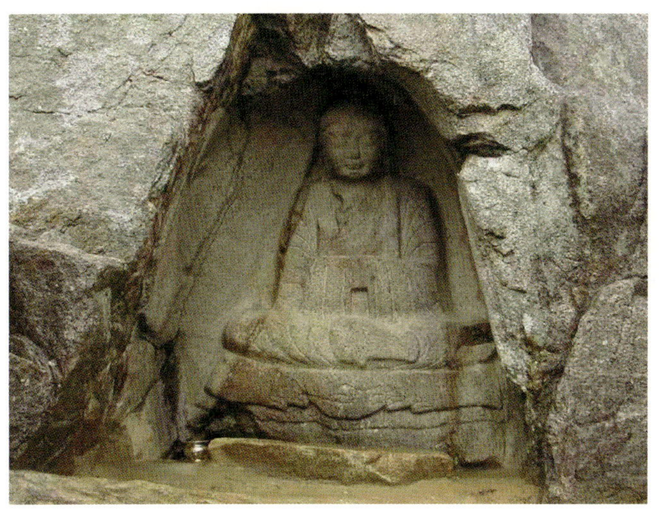

불곡 석불좌상(경주남산)

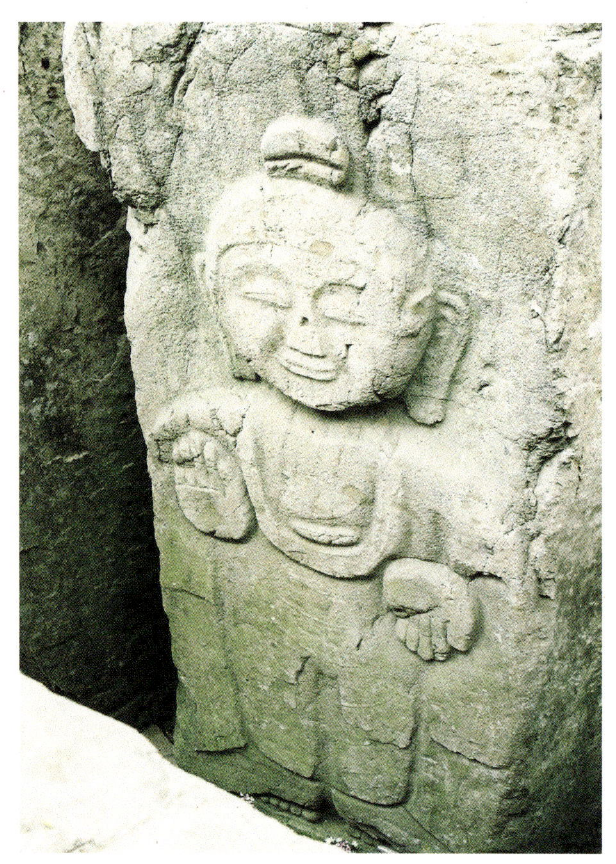

단석산 신선사 마애불

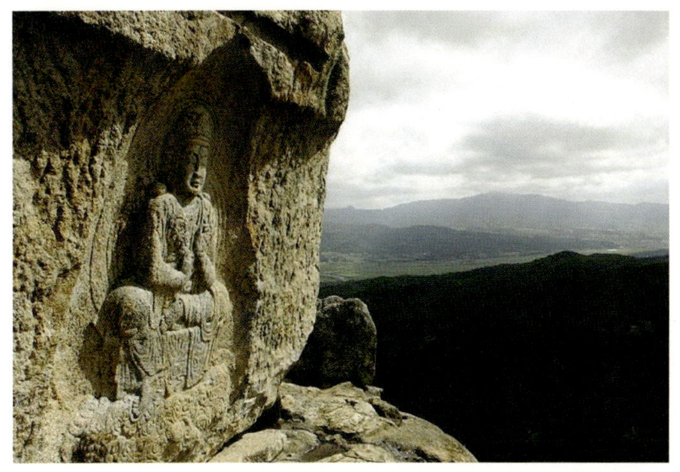

신선암 마애보살반가상(경주남산)

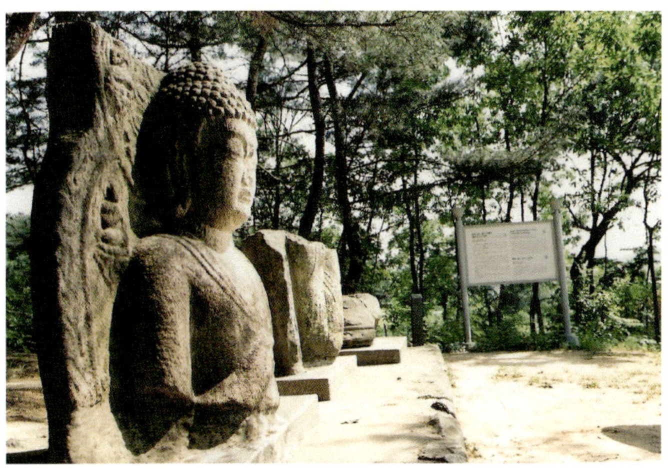

입곡 석불입상(경주남산)

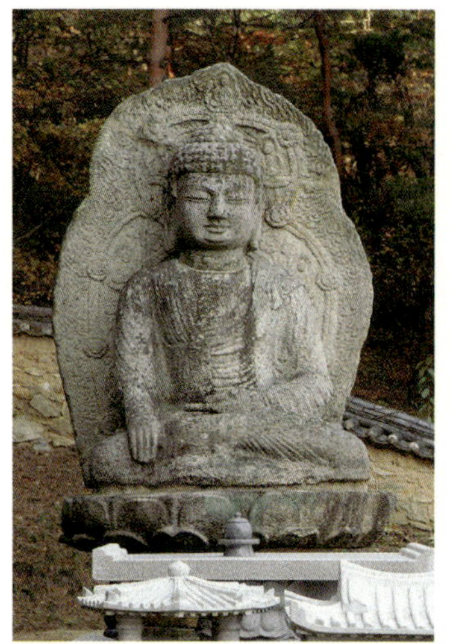
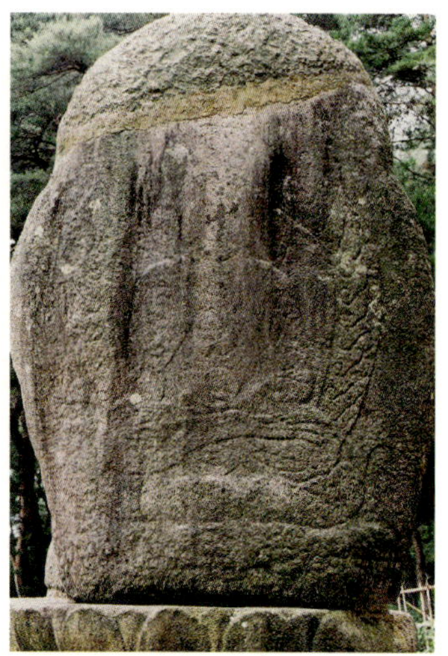

미륵골 석불좌상(경주남산)

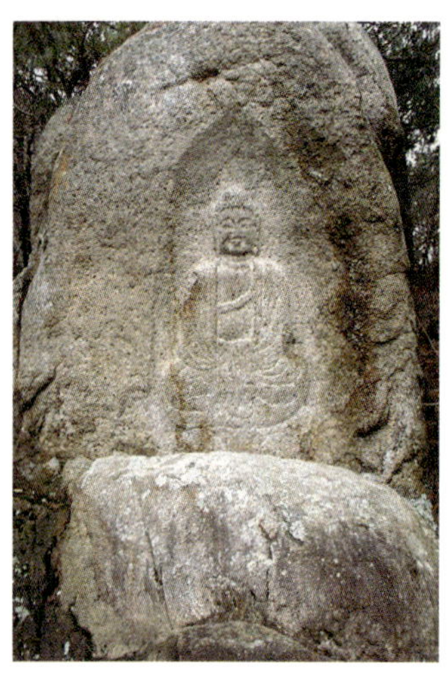
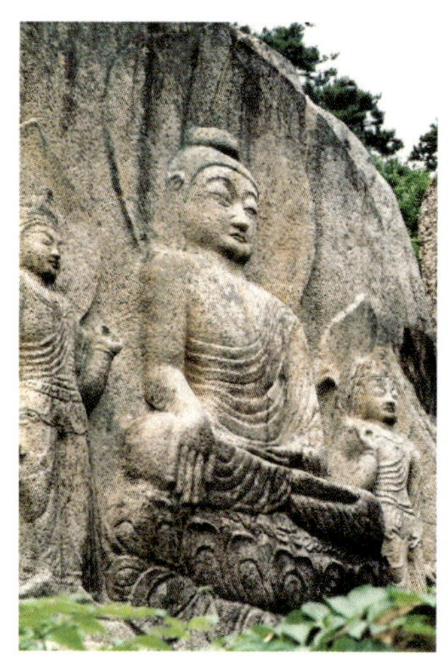

보리사 마애불(경주남산)　　　　칠불암 마애삼존불(경주남산)

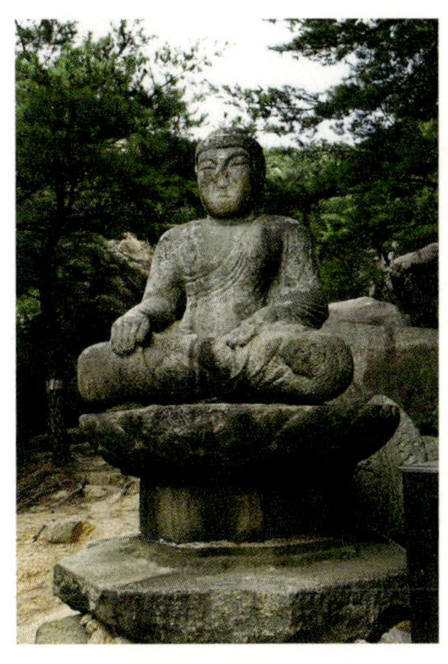

삼롱계곡 석불좌상

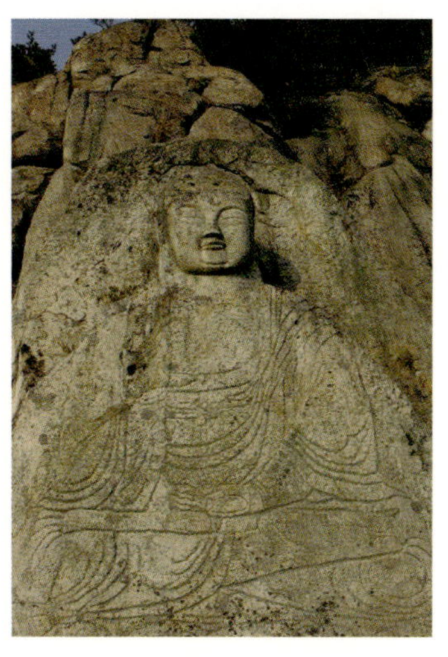

삼롱계곡 상선암 마애여래좌상

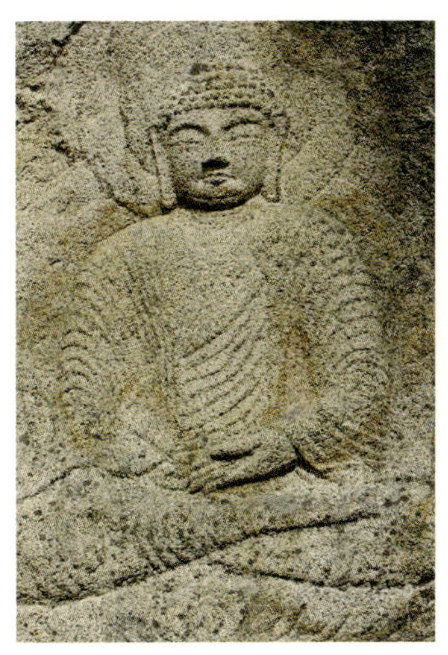

용장사지 마애여래좌상

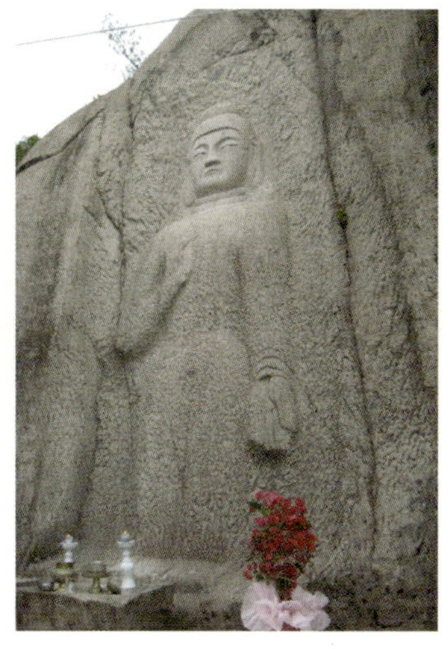

백운대 마애불입상

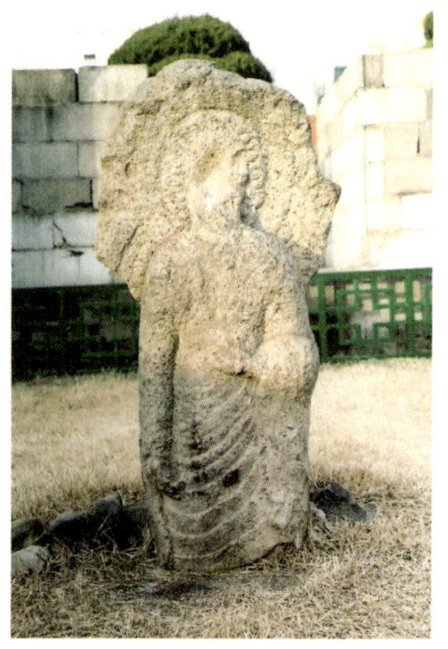
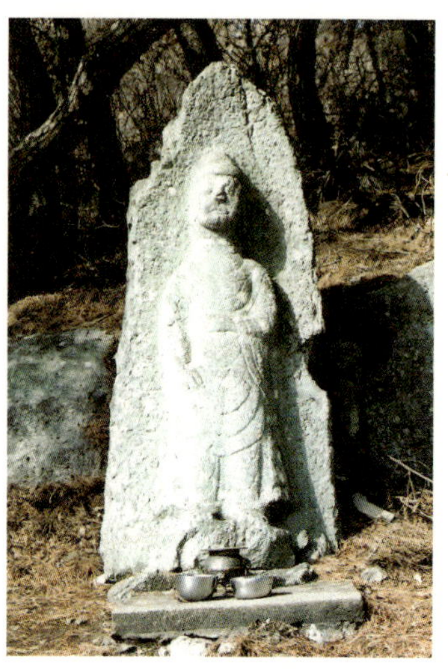

노서동 석불입상   벽도산 석불입상

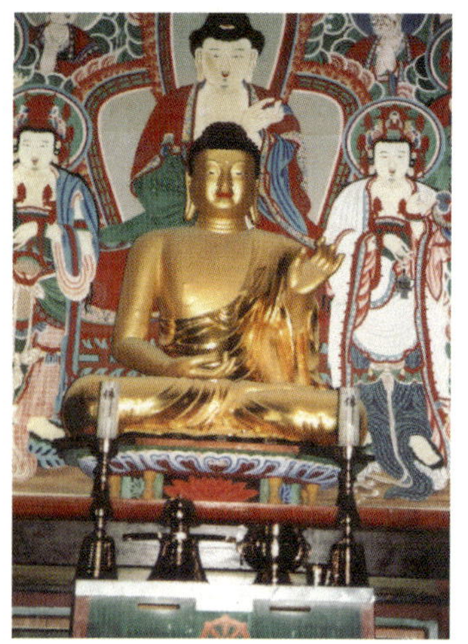
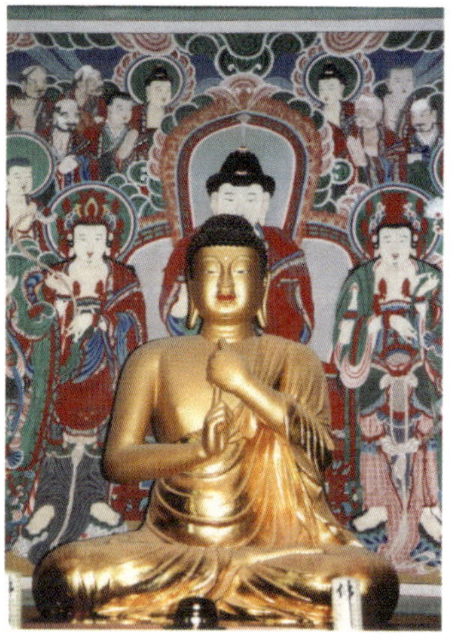

불국사 금동아미타여래좌상   불국사 금동비로자나불좌상

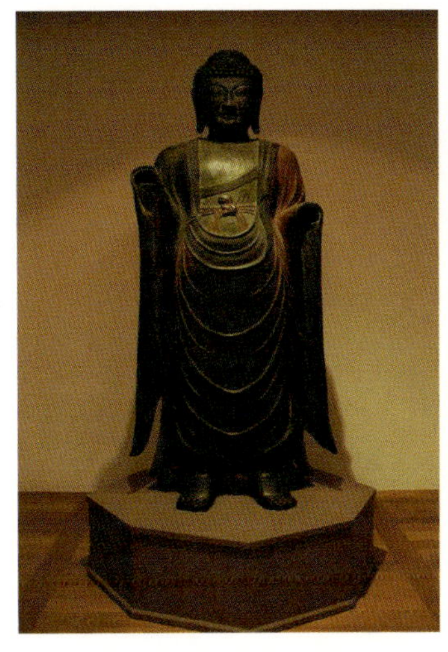

백률사 금동약사여래입상

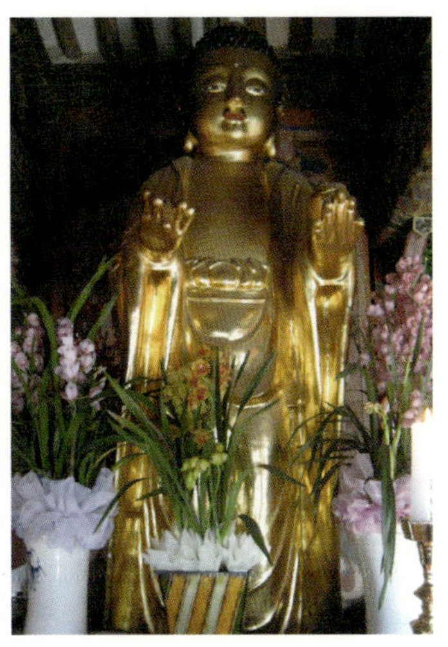

분황사 약사여래입상

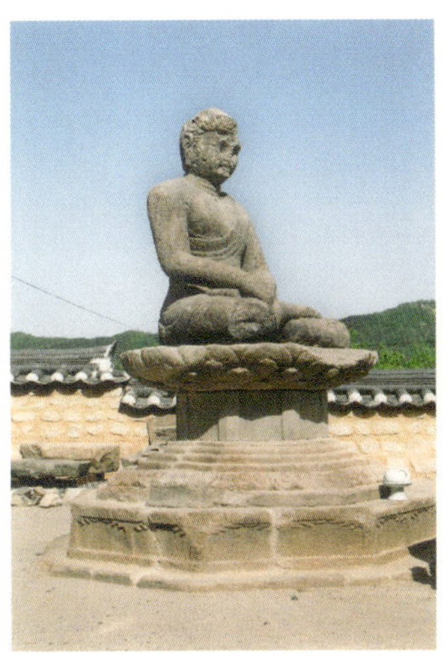

안계리 석조 석가여래좌상

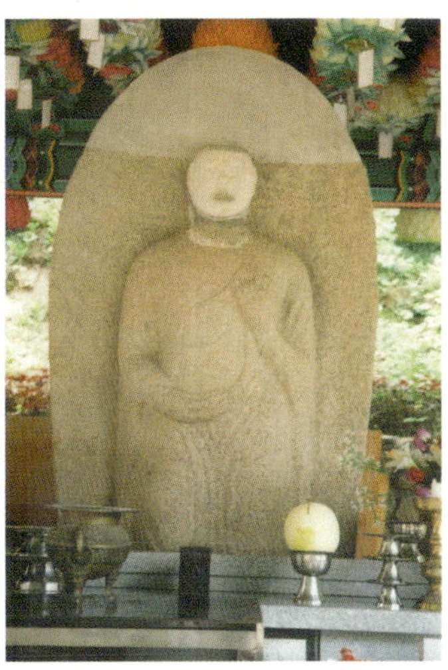

안강 근계리 석불입상

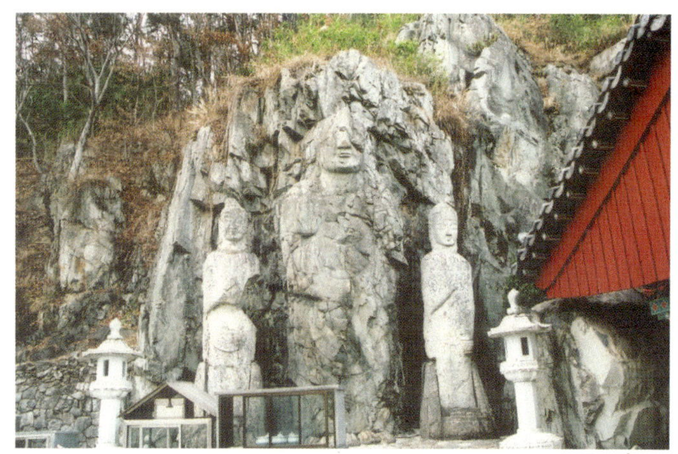

경주 서악리 마애석불

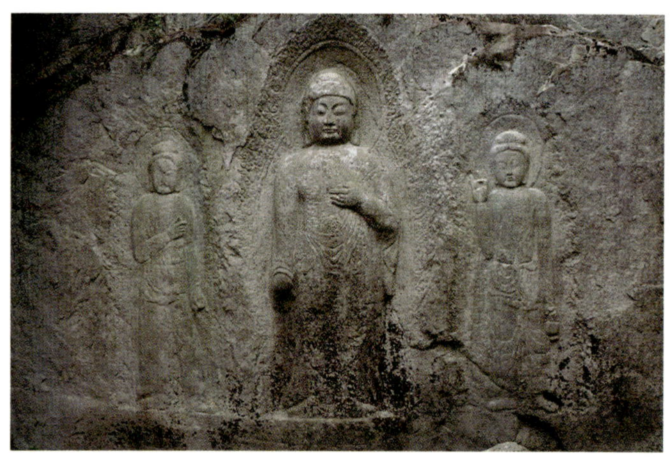

경주 두대리 마애석불

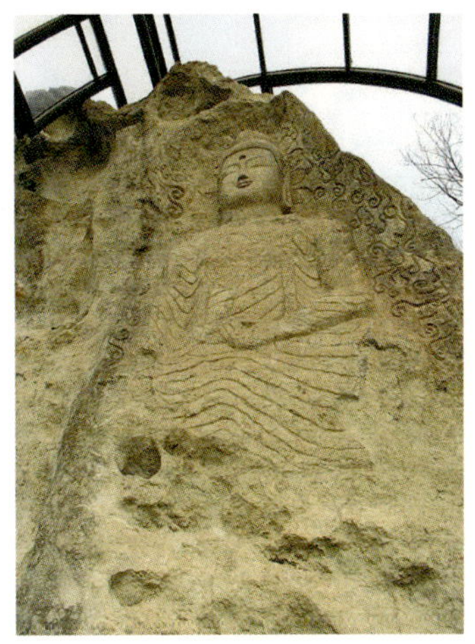

골굴암 마애여래좌상

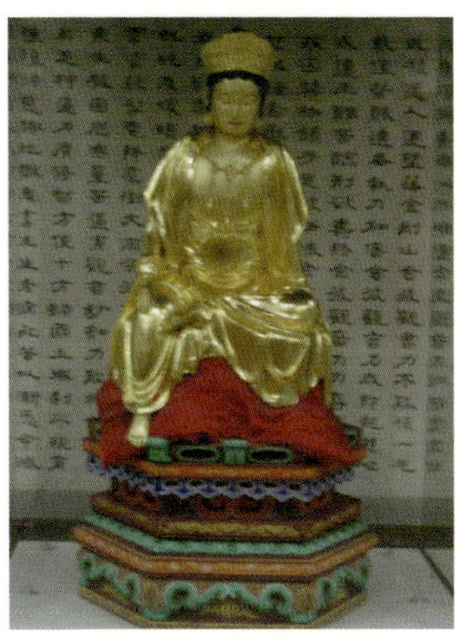

기림사 건칠보살좌상

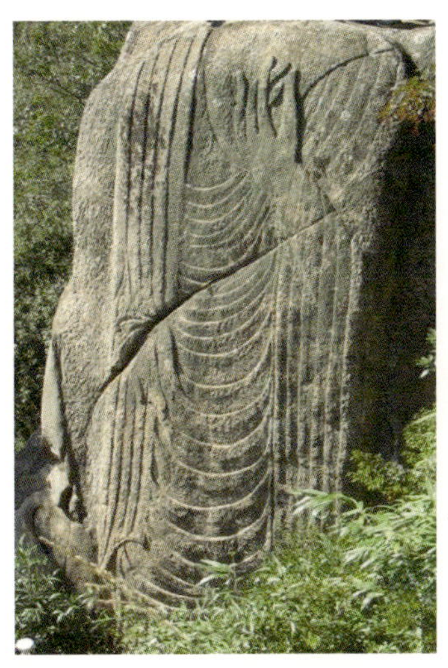

경주남산 약수계곡 마애불

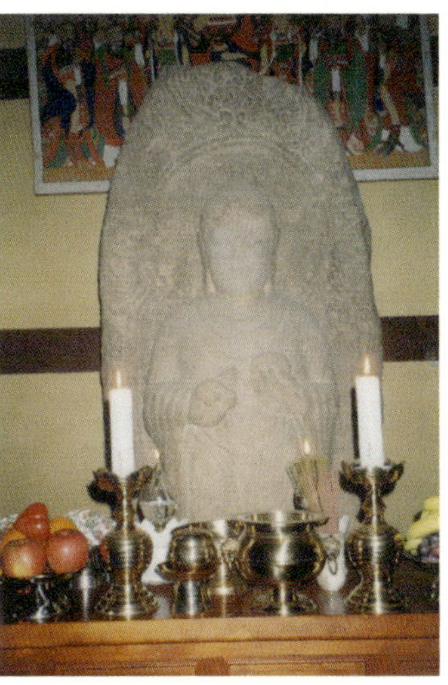

경주 활성리 석불입상

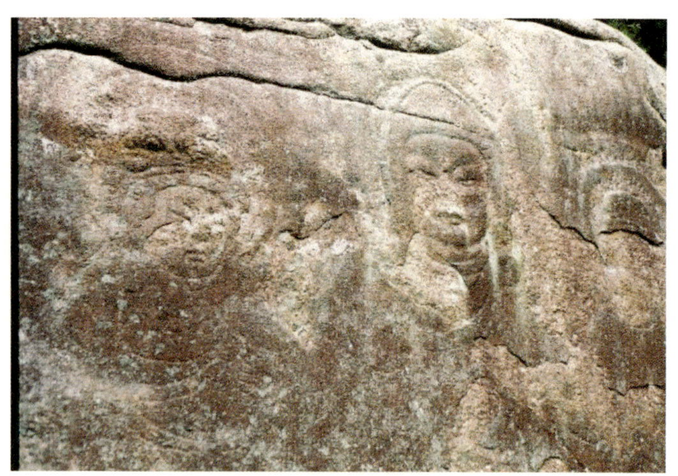

경주 동천동 마애삼존불좌상

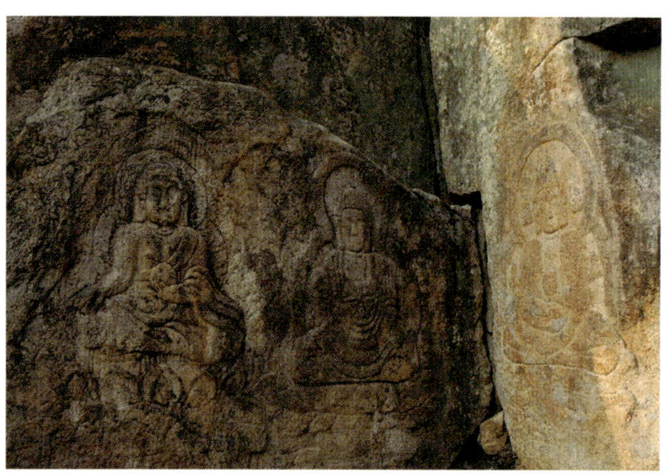

경주 배리 윤을곡 마애불좌상(경주남산)

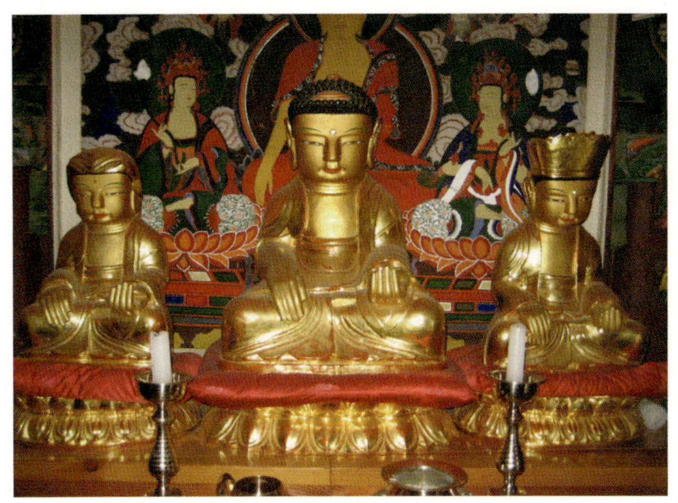

주사암 영산전 석조 삼존불좌상

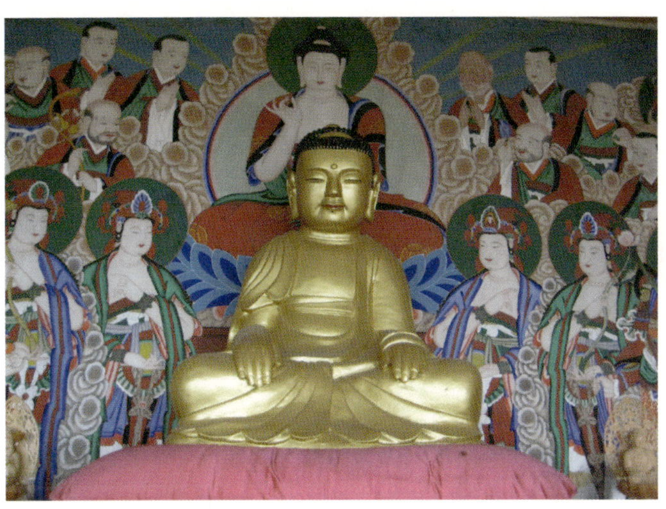

석두암 대웅전 불상

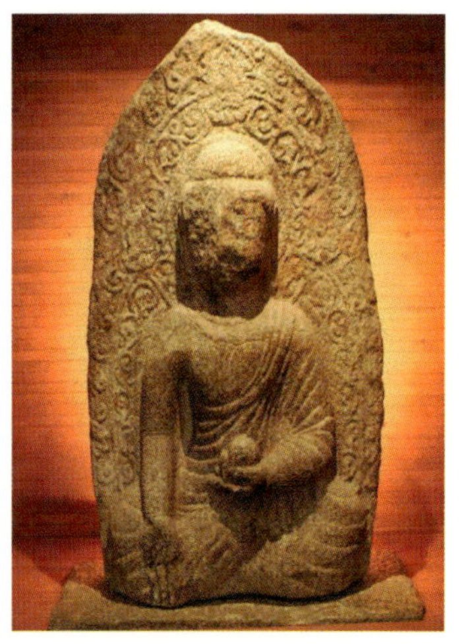

직지사 석조여래좌상

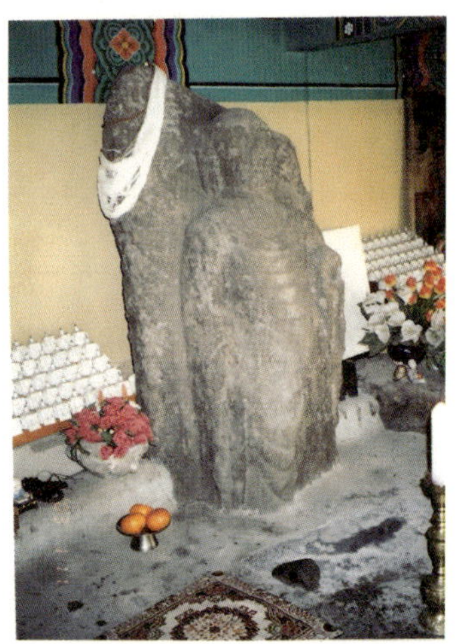

옥율리 석조 아미타여래입상

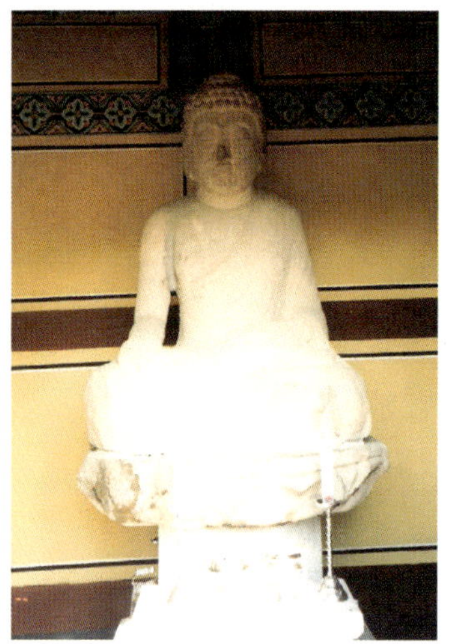

오봉동 석조 석가여래좌상

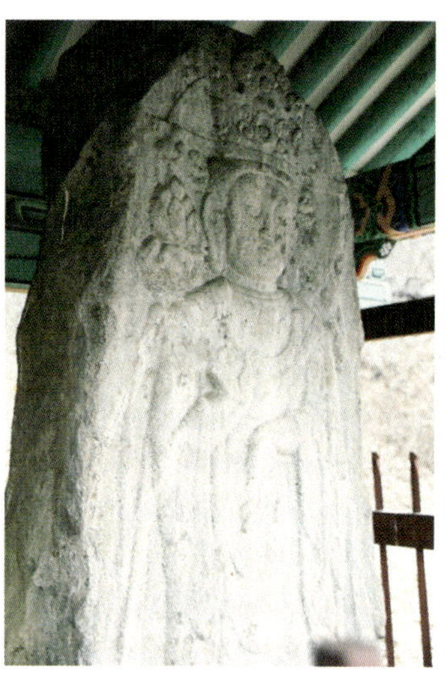

김천 광덕동 석조보살입상

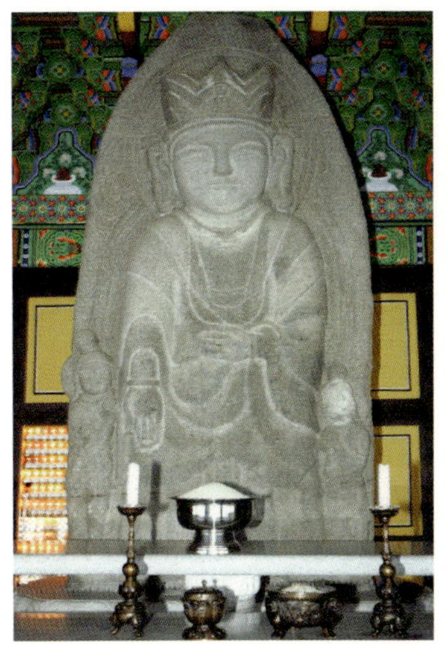

덕천리 석조관음보살입상

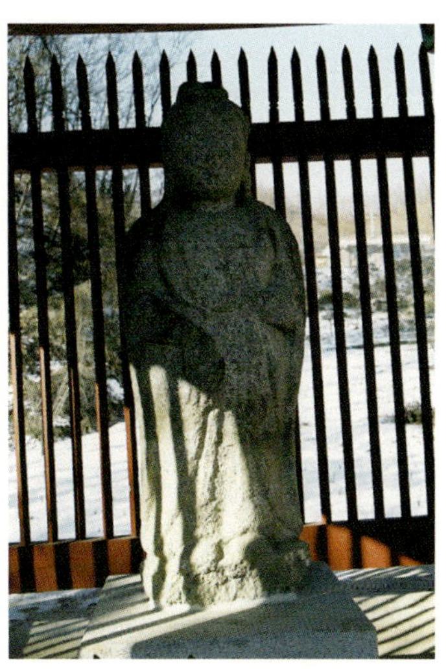

태화리 석조보살입상

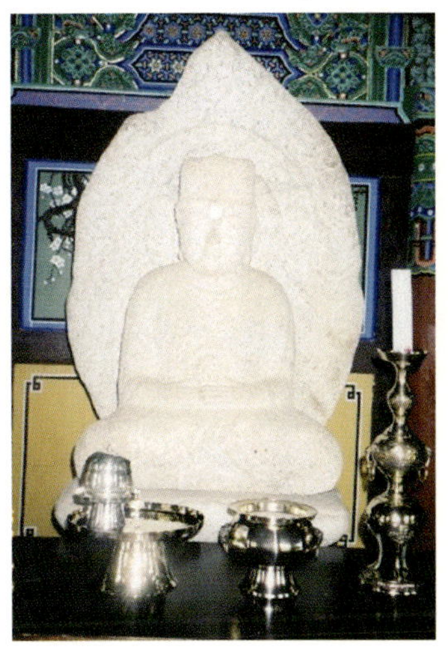

청암사 수도암 약광전 석불좌상

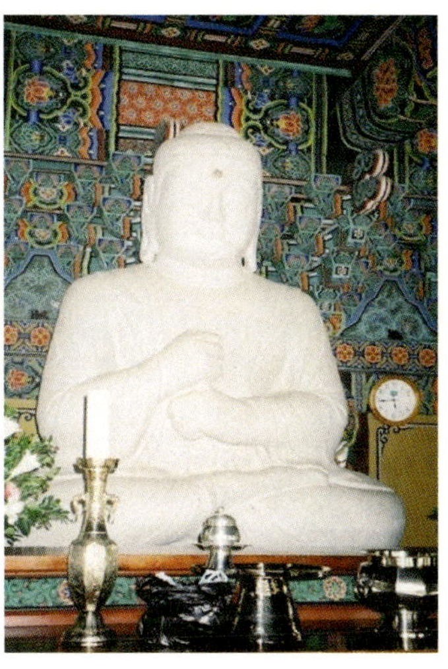

청암사 수도암 비로자나불좌상

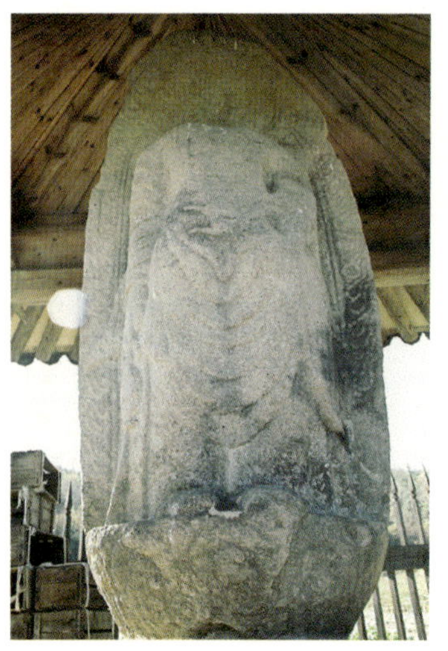
김천 신안동 석불입상

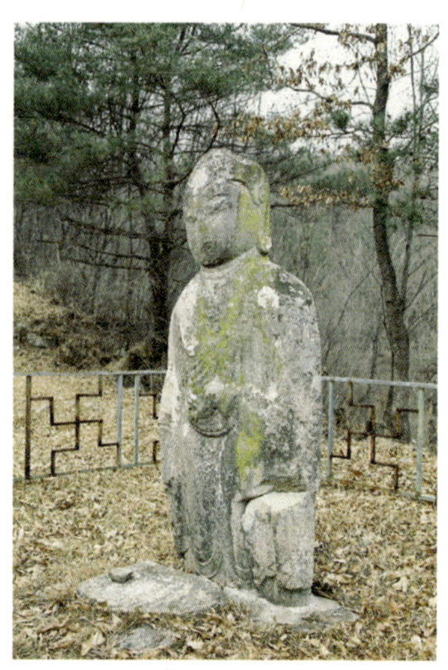
김천 옥계리 석불입상

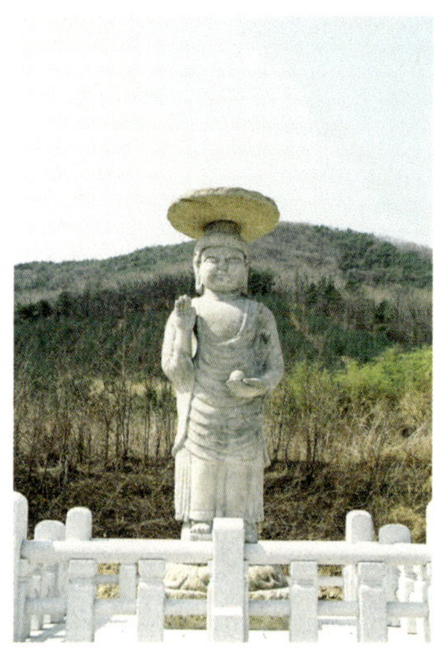
김천 미륵암 석조미륵불입상

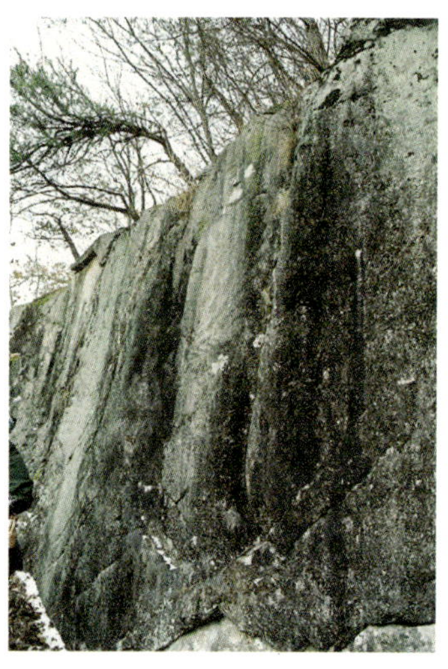
김천 은기리 마애반가보살입상

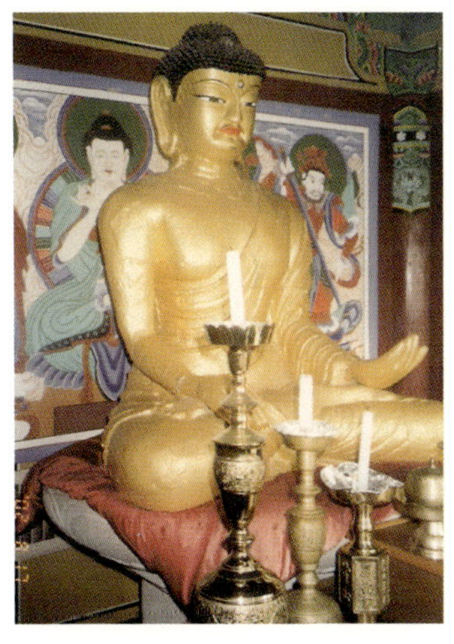

영천 선원동 철불좌상(예전)

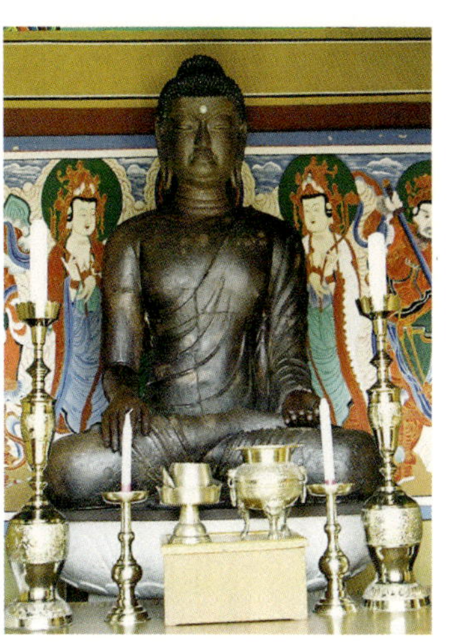

영천 선원동 철불좌상

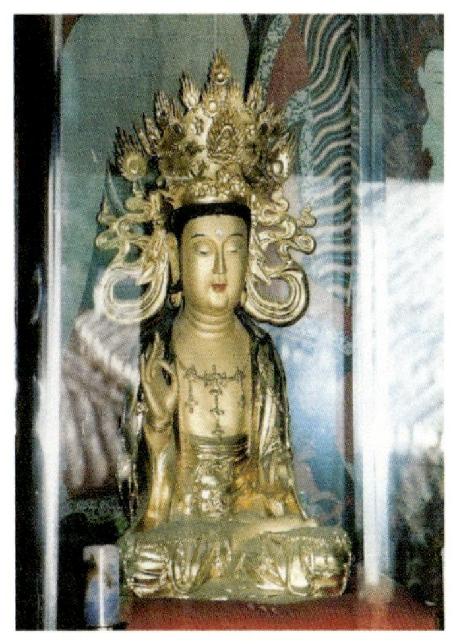

은해사 운부암 청동보살좌상

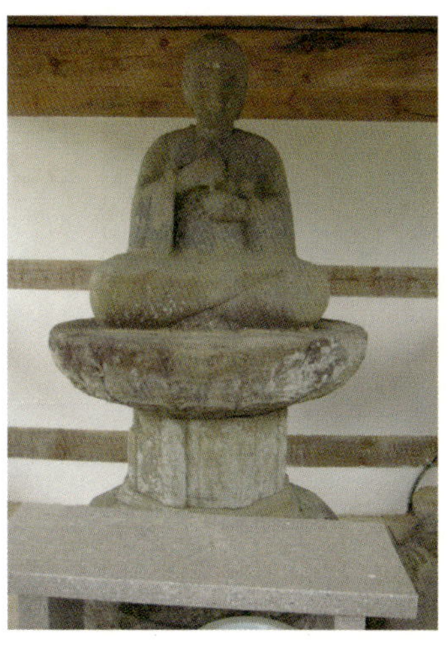

영천 화남동 석불좌상

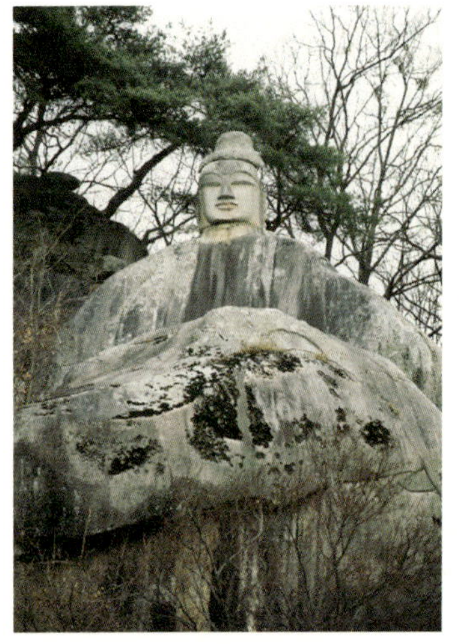

안동 이천동 석불

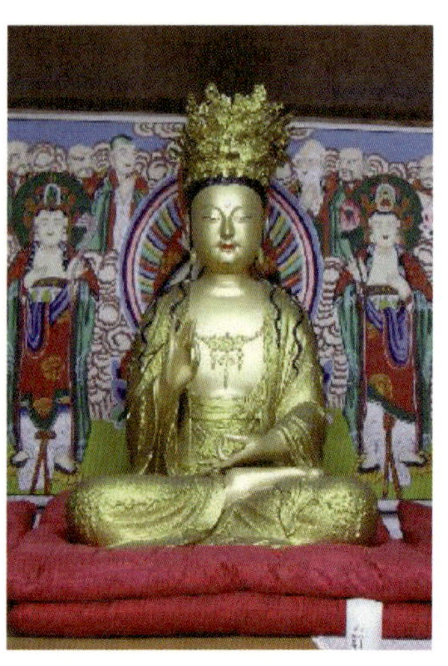

안동 보광사 목조관음보살좌상

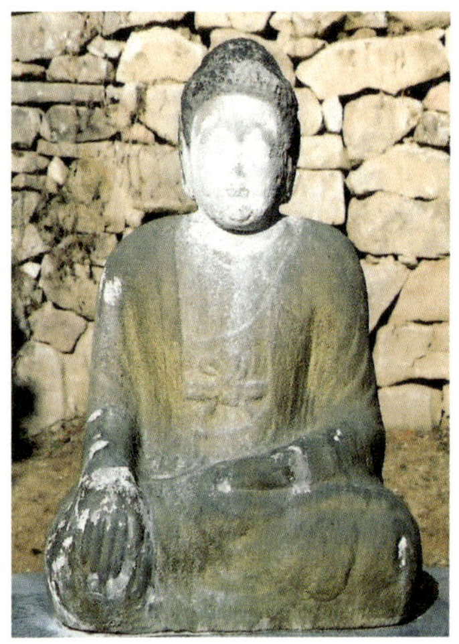

안동 안정사 석조여래좌상

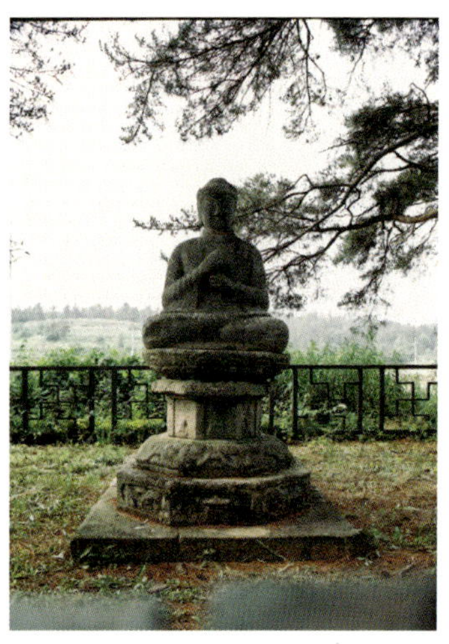

마애동 석조비로자나불좌상

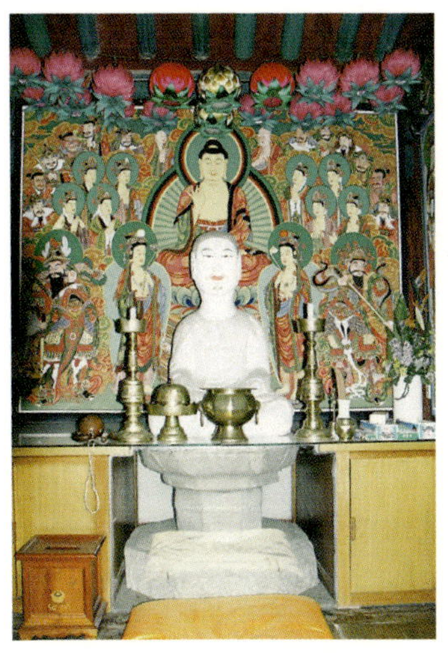

안동 안기동 석불좌상

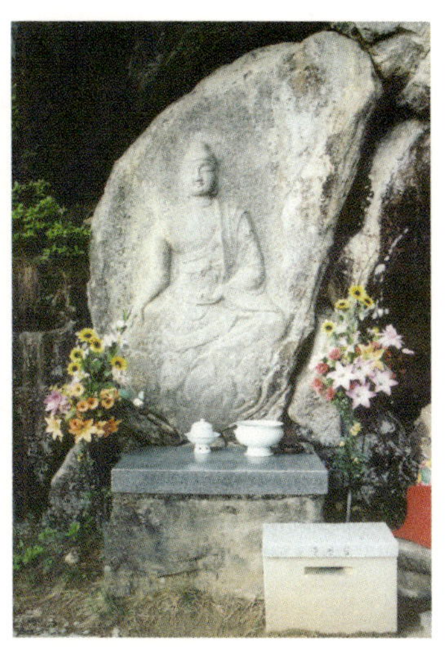

옥산사 마애약사여래좌상

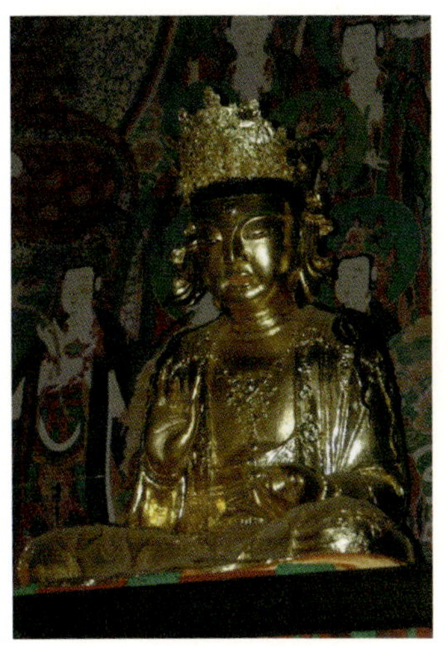

영덕 장육사 건칠보살좌상

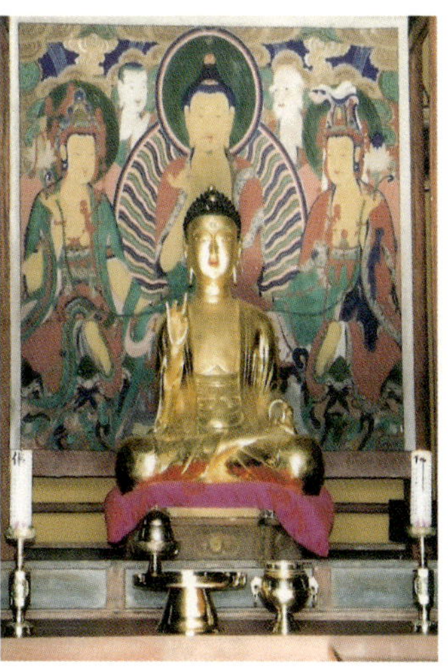

봉정사 극락전 아미타여래좌상

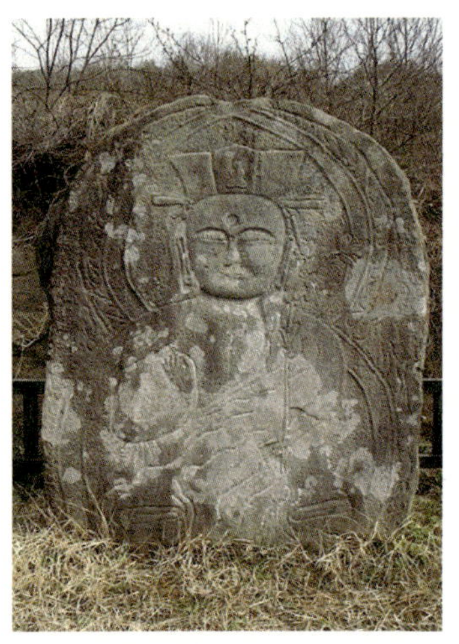

고령 개포동 석조관음보살좌상

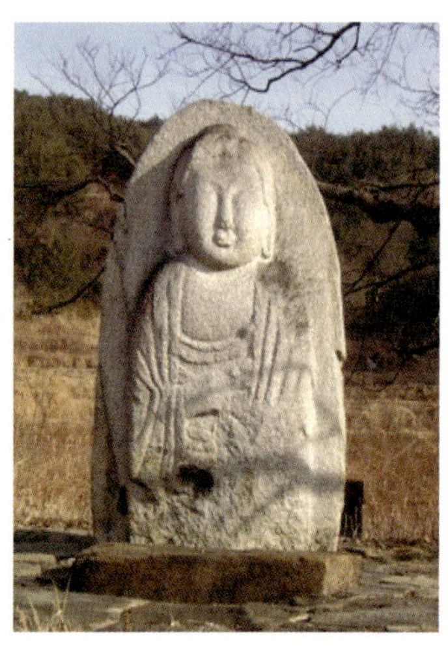

고령 대평리 석조여래입상

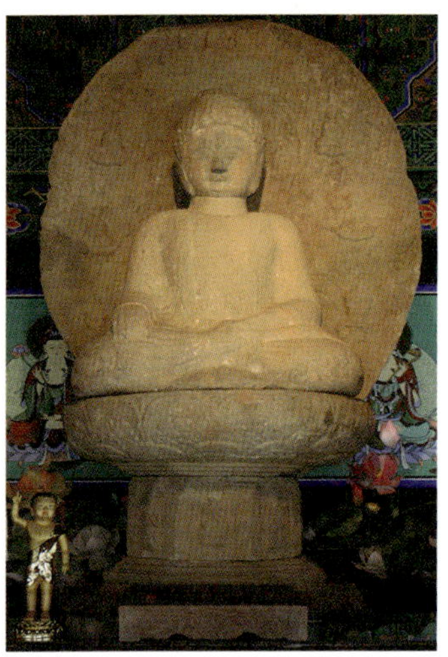

선산 해평동 석조여래좌상

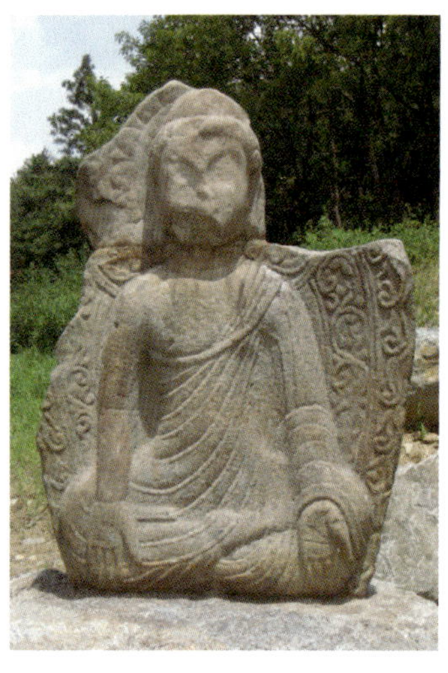

구미 대원사 석조여래좌상

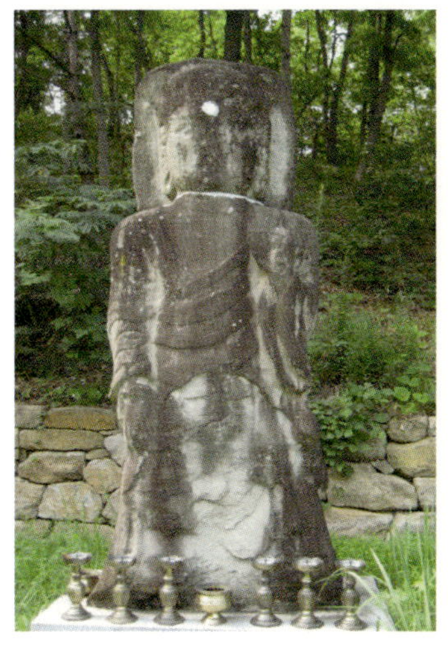

미륵당 석조미륵입상

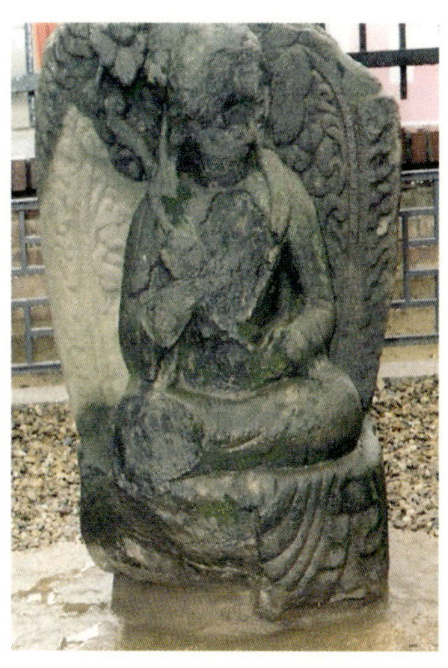

선산 궁기동 석불상

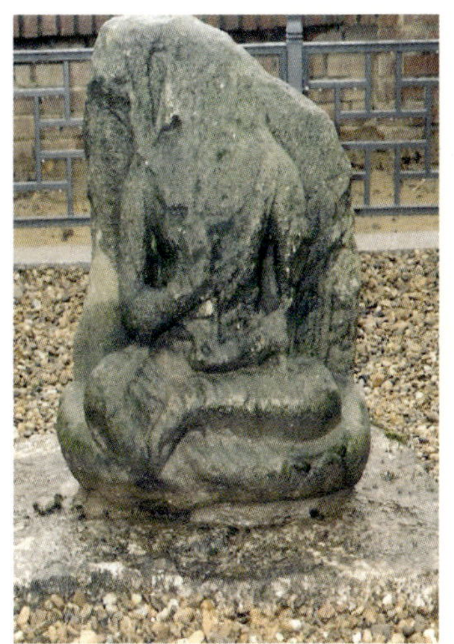

선산 궁기동 석불상

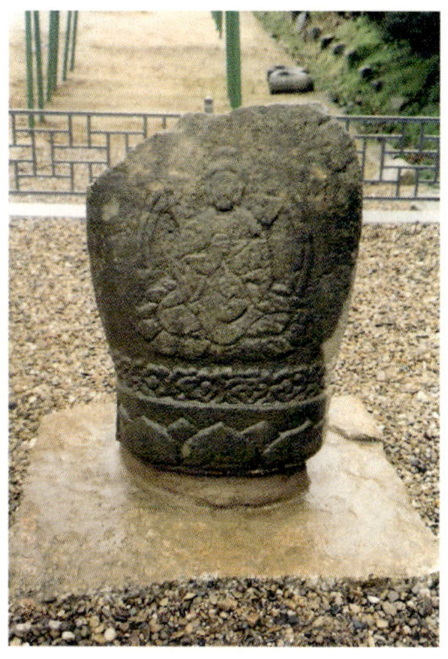

선산 궁기동 석불상

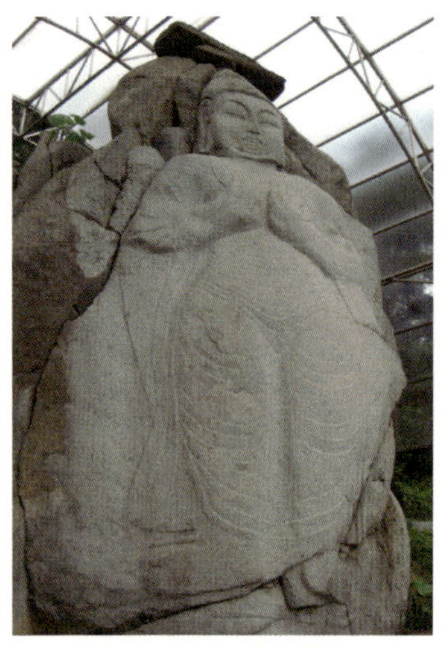

구미 황상동 마애여래입상

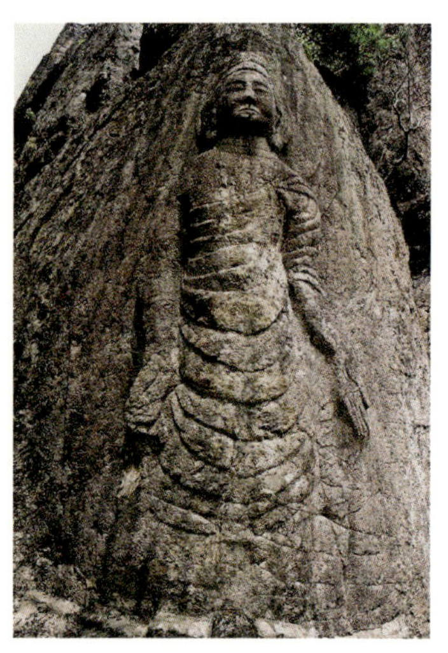

금오산 마애보살입상

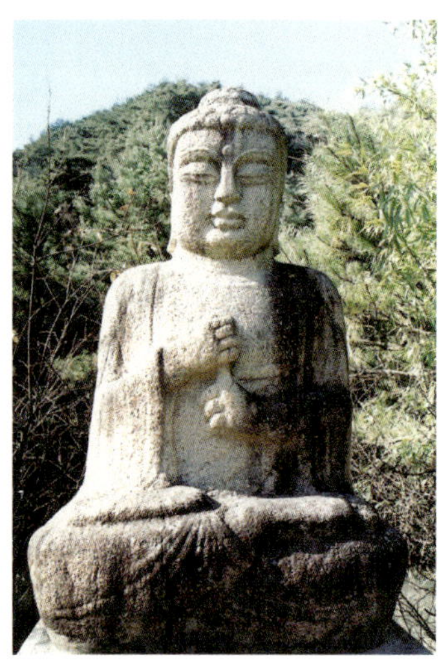

군위 삼존석굴 비로자나불좌상

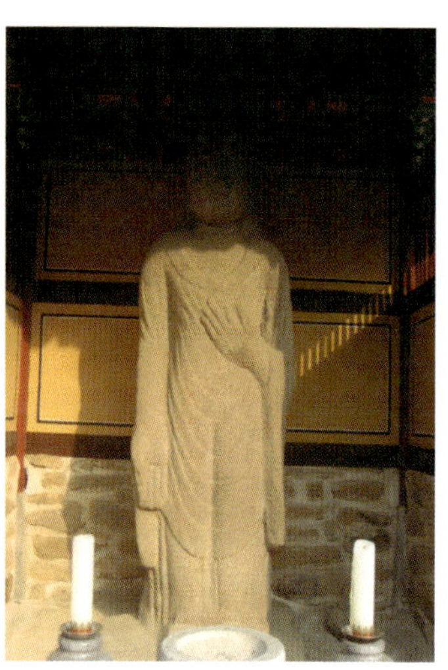

군위 대율리 석조여래입상

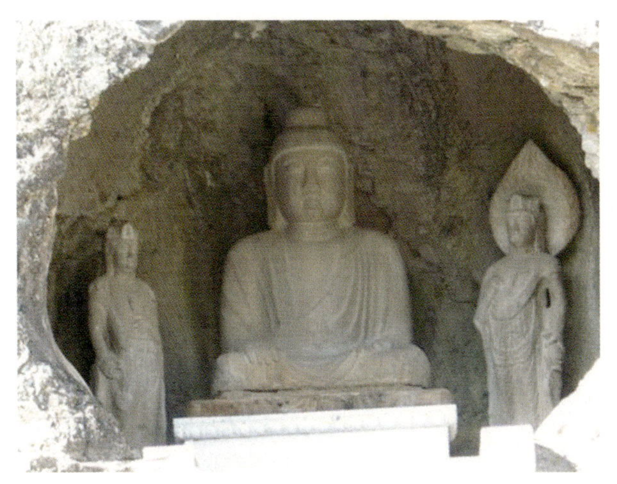

군위 삼존석굴 아미타여래좌상

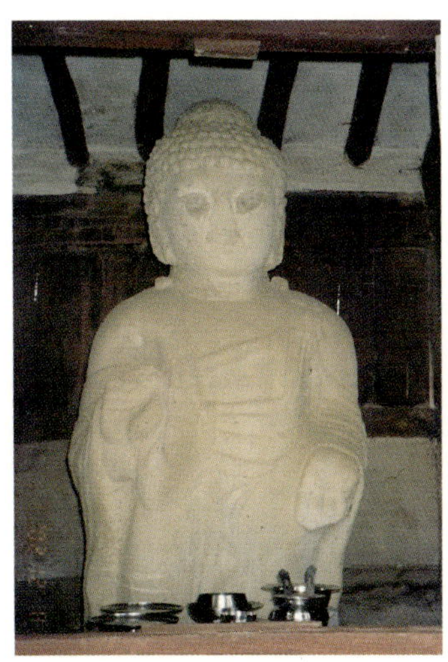

군위 하곡동 석조여래입상

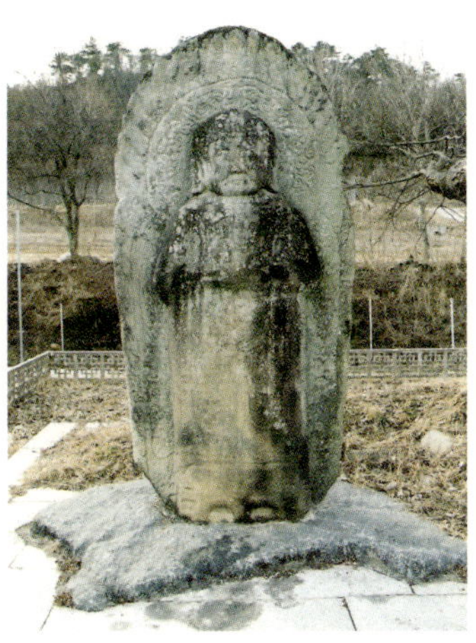

군위 위성동 석조여래입상

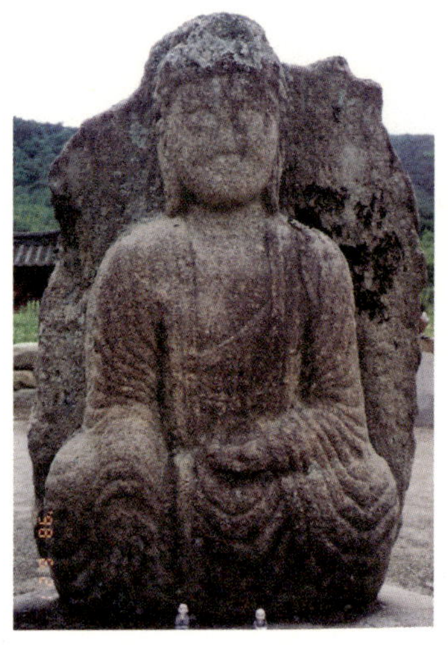

군위 인각사 석불좌상

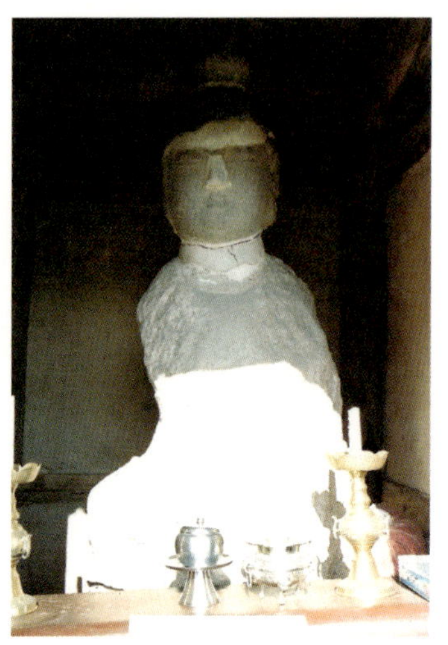

군위 인각사 미륵당 석불좌상

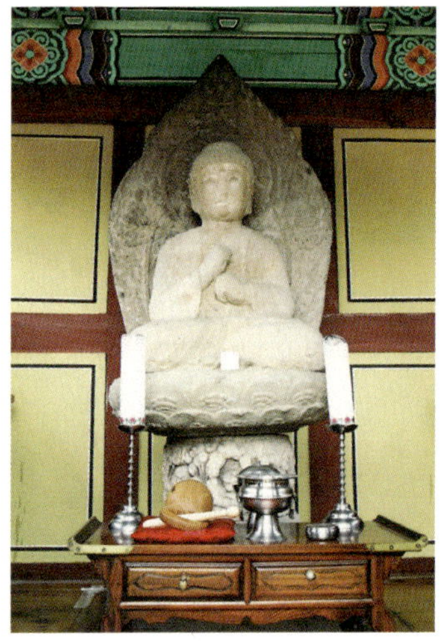

성주 금봉리 석조비로자나불좌상

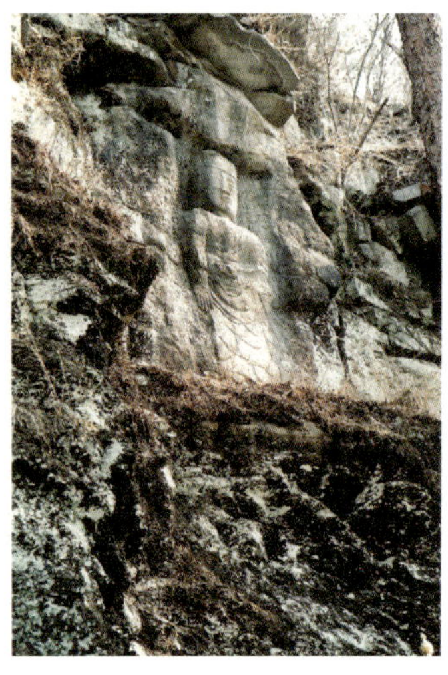

군위 불로리 마애보살입상

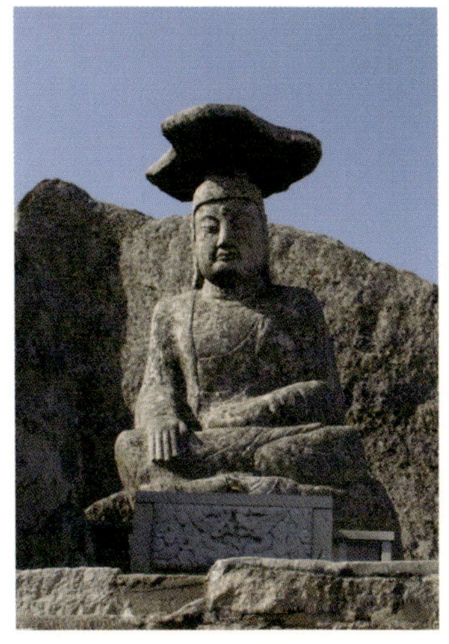

관봉 석조여래좌상

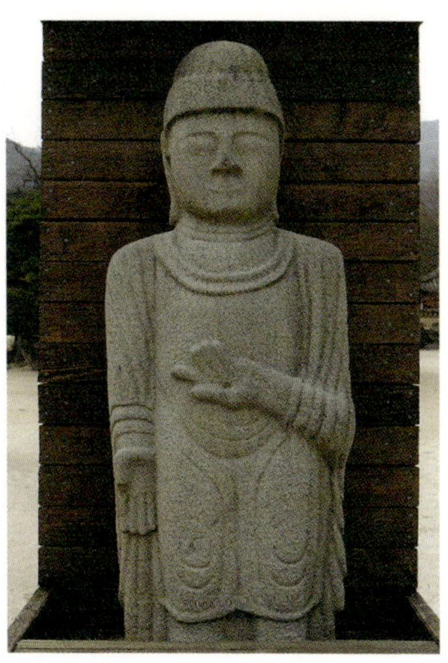

동해사 석조여래입상

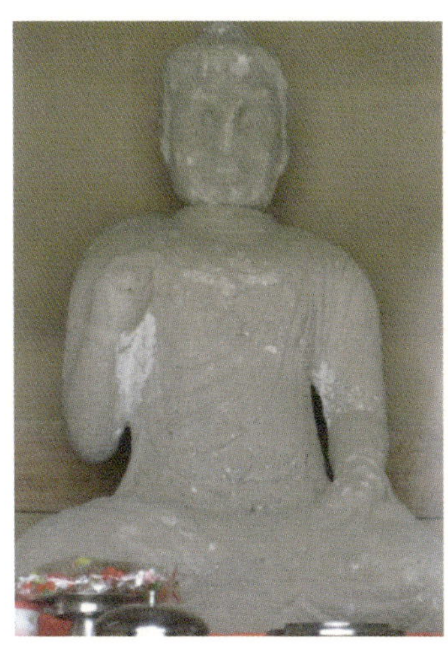

의성 관덕동 석불좌상

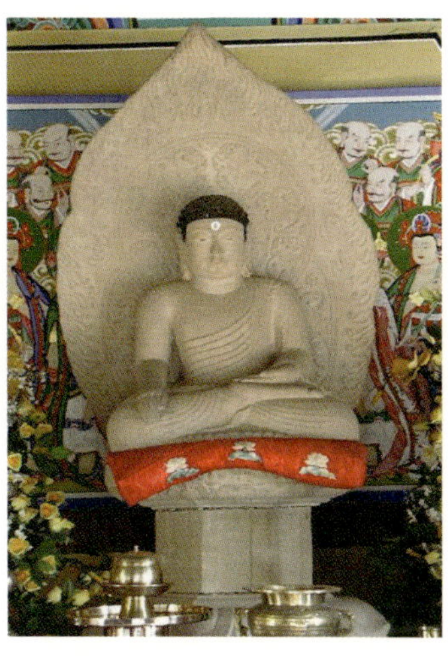

고운사 석조 석가여래좌상

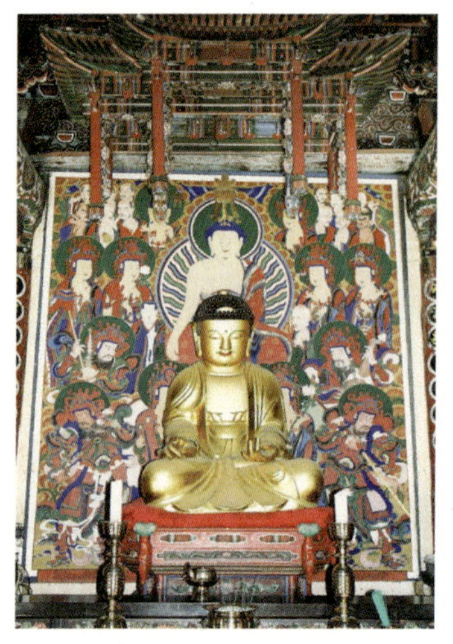

도리사 목조아미타여래좌상

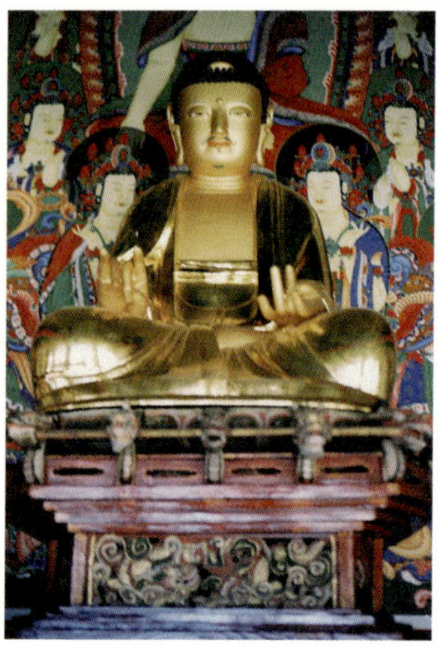

수다사 목조아미타여래좌상

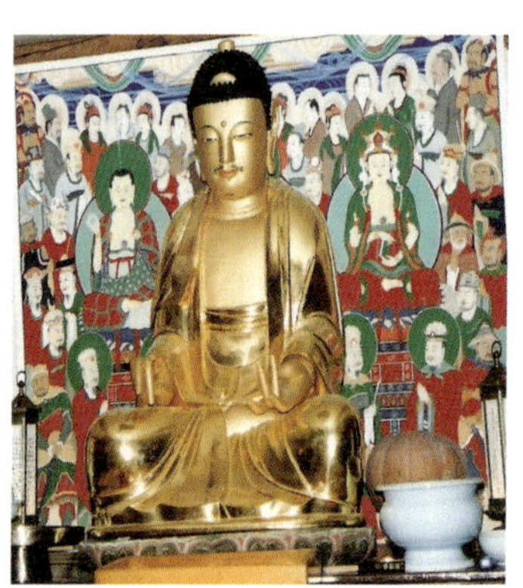

수다사 목조아미타여래좌상

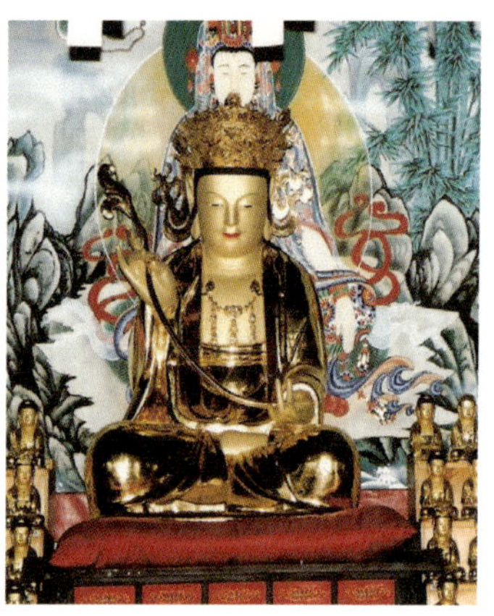

원각사 목조보살좌상

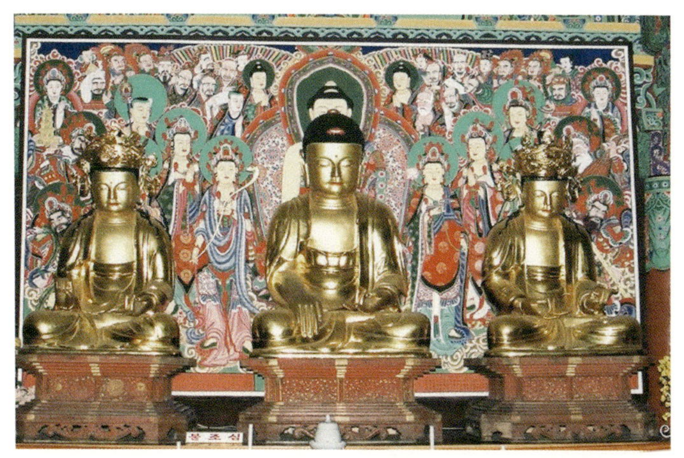

경산 경흥사 삼존불좌상

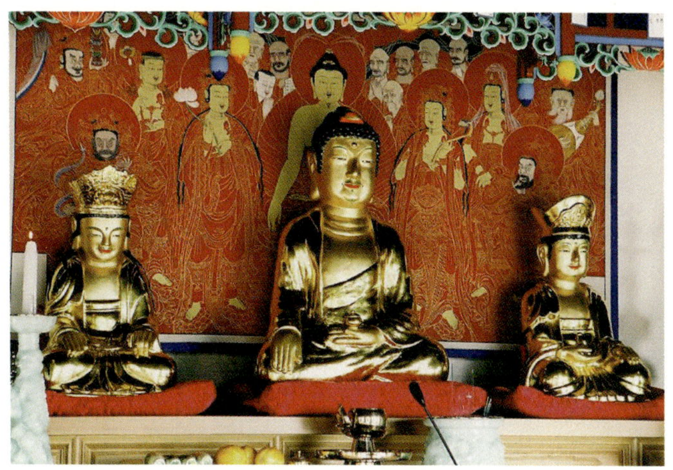

구미 약사암 석조여래좌상

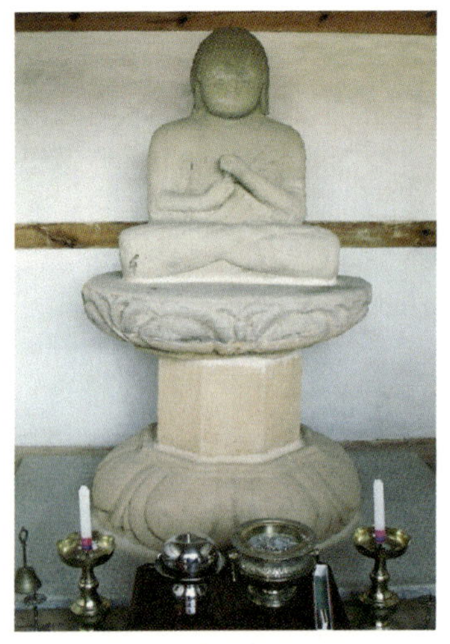

장춘리 석조비로자나불좌상

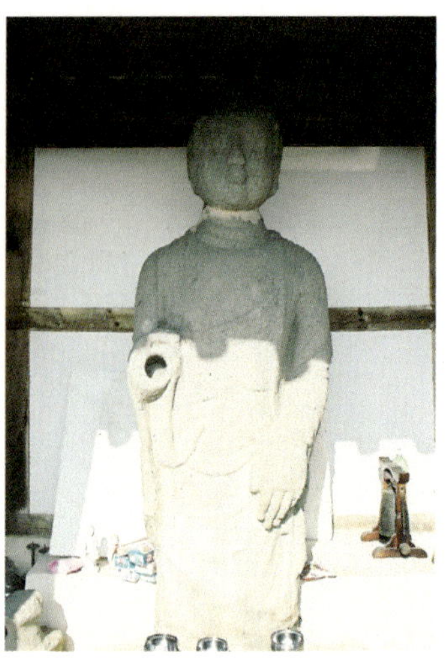

의성 정안동 석조여래입상

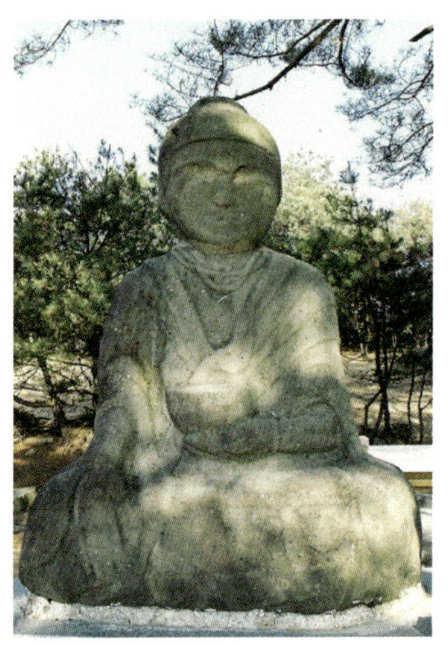

의성 내산리 석불좌상

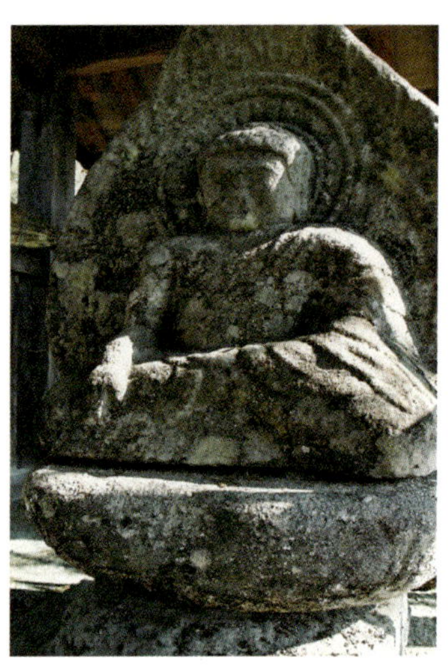

의성 안사동 석조여래좌상

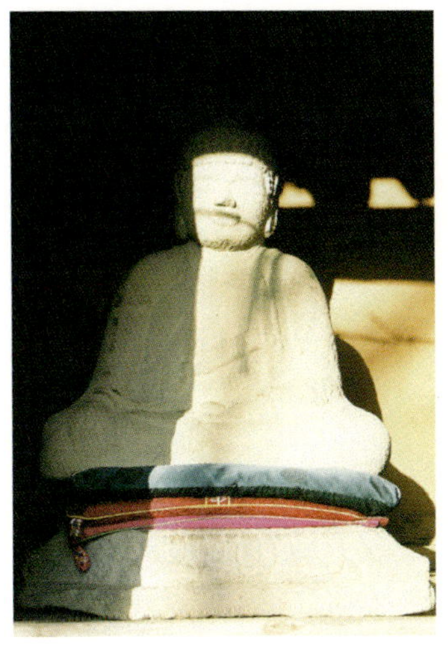

의성 중률리 석불좌상

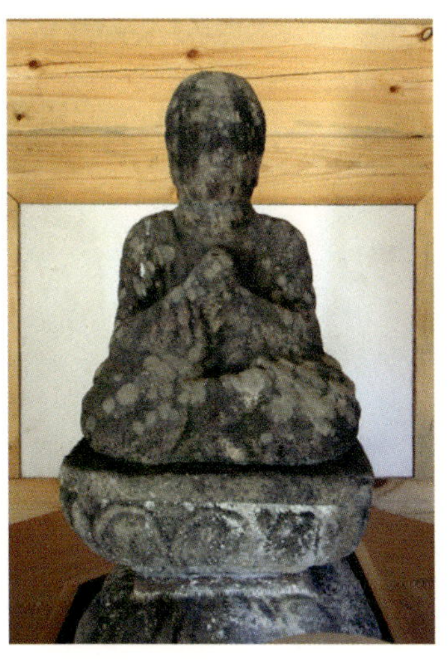

지장사 석조비로자나불좌상

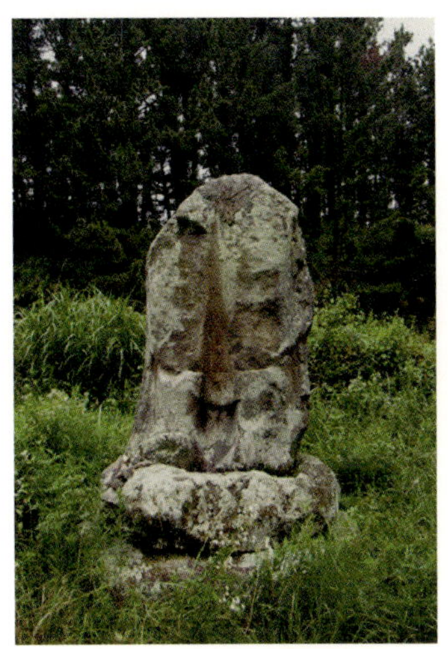

포항 천마산 석불입상

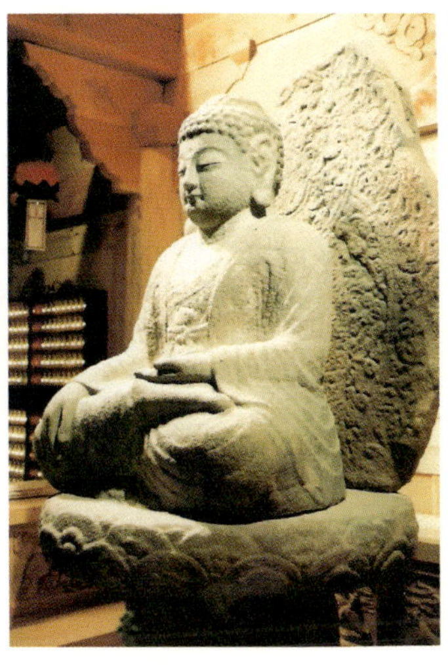

의성 만장사 석조여래좌상

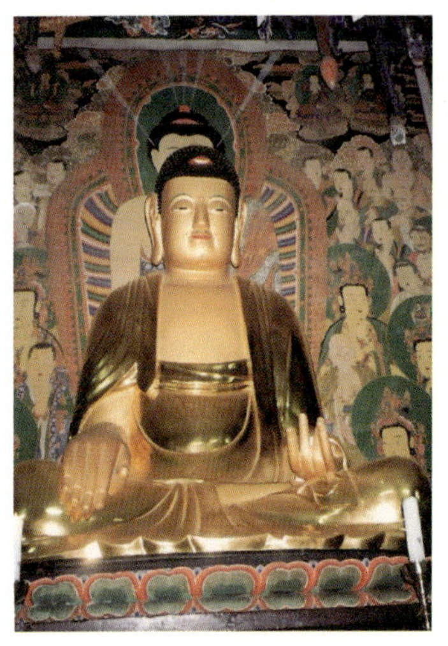

송림사 대웅전 목불좌상

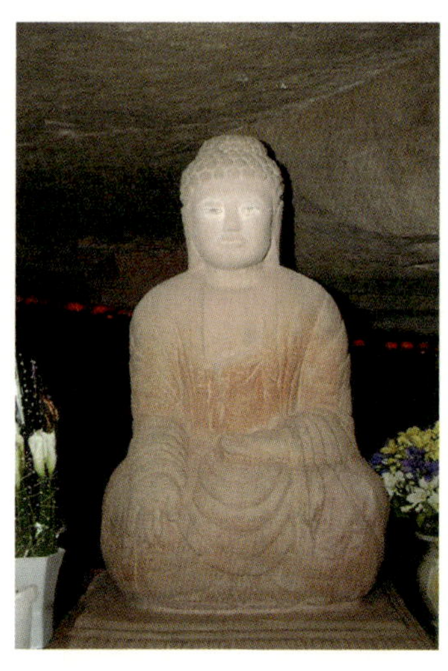

의성 석불사 석조여래좌상

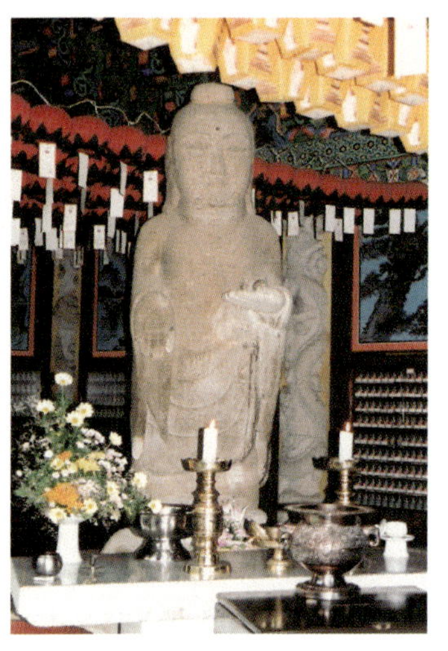

경산 불굴사 석불입상

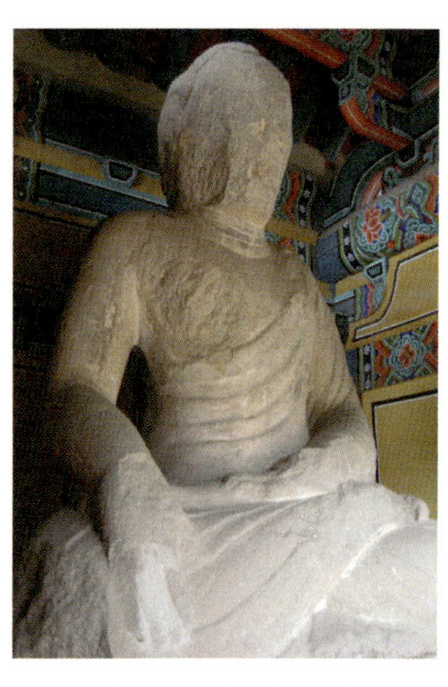

청도 박곡동 석불좌상

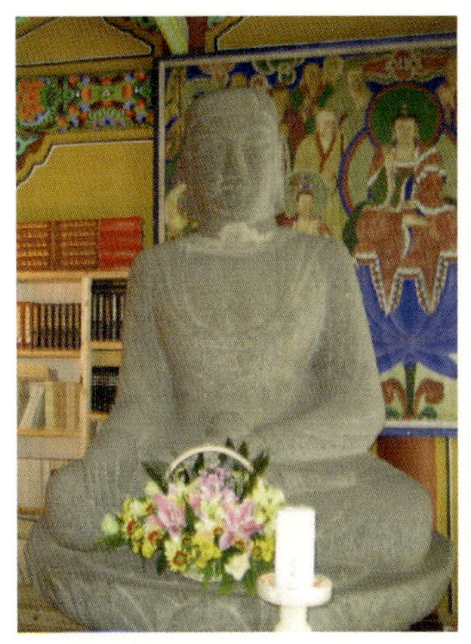

상주 증촌리 석불좌상

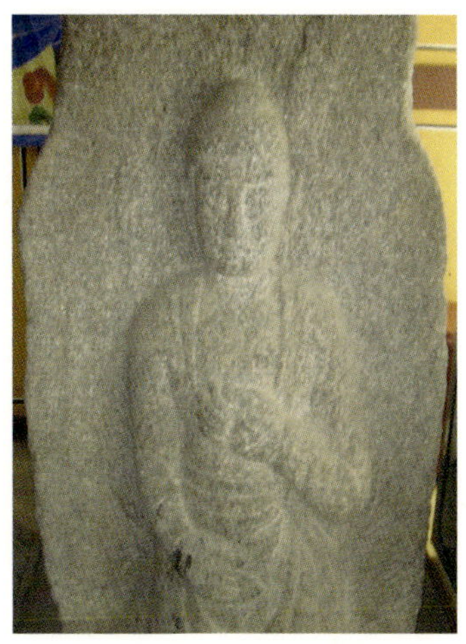

상주 증촌리 석불입상

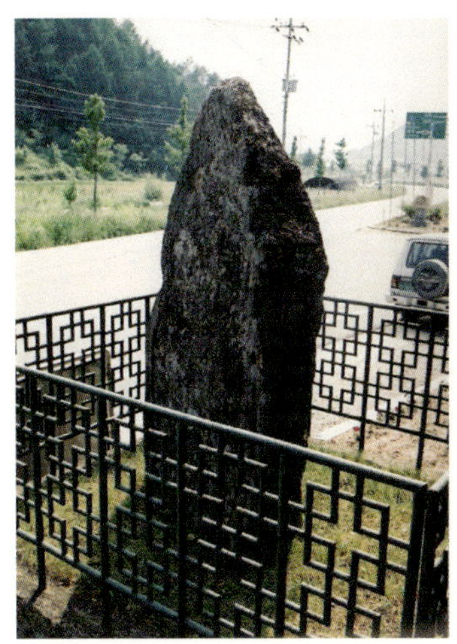

상주 신봉리 석조보살입상

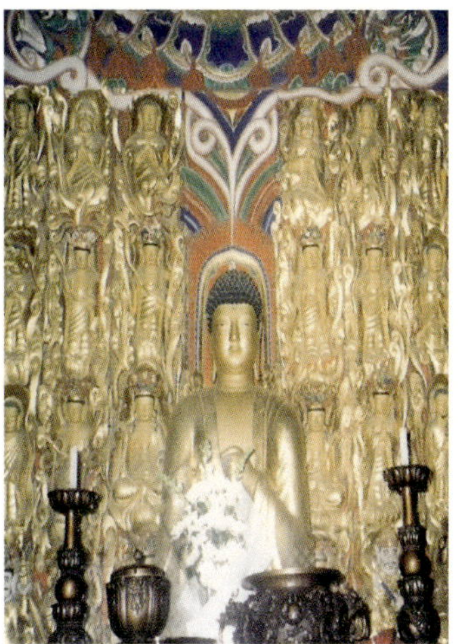

상주 남장사 철불좌상

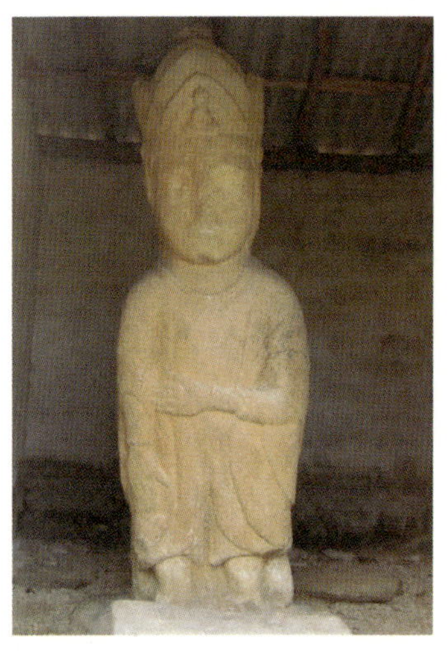

상주 목가리 석조관음보살입상

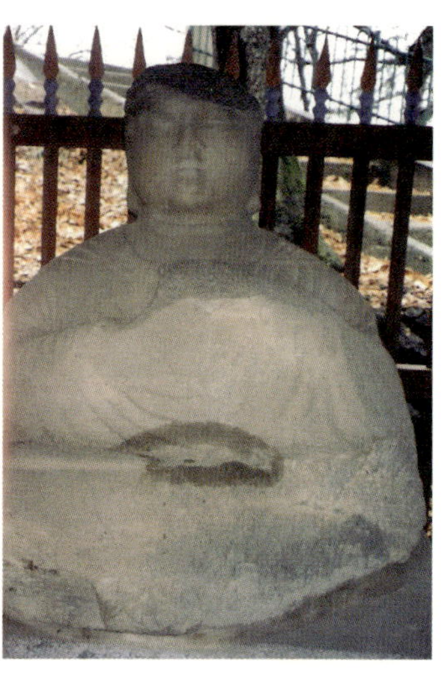

상주 복룡리 석불좌상

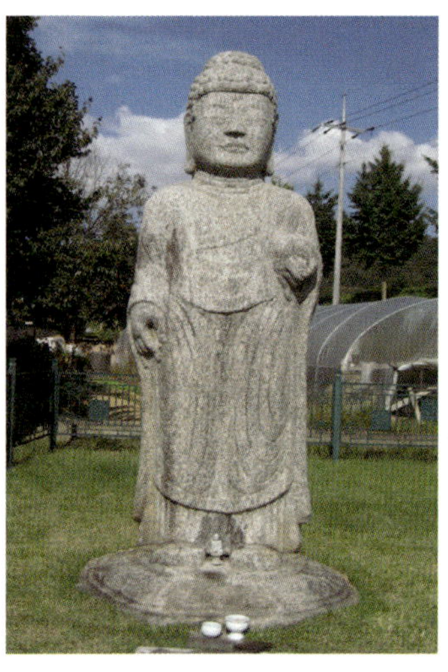

예천 동본동 석조여래입상

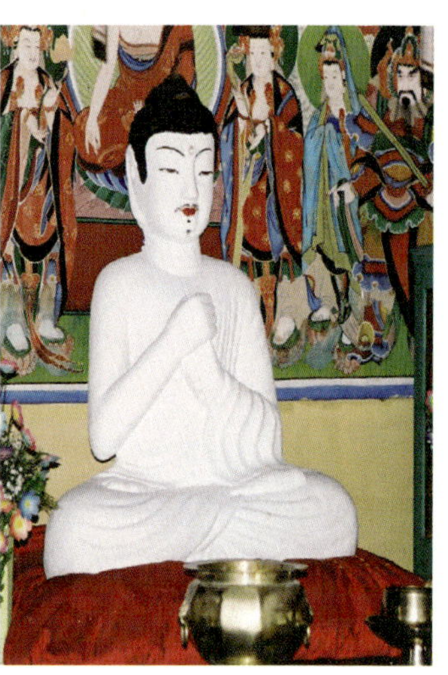

동악사 석조비로자나불좌상

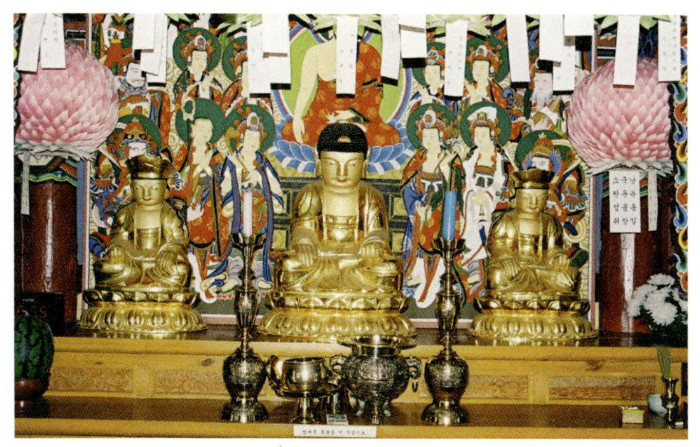

예천 보문사 극락보전 아미타삼존불좌상

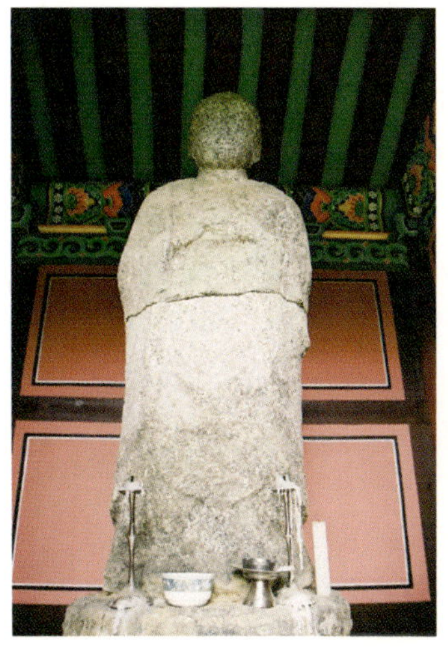

예천 승본동 석조여래입상

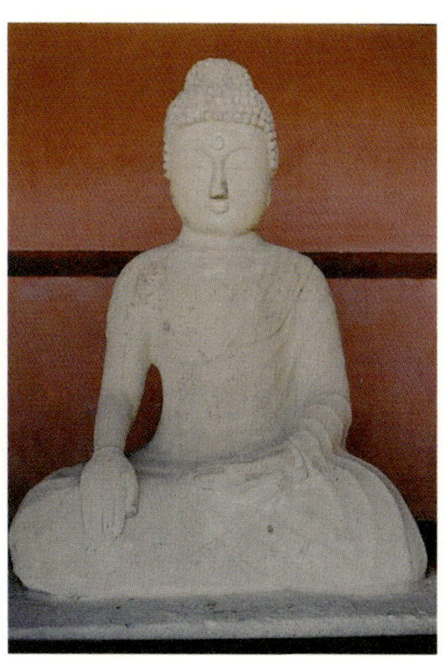

예천 향석리 석조여래좌상

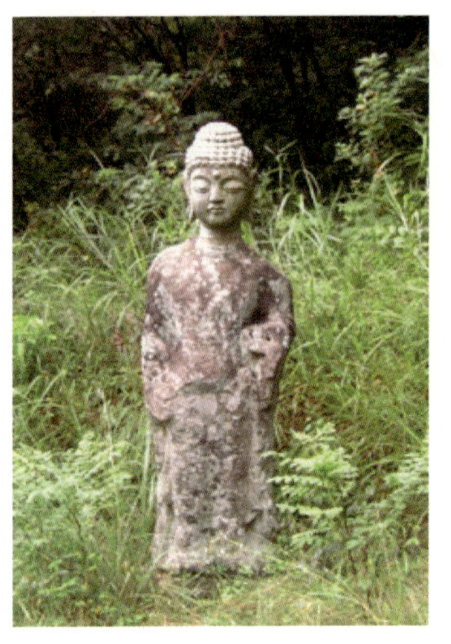

와룡동 석불입상

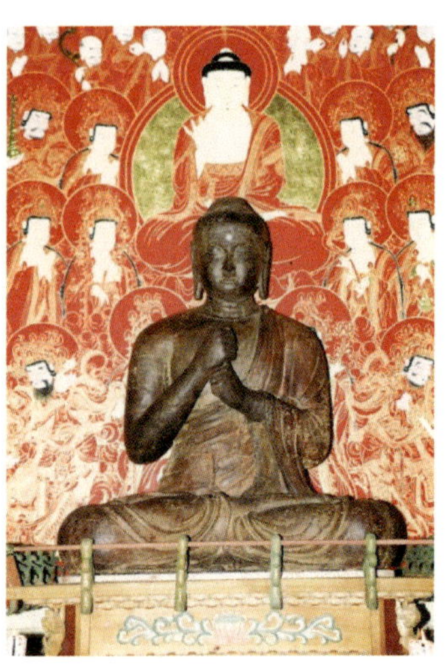

한천사 철불좌상

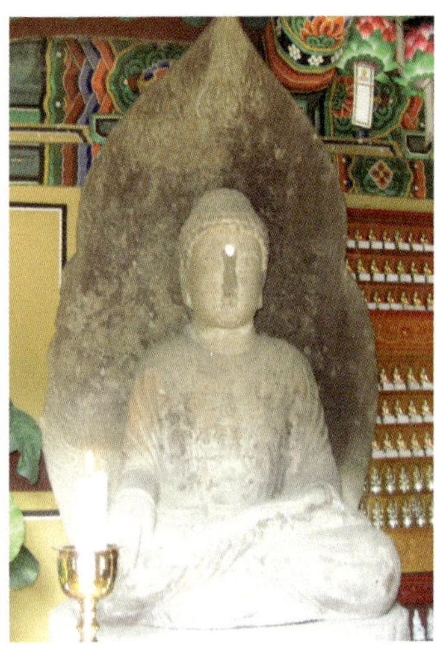

청룡사 석조여래좌상

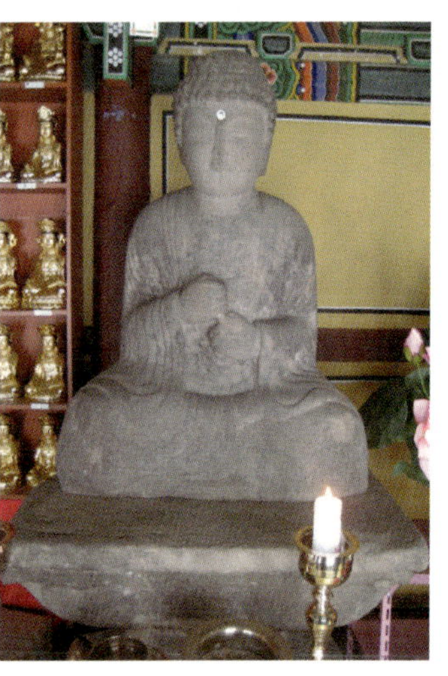

청룡사 석조비로자나불좌상

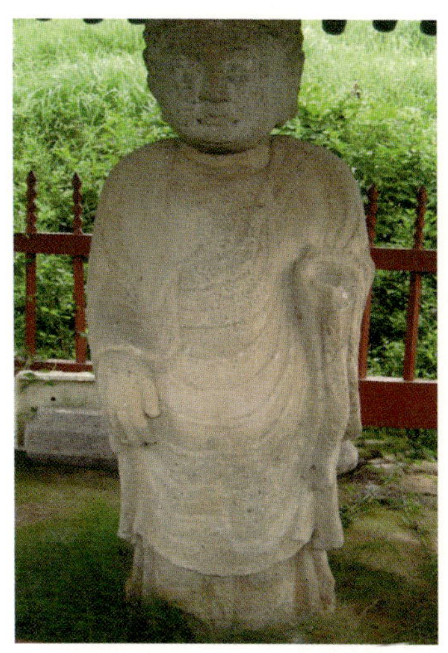

예천 흔효리 석조여래입상

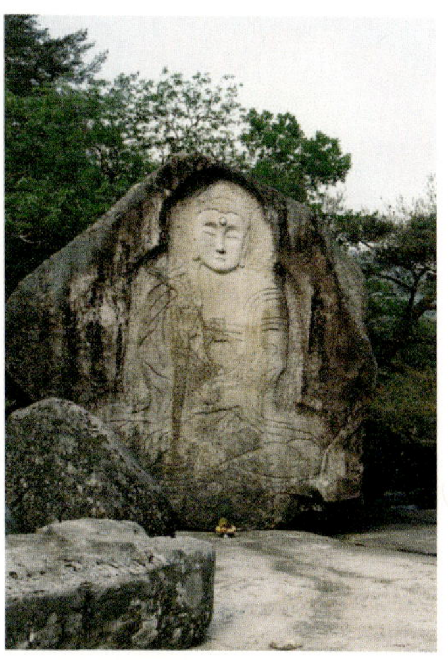

문경 봉암사마애보살좌상

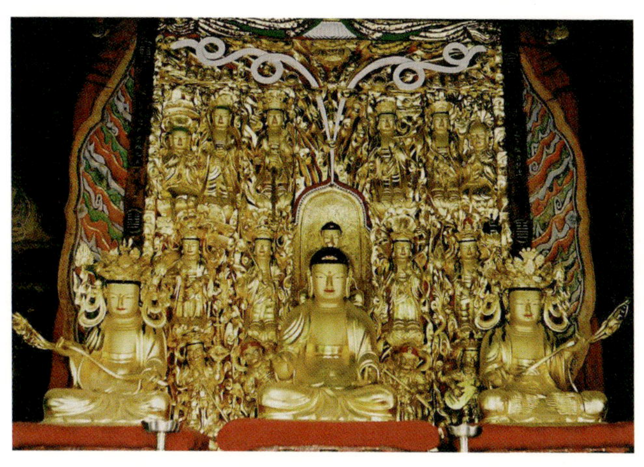

예천 용문사 대장전 목조아미타여래좌상 및 목각탱

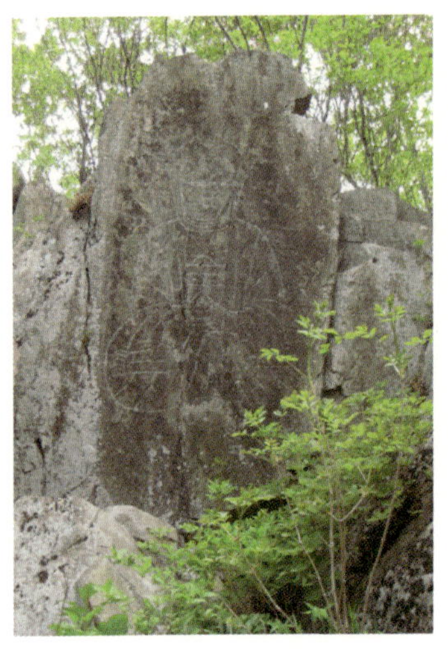

청도 장육산 마애여래좌상

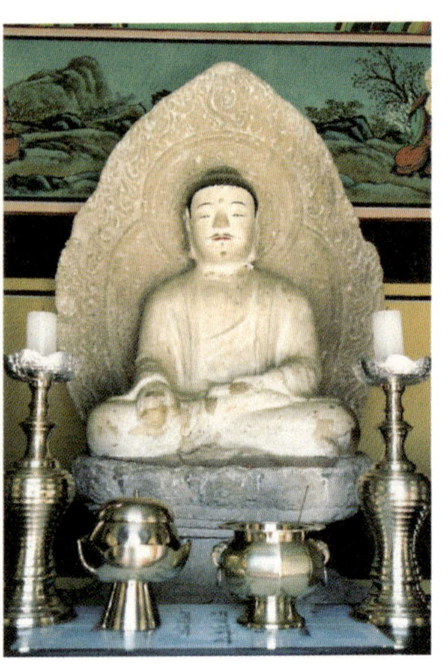

청도 운문사 석조여래좌상

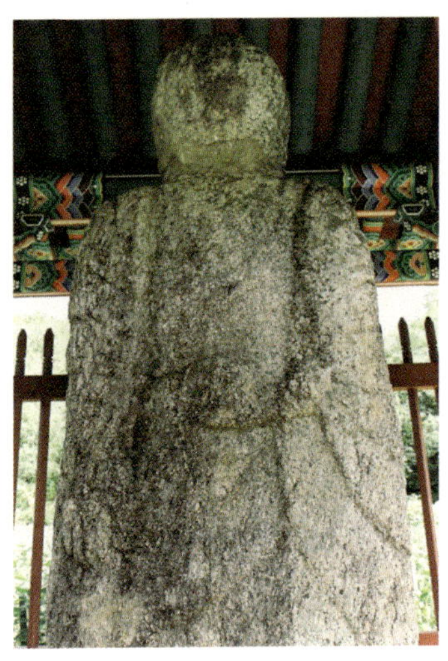

문경 관음리 석불입상

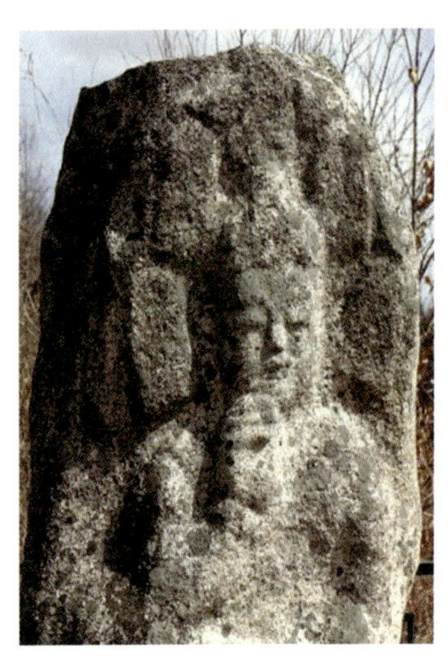

문경 관음리 석조반가사유상

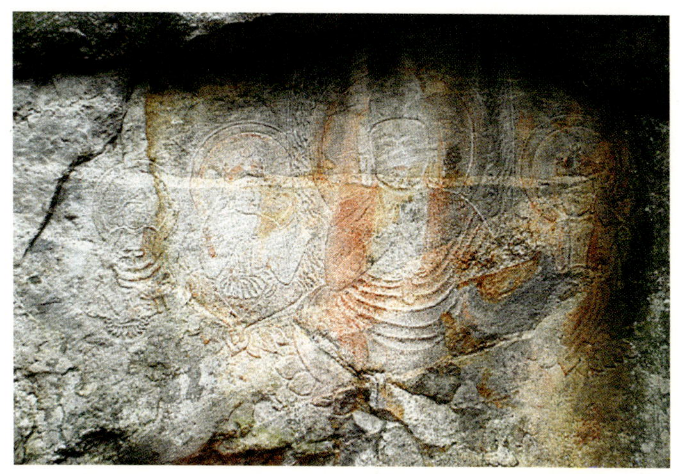

성주 노석동 마애불상군

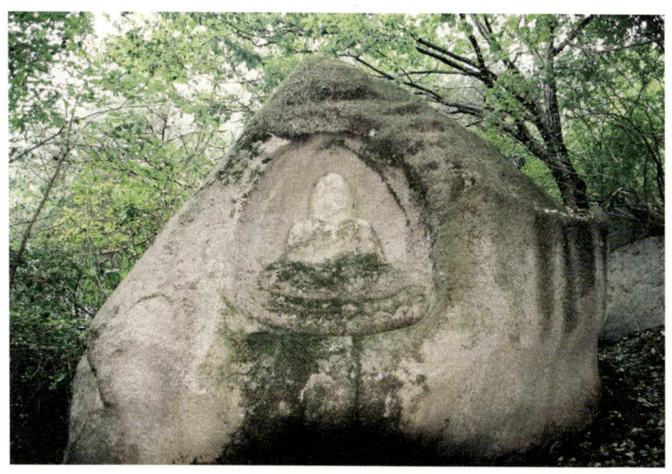

경산 원효암 마애여래좌상

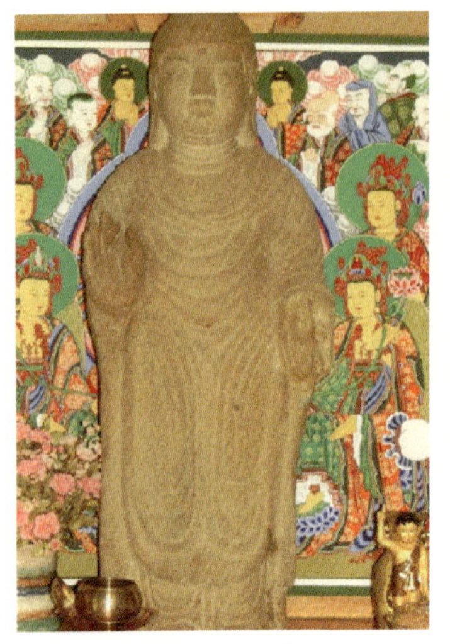

봉화 천성사 석조여래입상

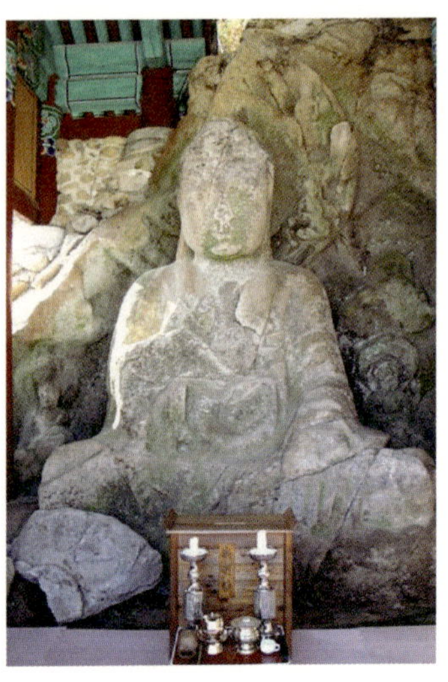

봉화 북지리 마애여래좌상

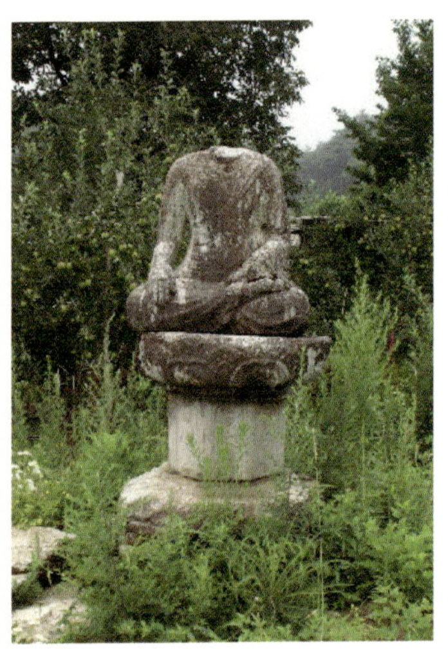

봉화 오전리 석조여래좌상

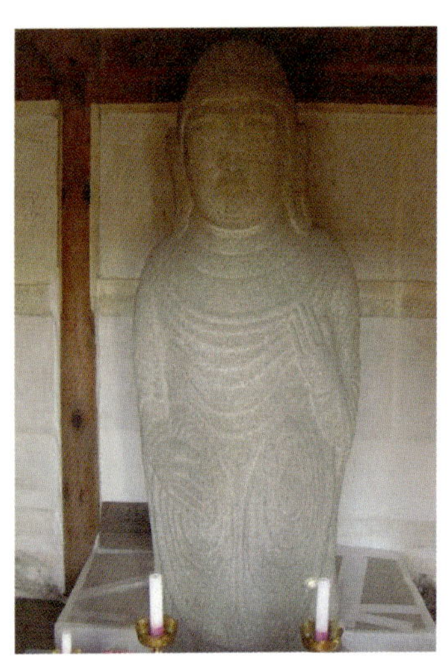

봉화 의양리 석조여래입상

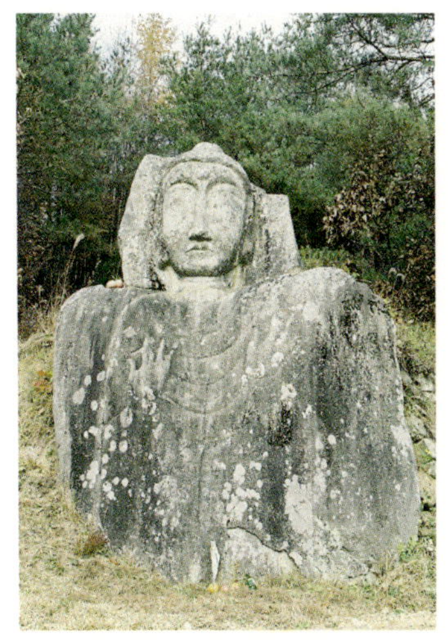

봉화 봉성리 석조여래입상

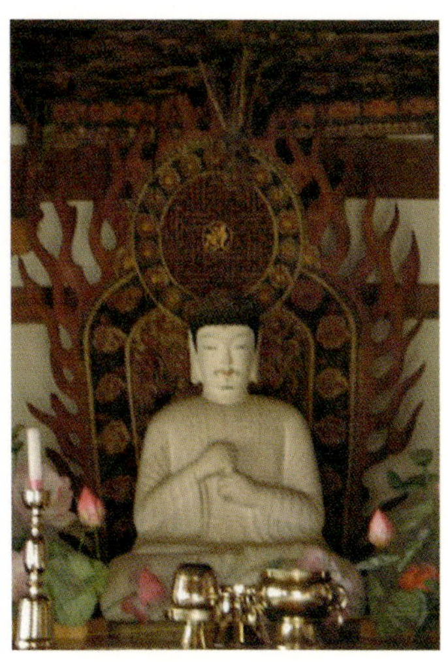

봉화 축서사 석불좌상

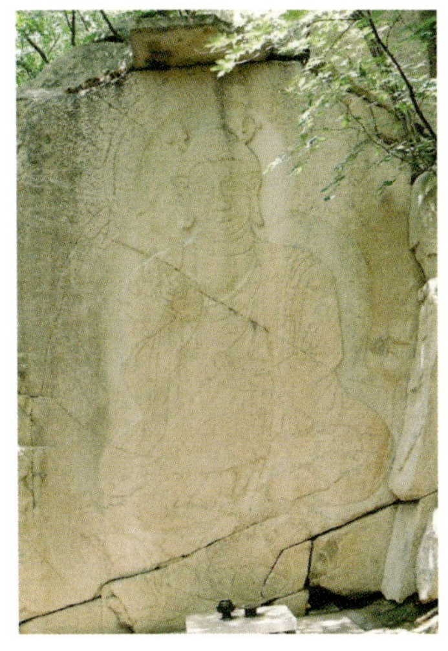

문경 대숭사 마애여래좌상

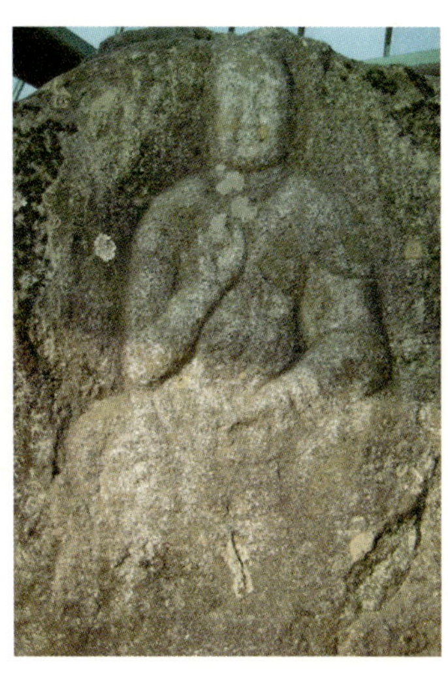

영주 월호리 마애석불좌상

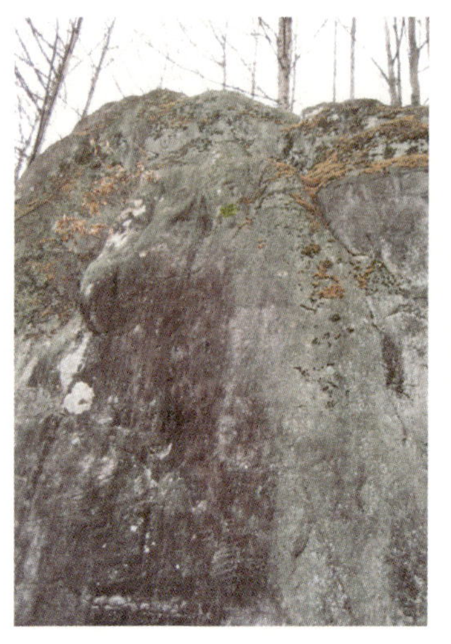
영주 강동리 마애보살입상

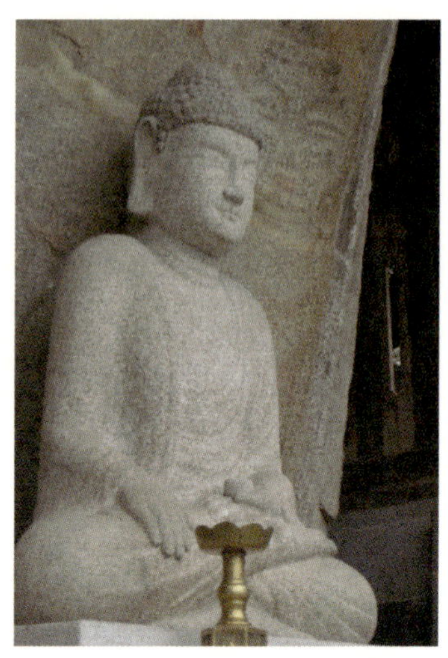
흑석사 석조여래좌상

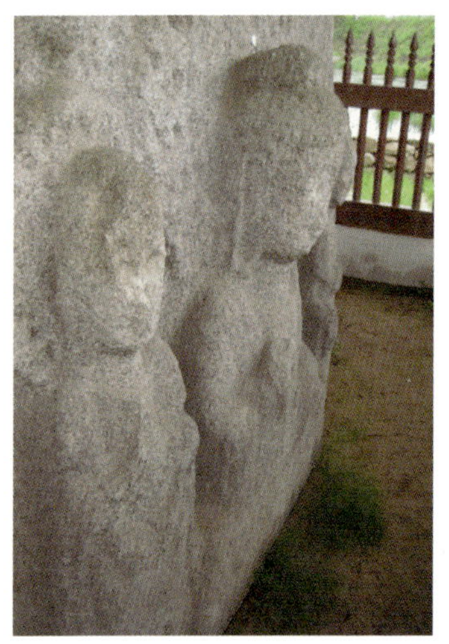
신암리 마애삼존석불

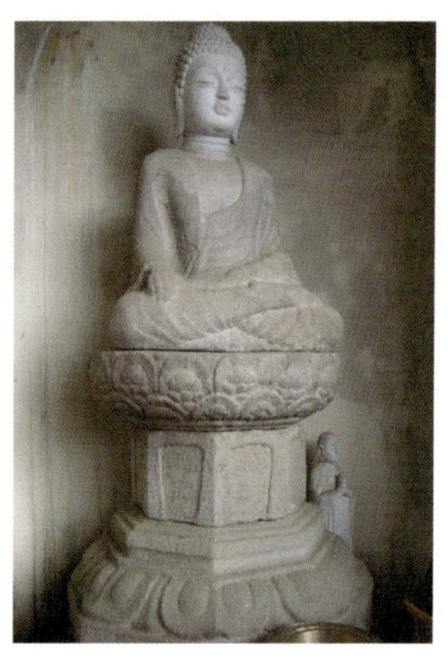
상망동 석조여래좌상

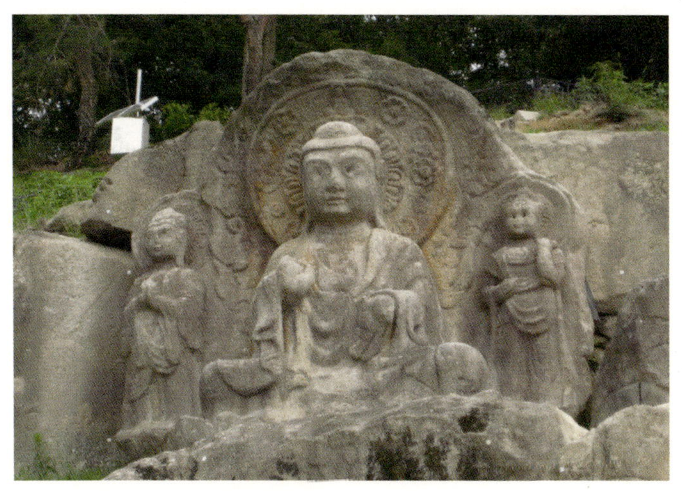

영주 가흥리 마애삼존불좌상

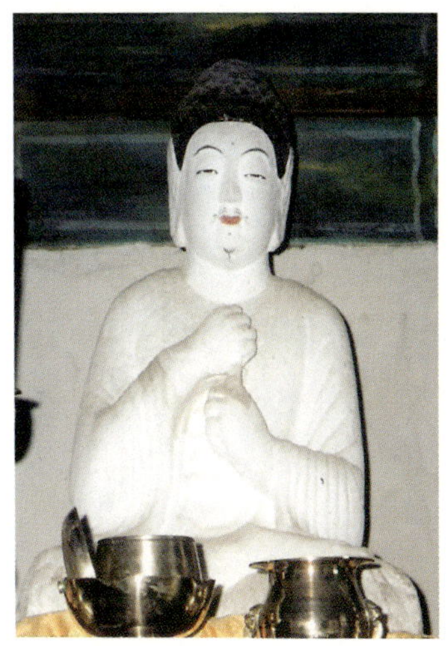

성혈사 나한전 비로자나불좌상

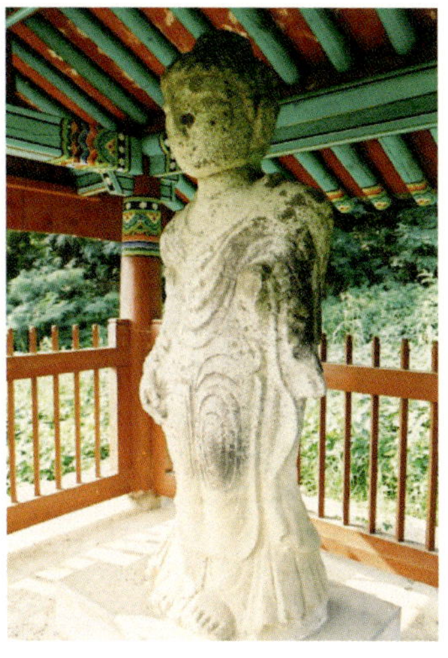

영주 석교리 석불입상

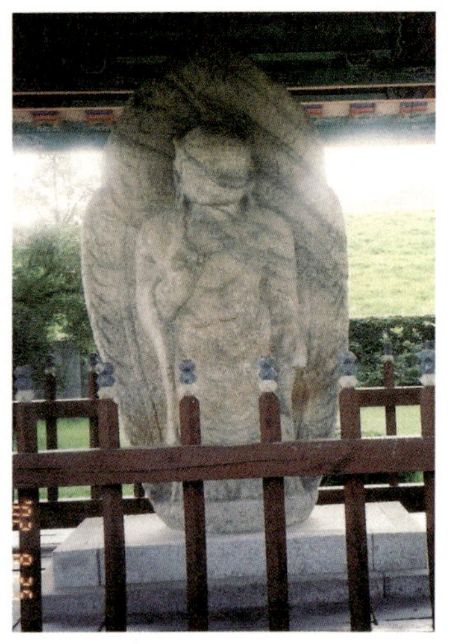

영주 영주리 석불입상

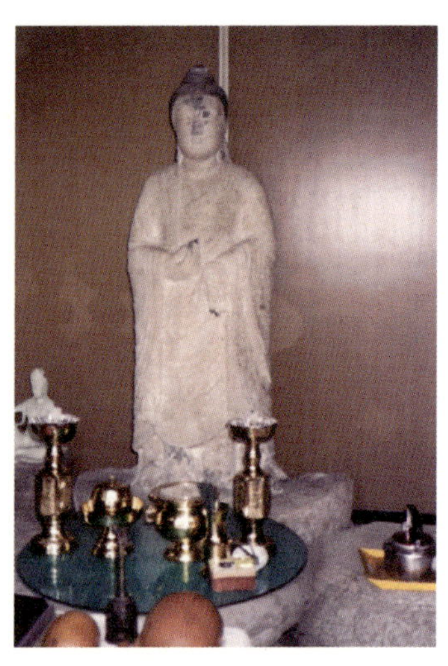

영전사 석조여래입상

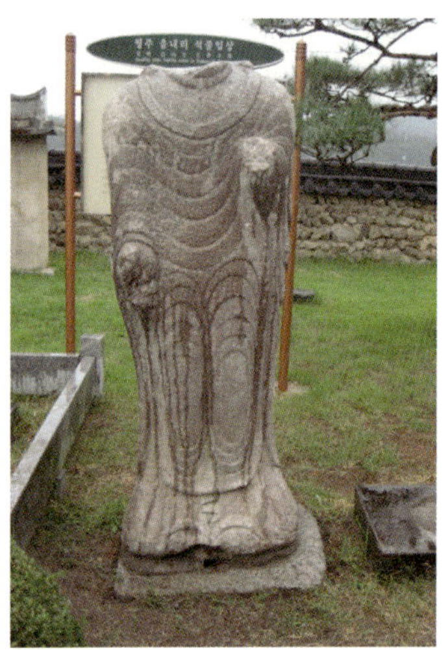

영주 읍내리 석불입상

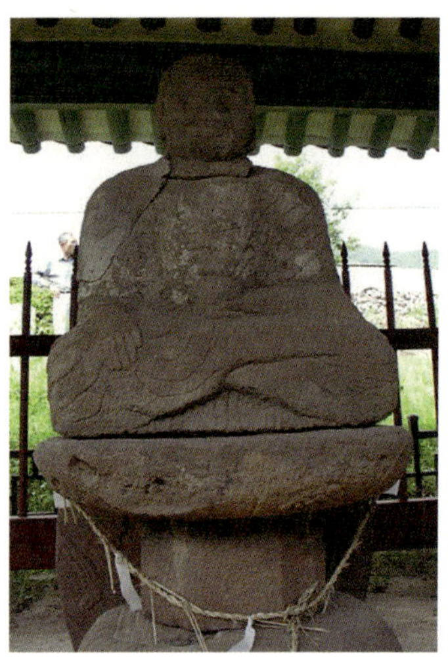

영양 연당동 석불좌상

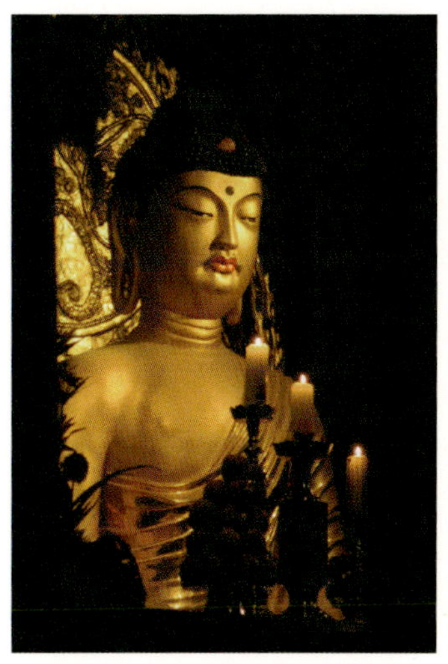

부석사 소조아미타여래좌상

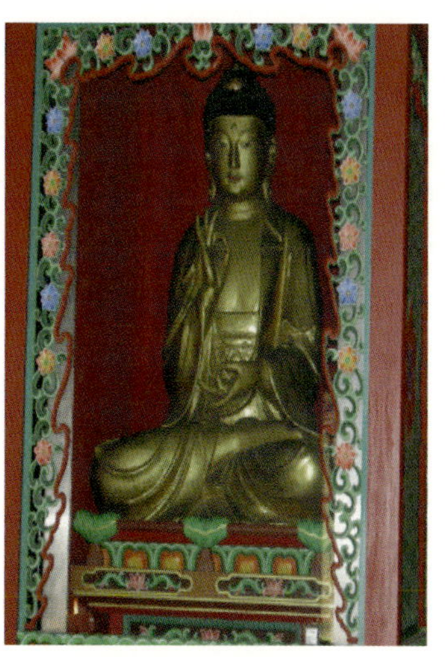

흑석사 목조여래좌상

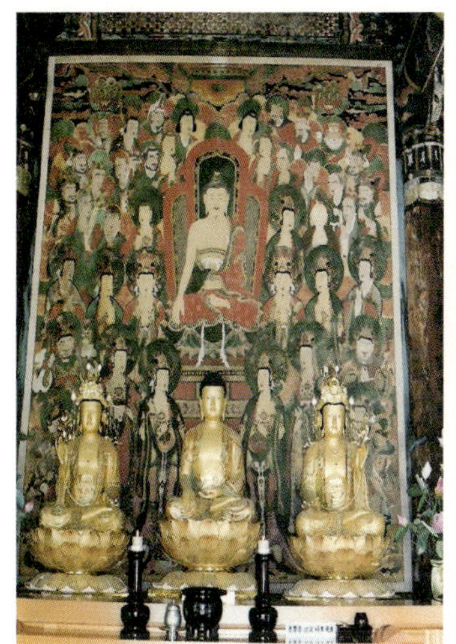

울진 불영사 대웅전 불상

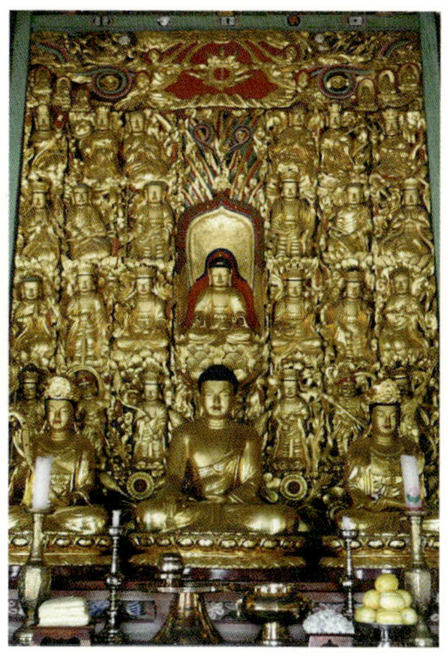

문경 대승사 불상 및 목각탱

경상북도 지정 불상 현황

(2008. 9. 현재)

[포항시]

지정 종별	지정 문화재명	소재지
경상북도 문화재 자료 제513호	포항 대성사 석조관음보살좌상	북구 용흥동 540 - 4

[경주시]

지정 종별	지정 문화재명	소재지
국보 제26호	불국사 금동비로자나불좌상	진현동 15
국보 제27호	불국사 금동아미타여래좌상	진현동 15
국보 제28호	백률사 금동약사여래입상	인왕동76(경주박물관)
보물 제62호	경주 서악리 마애석불상	서악동 92 - 1
보물 제63호	경주 배리 석불입상	배동 65 - 1
보물 제122호	경주 두대리 마애석불입상	율동 산60 - 1
보물 제136호	경주남산 미륵곡 석불좌상	배반동 산66 - 1
보물 제187호	경주남산 용장사곡석불좌상	내남면 용장리 산1
보물 제198호	경주남산 불곡 석불좌상	인왕동 산56
보물 제199호	경주남산 신선암 마애보살 반가상	남산동 산36
보물 제200호	경주남산 칠불암 마애석불	남산동 산36
보물 제415호	기림사 건칠보살좌상	양북면 호암리 419
보물 제581호	월성 골굴암마애여래좌상	양북면 안동리 304
보물 제665호	낭산 마애삼존불	배반동 산17 - 1
보물 제666호	삼릉계곡 석불좌상	배동 산71
보물 제913호	용장사지 마애여래좌상	내남면 용장리 산1 - 1
보물 제958호	기림사소조비로자나삼존불	양북면 호암리 420
유형문화재 제19호	삼릉계곡 마애관음보살상	배동 산72 - 6
유형문화재 제21호	삼릉계곡 선각육존불	배동 산72 - 6

지정 종별	지정 문화재명	소재지
유형문화재 제94호	경주남산 입곡석불두	배동 산86 - 3
유형문화재 제112호	경주 침식곡 석불좌상	내남면 노곡리 산125 - 1
유형문화재 제113호	경주 열암곡 석불좌상	내남면 노곡리 산123
유형문화재 제114호	경주 약수계곡 마애불입상	내남면 용장리 산1 - 1
유형문화재 제158호	삼릉계곡마애석가여래좌상	배동 산72 - 6
유형문화재 제159호	삼릉계곡 선각여래좌상	배동 산72 - 6
유형문화재 제193호	보리사 마애석불	배반동 산66 - 1
유형문화재 제194호	경주 동천동마애삼존불좌상	용강동 산67
유형문화재 제195호	경주배리윤을곡 마애불좌상	배동 산72 - 1
유형문화재 제204호	영지 석불좌상	외동읍 괘릉리 419
유형문화재 제206호	백운대 마애불입상	내남면 명계리 산161 - 2
유형문화재 제318호	감산사석조비로자나불좌상	외동읍 괘릉리 6 - 2
문화재 자료 제5호	벽도산 석불입상	율동 산70
문화재 자료 제11호	경주 노서동 석불입상	노서동 156 - 8
문화재 자료 제12호	경주 서부동 석불좌상	인왕동 76(경주박물관)
문화재 자료 제14호	웅수사지 석불입상	인왕동 76(경주박물관)
문화재 자료 제92호	안계리 석조석가여래좌상	강동면 안계리 산8 - 4
문화재 자료 제96호	경주 활성리 석불입상	외동읍 활성리 385 - 2
문화재 자료 제98호	경주 근계리입불상	안강읍 근계리 산131
문화재 자료 제319호	분황사 약사여래입상	구황동 312
문화재 자료 제522호	경주 주사암 영산전 석조 삼존불좌상	서면 천촌리 1195

[김천시]

지정 종별	지정 문화재명	소재지
보물 제245호	오봉동 석조석가여래좌상	남면 오봉리 65
보물 제296호	청암사 수도암 약광전 석불좌상	증산면 수도리 513
보물 제307호	수도암석조비로자나불좌상	증산면 수도리 513
보물 제319호	직지사 석조약사여래좌상	대항면 운수리 216
보물 제697호	금릉 광덕동 석조보살입상	감문면 광덕리 산71
유형문화재 제247호	금릉 은기리마애반가보살상	어모면 은기리 산22
유형문화재 제250호	덕천리 석조관음보살입상	봉산면 덕천리 502 - 2
유형문화재 제296호	직지사 석조나한상	대항면 운수리 216
문화재 자료 제191호	금릉 신안동 석불입상	조마면 신안리 611
문화재 자료 제289호	금릉 태화리 석조보살입상	봉산면 태화리 590
문화재 자료 제311호	옥률리석조아미타여래입상	어모면 옥률리 995
문화재 자료 제420호	미륵암 석조미륵불입상	남면 월명리 203 - 1
문화재 자료 제440호	개운사지장보살좌상과시왕	황금동 196 - 3
문화재 자료 제467호	고방사목조아미타삼존불상	농소면 봉곡2리 485

[안동시]

지정 종별	지정 문화재명	소재지
보물 제58호	안기동 석불좌상	안기동 152 - 13
보물 제115호	안동 이천동 석불상	이천동 산2
보물 제1571호	안동 보광사 관음보살좌상	도산면 서부리 50 - 7
유형문화재 제17호	마애동 석조비로자나불좌상	풍산읍 마애리 34
유형문화재 제44호	안정사 석조여래좌상	서후면 태장리 901
유형문화재 제181호	옥산사 마애약사여래좌상	북후면 장기리 산146
유형문화재 제351호	봉정사목조관세음보살좌상	서후면 태장리 901
유형문화재 제368호	석탑사목조관세음보살좌상	북후면 석탑리 837

[구미시]

지정 종별	지정 문화재명	소재지
보물 제490호	금오산 마애보살입상	남통동 산24 – 1
보물 제492호	선산 해평동 석조여래좌상	해평면 해평리 326
보물 제112호	구미 황상동 마애여래입상	황상동 산90 – 14
유형문화재 제120호	선산 궁기동 석불상	도개면 궁기리 748 – 4
유형문화재 제334호	수다사 목조아미타여래좌상	무을면 상송리 산12
유형문화재 제338호	금강사 석조석가여래좌상	원평동 1008 – 25
유형문화재 제352호	금강사 금동약사여래입상	원평동 1008 – 25
유형문화재 제353호	금강사 금동관음보살입상	원평동 1008 – 25
유형문화재 제362호	구미 약사암 석조여래좌상	남통동 산33 – 1
문화재 자료 제314호	도리사 목조아미타여래좌상	해평면 송곡리 403
문화재 자료 제332호	미륵당 석조미륵불입상	장천면 우로리 86
문화재 자료 제372호	원각사 목조보살좌상	선산읍 노상리 159 – 4
문화재 자료 제506호	구미 대원사 석조여래좌상	구평동 48

[영주시]

지정 종별	지정 문화재명	소재지
국보 제45호	부석사 소조여래좌상	부석면 북지리 148
국보 제282호	흑석사목조아미타불좌상	이산면 석포리 1380 – 1
보물 제60호	영주리 석불입상	가흥동 2 – 15
보물 제116호	영주 석교리 석불상	순흥면 석교리 161
보물 제220호	영주 북지리 석조여래좌상	부석면 북지리 148
보물 제221호	영주 가흥리 마애삼존불 및 마애여래좌상	가흥동 264 – 2
보물 제680호	영주 신암리 마애삼존석불	이산면 신암리 1127 – 6
보물 제681호	흑석사 석조여래좌상	이산면 석포리 200
보물 제996호	영풍 비로사석아미타 및 비로자나불좌상	풍기읍 삼가리 309
유형문화재 제125호	읍내리 석불입상	순흥면 읍내리 314 – 3
유형문화재 제324호	영주 영전사 석조여래입상	풍기읍 동부리 405
유형문화재 제402호	성혈사 석조비로자나불좌상	순흥면 덕현리 277
문화재 자료 제148호	영주 읍내리 석조여래좌상	순흥면 읍내리 314 – 3

지정 종별	지정 문화재명	소재지
문화재 자료 제223호	영풍 두월리 약사여래석불	이산면 두월리 산83
문화재 자료 제243호	영풍 월호리 마애석불좌상	문수면 월호리 산221
문화재 자료 제277호	영주 상망동 석불좌상	상망동 산19-2 신흥사
문화재 자료 제282호	백룡사 석조여래좌상	풍기읍 수철리 260-1
문화재 자료 제355호	흑석사 마애삼존불	이산면 석포리 산200
문화재 자료 제474호	영주 강동리 마애보살입상	평은면 강동리 산87-3
문화재 자료 제504호	영주 휴천동 마애여래좌상	휴천동 630

[영천시]

지정 종별	지정 문화재명	소재지
보물 제513호	영천 선원동 철불좌상	임고면 선원리 770
보물 제514호	은해사 운부암청동보살좌상	청통면 치일리 555
보물 제676호	영천 화남동 석불좌상	신령면 화남리 499

[상주시]

지정 종별	지정 문화재명	소재지
보물 제118호	상주 증촌리 석불입상	함창읍 증촌리 258-2
보물 제119호	상주 복룡리 석불좌상	서성동 163-48
보물 제120호	상주 증촌리 석불좌상	함창읍 증촌리 258-2
보물 제990호	상주 남장사 철불좌상	남장동 502
문화재 자료 제126호	상주 신봉리 석조보살입상	화서면 신봉리 산2-1
문화재 자료 제437호	목가리 석조관세음보살입상	사벌면 목가리 산6
문화재 자료 제456호	동해사 석조여래입상	서곡동 227-3
문화재 자료 제536호	상주 상락사 석가여래좌상	서성동 60-8

지정 종별	지정 문화재명	소재지
유형문화재 제121호	봉암사 마애보살좌상	가은읍 원북리 산54-1
유형문화재 제239호	대승사 마애여래좌상	산북면 전두리 산38-1
유형문화재 제308호	문경 봉정리 약사여래좌상 및 관세음보살입상	산양면 봉정리 산56
유형문화재 제385호	김용사명부전목조지장삼존상 및 제상	산북면 김용리 409
유형문화재 제403호	문경 대승사 사면석불	산북면 전두리 산38-1
문화재 자료 제136호	문경 관음리 석불입상	문경읍 관음리 185-1
문화재 자료 제350호	관음리 석조반가사유상	문경읍 관음리 산60

[경산시]

지정 종별	지정 문화재명	소재지
보물 제431호	관봉 석조여래좌상	와촌면 대한리 산35
유형문화재 제246호	경흥사 목조 삼존불좌상	남천면 산전리 806
유형문화재 제386호	경산 원효암 마애여래좌상	와촌면 대한리 산31-1
문화재 자료 제401호	불굴사 석조불입상	와촌면 강학리 5

[군위군]

지정 종별	지정 문화재명	소재지
국보 제109호	군위 삼존석굴	부계면 남산리 산16
보물 제988호	군위 대율동 석불입상	부계면 대율리 691
유형문화재 제103호	군위 하곡동 석조여래입상	하곡리 산32-1
유형문화재 제222호	위성동 석조약사여래입상	소보면 위성리 899
유형문화재 제258호	석굴 석조비로자나불좌상	부계면 남산리 302
유형문화재 제265호	군위 불로리 마애보살입상	효령면 불로리 산1
유형문화재 제339호	군위 인각사 석불좌상	고로면 화북면 612
문화재 자료 제426호	인각사 미륵당 석불좌상	고로면 화북리 613-3
문화재 자료 제507호	군위 오도암 금동불입상	부계면 동산리 1

[의성군]

지정 종별	지정 문화재명	소재지
보물 제246호	고운사 석조석가여래좌상	단촌면 구계리 116
유형문화재 제56호	비안면자락동석조여래좌상	비안면 자락리 산67 - 2
유형문화재 제136호	의성 관덕동 석조보살좌상	단촌면 관덕리 산85
유형문화재 제175호	의성 정안동 석조여래입상	단북면 정안리 57 - 2
유형문화재 제176호	월소동 석조비로자나불좌상	안사면 월소리 559
유형문화재 제177호	의성 안사동 석조여래좌상	신평면 안사리 산115
유형문화재 제322호	만장사 석조여래좌상	비안면 산제리 155 - 3
유형문화재 제355호	옥련사 목조아미타여래좌상	안평면 삼촌리 1011
문화재 자료 제304호	장춘리 비로자나석불좌상	비안면 장춘리산 16 - 3
문화재 자료 제305호	의성 내산리 석불좌상	구천면 내산리 산25
문화재 자료 제402호	의성 중률리 석불좌상	신평면 중률리 160

[청송군]

지정 종별	지정 문화재명	소재지
유형문화재 제356호	대전사 보광전 석조여래삼존상	부동면 상의리 200
문화재 자료 제469호	대전사 명부전지장삼존 및 시왕상	부동면 상의리 200

[영양군]

지정 종별	지정 문화재명	소재지
유형문화재 제111호	영양 연당동 석불좌상	입암면 연당리 361

[영덕군]

지정 종별	지정 문화재명	소재지
보물 제993호	영덕 장육사 건칠보살좌상	창수면 갈천리 120

[청도군]

지정 종별	지정 문화재명	소재지
보물 제203호	박곡동 석조석가여래좌상	금천면 박곡리 653
보물 제317호	운문사 석조여래좌상	운문면 신원리 1789
유형문화재 제287호	합천리석조아미타여래입상	화양읍 합천리 517
유형문화재 제393호	청도 장육산 마애여래좌상	운문면 지촌리 산18
유형문화재 제399호	청도 덕사 영산전 석조여래삼존상 및 십육나한상	화양읍 소라리 산1
문화재 자료 제309호	청도 덕사 명부전 석조지장삼존 및 시왕상	화양읍 소라리 산1
문화재 자료 제342호	운문사 내원암 목조보살좌상 및 복장유물	청도읍 유호리 산1－1

[고령군]

지정 종별	지정 문화재명	소재지
유형문화재 제118호	개포동 석조관음보살좌상	개진면 개포리 87
문화재 자료 제359호	고령 대평리 석조여래입상	운수면 대평리 427

[성주군]

지정 종별	지정 문화재명	소재지
보물 제1121호	금봉리 석조비로자나불좌상	가천면 금봉리 산11－2
문화재 자료제336호	성주 백운리 마애여래입상	수륜면 백운리 산56－1

[칠곡군]

지정 종별	지정 문화재명	소재지
보물 제655호	성주 노석동 마애불상군	약목면 노석리 산81
유형문화재 제358호	송림사 대웅전 목조석가삼존불좌상	동명면 구덕리 91－6
유형문화재 제359호	송림사 극락전 석조아미타삼존불좌상	동명면 구덕리 91－6
유형문화재 제360호	송림사 명부전 목조시왕상과 제상	동명면 구덕리 91－6
유형문화재 제394호	칠곡 위봉사 석조보살좌상	가산면 송학리 880－1
문화재 자료 제471호	송림사명부전 석조보살좌상	동명면 구덕리 91－6

[예천군]

지정 종별	지정 문화재명	소재지
보물 제424호	청룡사 석조여래좌상	용문면 신리 520 - 1
보물 제425호	청룡사 석조비로자나불좌상	용문면 신리 520 - 1
보물 제427호	예천 동본동 석조여래입상	예천읍 동본리 474 - 3
보물 제667호	한천사 철조여래좌상	감천면 증거리 184
보물 제989호	용문사대장전목불좌상 및 목각탱	용문면 내지리 391
유형문화재 제124호	예천 흔효리 석조여래입상	풍양면 흔효리 49 - 4
문화재 자료 제145호	예천 와룡동 석조여래입상	풍양면 와룡리 41
문화재 자료 제146호	동악사 석조비로자나불좌상	예천읍 동본리 487 - 1
문화재 자료 제147호	예천 향석리 석조여래좌상	용궁면 향석리 192
문화재 자료 제351호	예천 승본동 석불입상	보문면 승본리 산79
문화재 자료 제510호	용문사 목조아미타여래좌상	용문면 내지리 391
문화재 자료 제519호	보문사 극락전아미타삼존상	보문면 수계리 158

[봉화군]

지정 종별	지정 문화재명	소재지
국보 제201호	봉화 북지리 마애여래좌상	물야면 북지리 657 - 2
유형문화재 제131호	봉화 의양리 석조여래입상	춘양면 의양리 154 - 8
유형문화재 제132호	봉화 봉성리 석조여래입상	봉성면 봉성리 산13
유형문화재 제133호	천성사 석조여래입상	봉성면 금봉리 262 - 2
유형문화재 제154호	오전리 석조아미타여래좌상	물야면 오전리114 - 1
유형문화재 제273호	동명리 마애비로자나불입상	재산면 동면리 산268

각 시·군별 통계

소재지	소재 수	소재지	소재 수
포항시	1	고령군	2
경주시	40	칠곡군	6
경산시	4	성주군	2
영천시	3	청송군	2
김천시	14	예천군	12
구미시	13	봉화군	6
문경시	7	영양군	1
영주시	20	군위군	9
상주시	8	의성군	11
안동시	7	영덕군	1
청도군	7	울진군	0

불탑(佛塔)

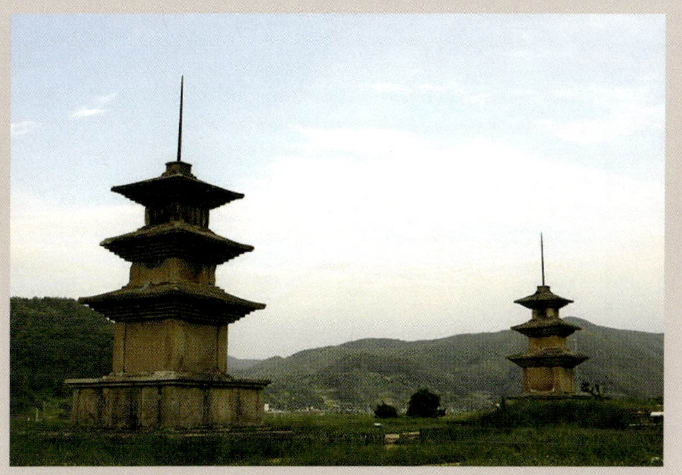

탑파(塔婆)는 흔히 불탑(佛塔)을 이르는 말이다. 탑(塔)은 우리나라에서 불교를 받아들인 이후 목탑, 전탑, 석탑이 있었으나, 이후 석탑이 주류를 이루었고, 현재는 대부분 석탑이 많이 남아 있다. 삼국시대 건립된 석탑으로는 현재 경주 분황사 모전석탑과 의성 탑리 오층석탑이 오래된 탑으로 전해진다. 이후 삼국통일로 문화가 발달하면서 독자적이고 전형적인 통일신라석탑이 전성기를 이룬다. 경주 불국사의 다보탑과 석가탑, 안동 지역과 주변 인근 지역의 석탑이 다양하게 표현된다. 안동지역에는 신세동 칠층전탑과 동부동, 조탑동 등 전탑이 남아 있으며, 통일신라시대 후기가 되면서 석탑에 장엄조각들이 기단부나 몸돌에 나타나기 시작하는데, 사천왕, 팔부중, 십이지신상들이 조각된다. 영양 화천동 삼층석탑이나 현일동 삼층석탑, 경주 원원사지 삼층석탑의 기단부 조각이 대표적이라 하겠다. 통일신라 말기에는 다양한 계층의 참여 때문인지 이형석탑이 보이는데, 경주 안강 정혜사지 십삼층석탑이 대표적인 예라 하겠다. 고려시대에 오면서 석탑의 제작이 다소 줄어들었으며 크기 면에서는 작아지고, 간략화된 형식의 다층석탑이나 청석탑이 만들어진다. 제작 연대가 있는 예천 개심사지 오층석탑과 고령 반룡사 다층석탑, 의성 대곡사 다층석탑이 좋은 예라 하겠다. 이후에도 지속적인 석탑 건립이 이루어지나 조선시대에 오면서 탑 형태의 부도가 제작되는데, 문경 봉암사의 환적당 지경탑과 함허당 득통탑이 예라

하겠다. 경북지역에는 이처럼 각 지역별로 다양한 탑들이 분포
되어 있어 불교문화의 정수를 엿볼 수 있다.

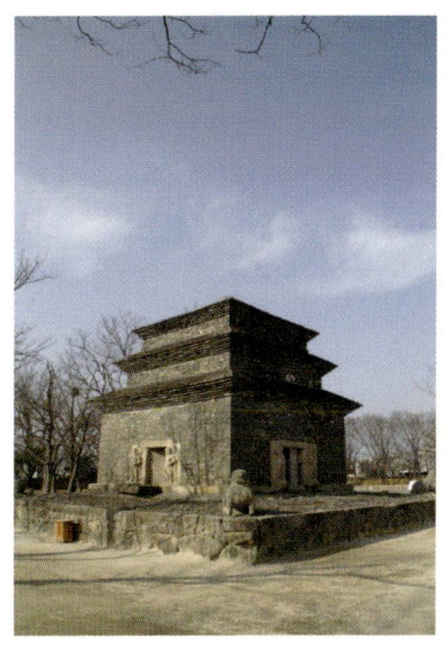

분황사 석탑

불국사 다보탑

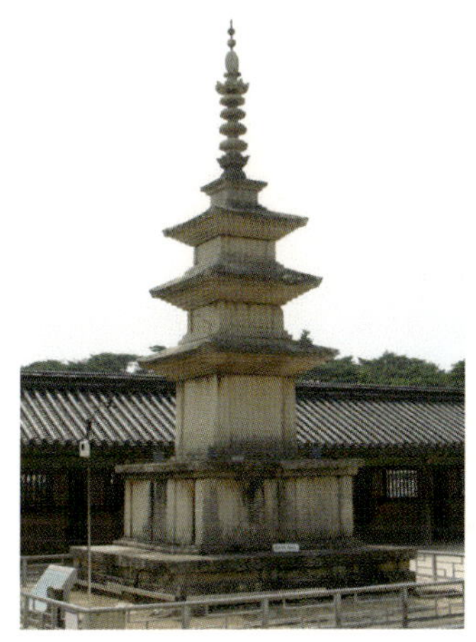

불국사 석가탑

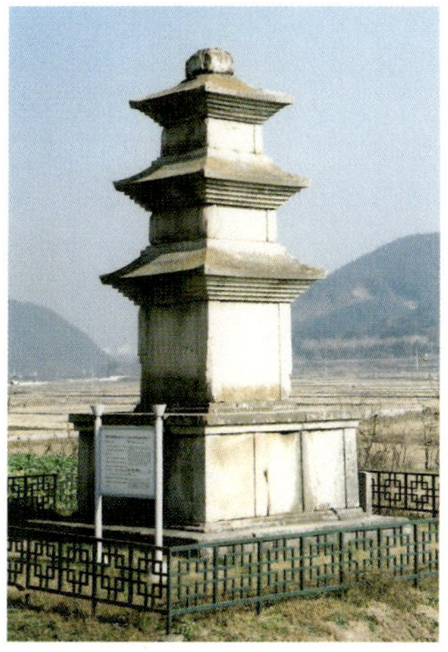

경주 구황동 삼층석탑

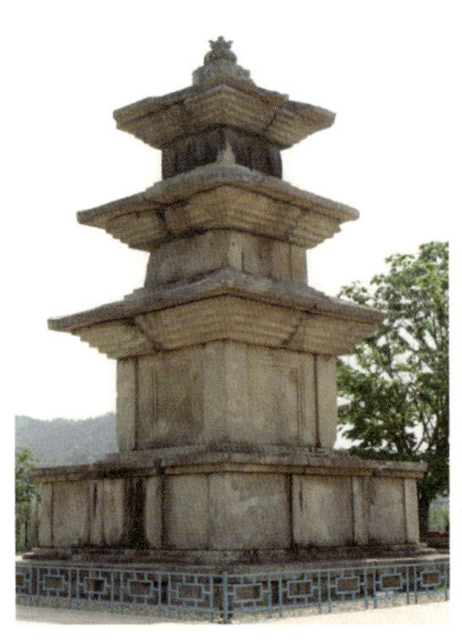

고선사지 삼층석탑

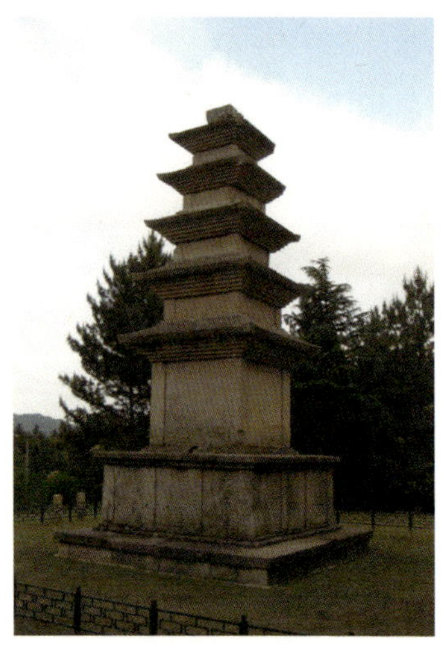

나원리 오층석탑

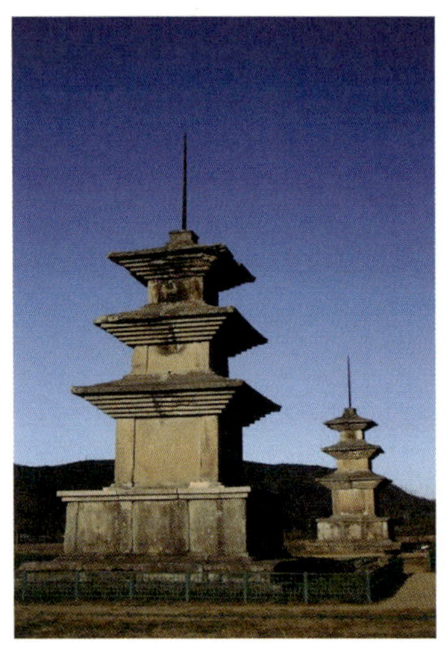

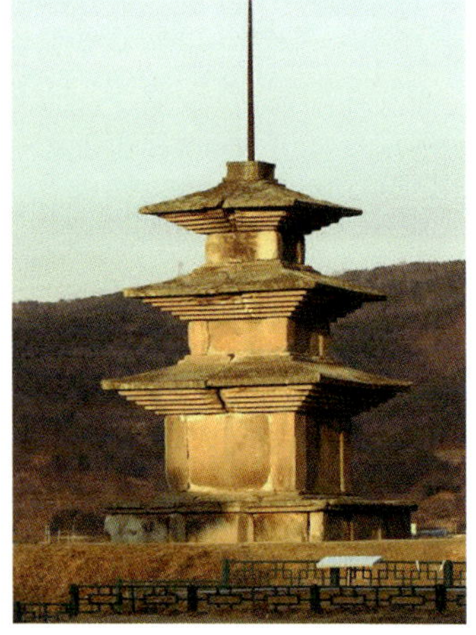

감은사지 삼층석탑

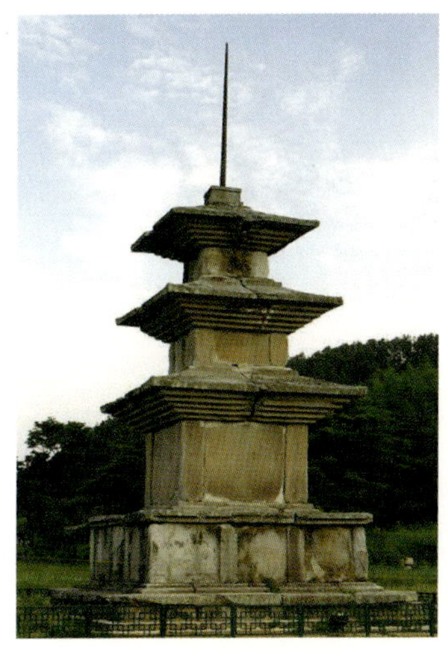

감은사지 삼층석탑

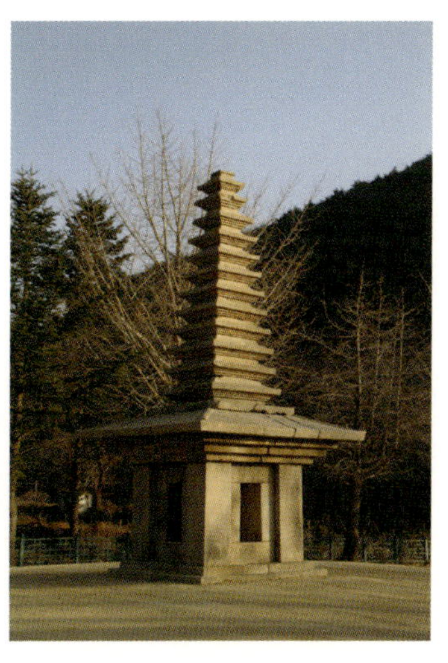

정혜사지 십삼층석탑

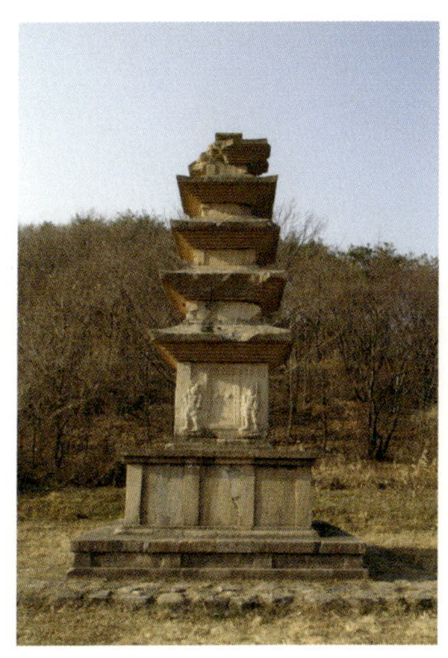

장항리사지 서 오층석탑

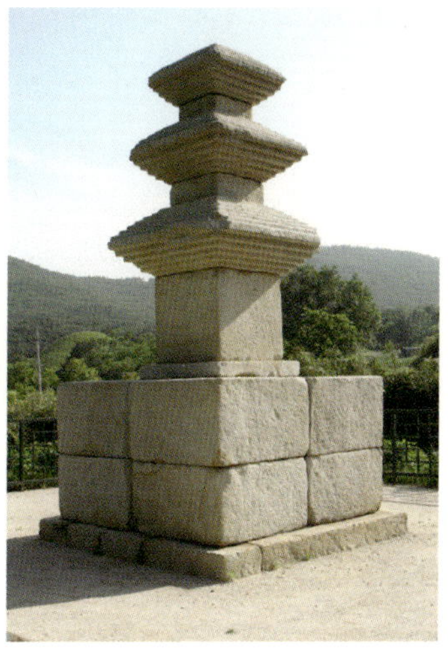

서악리 삼층석탑

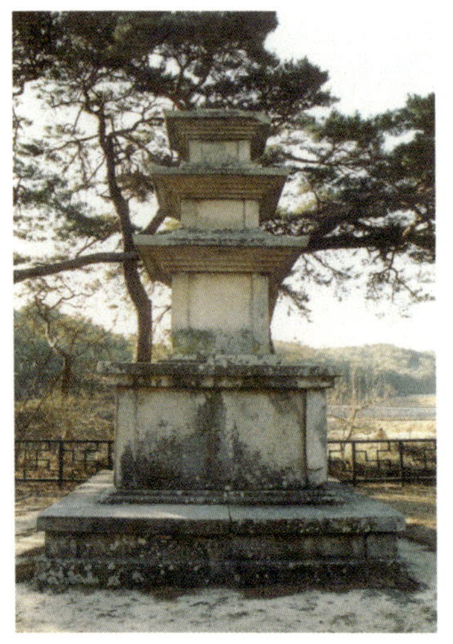

효현동 삼층석탑

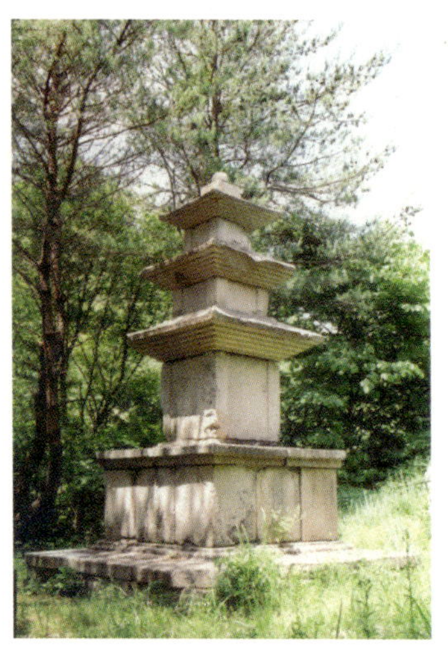

무장사지 삼층석탑

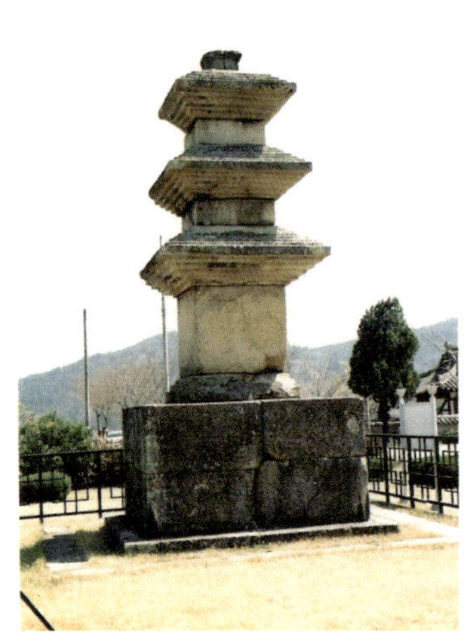

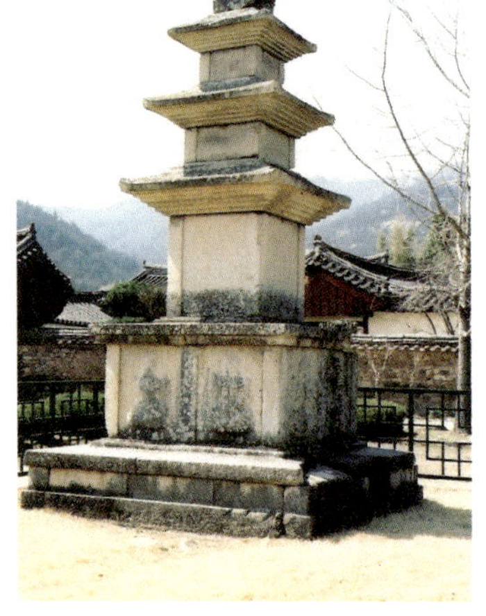

경주 남산리 삼층석탑

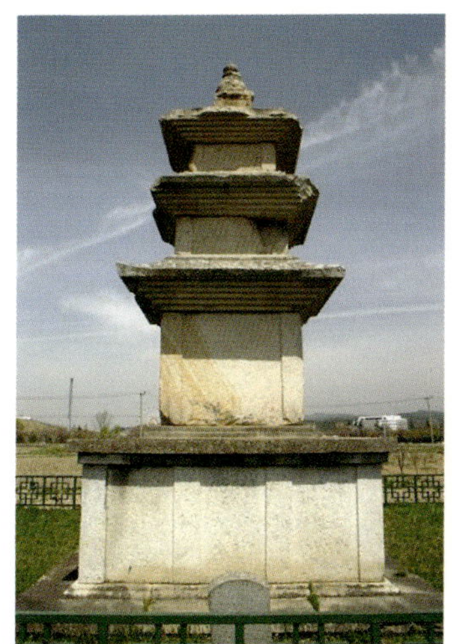
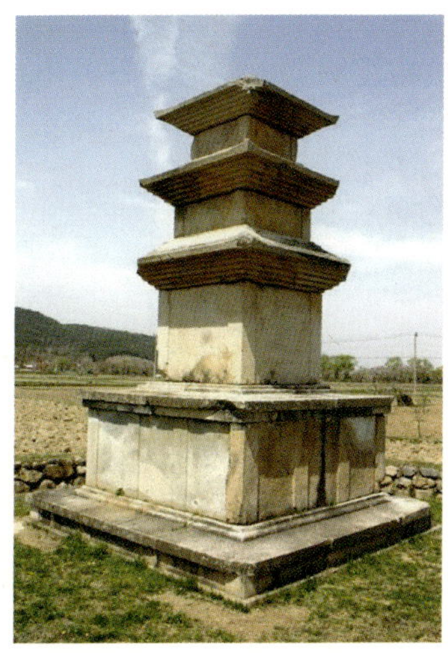

경주 천군리 삼층석탑

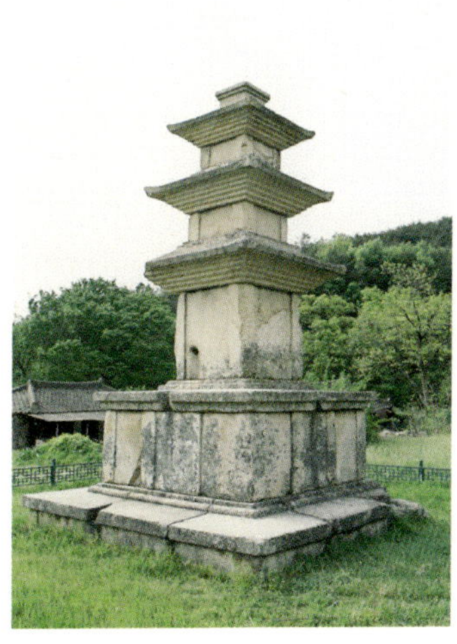
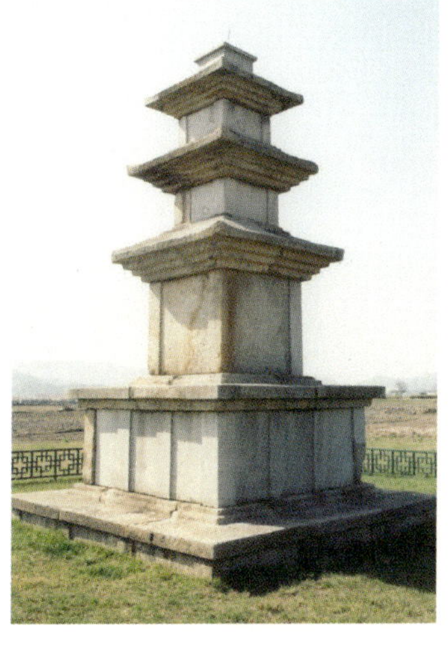

경주 용명리사지 삼층석탑   미탄사지 삼층석탑

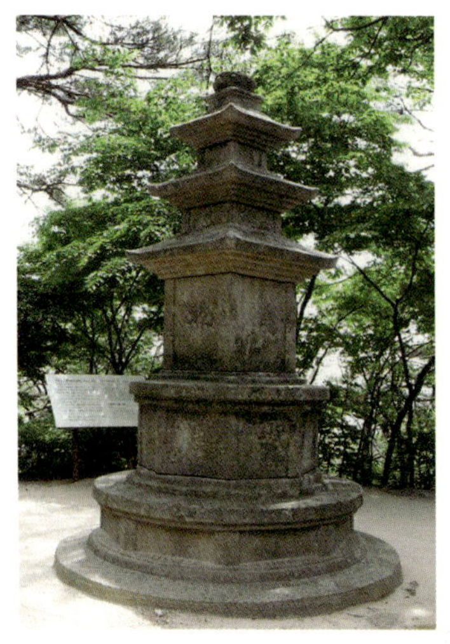

석굴암 삼층석탑

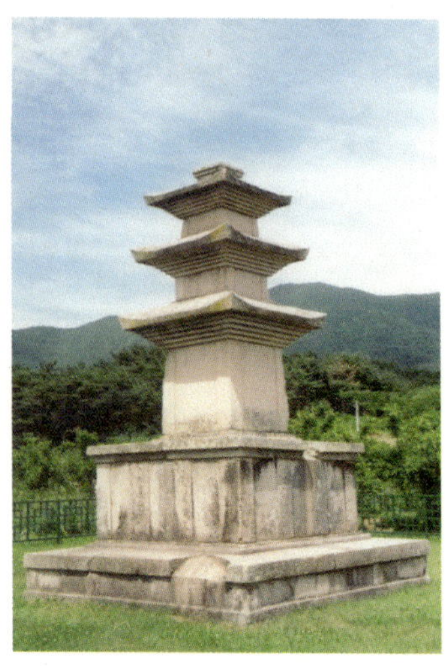

마동사지 삼층석탑

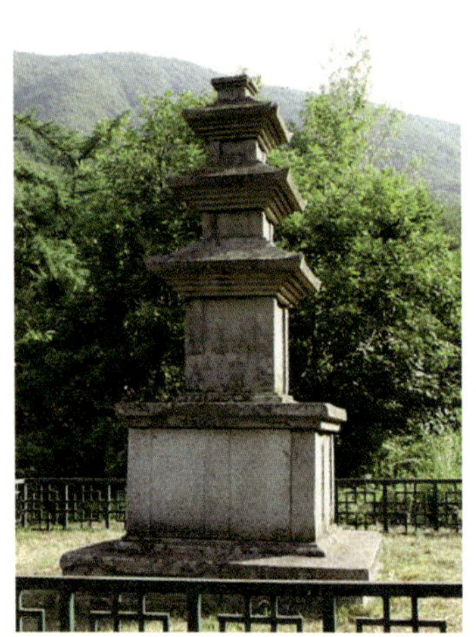

경주 남사리 삼층석탑

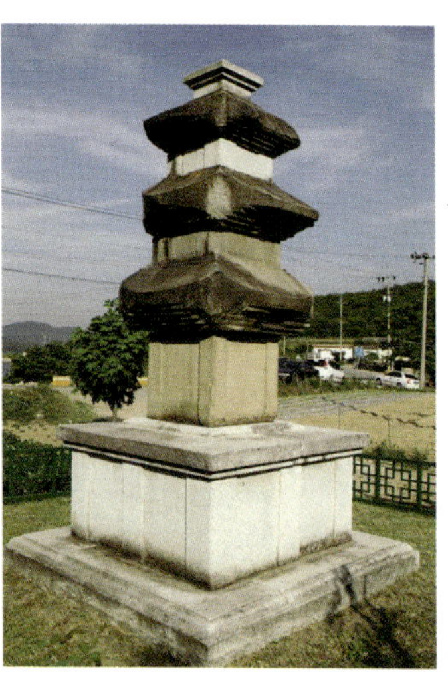

경주 남사리 북삼층석탑

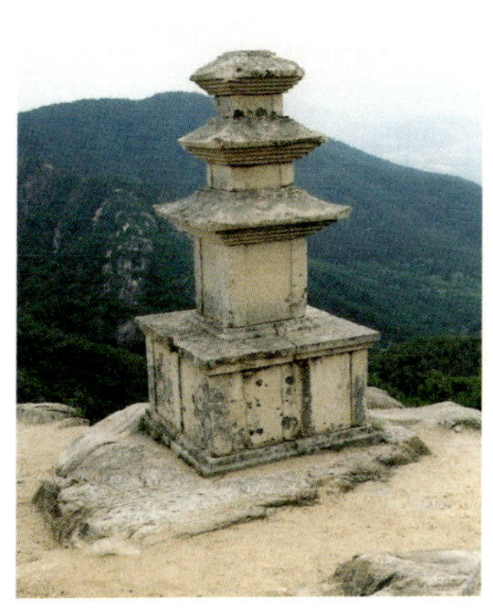

남산 용장사곡 삼층석탑

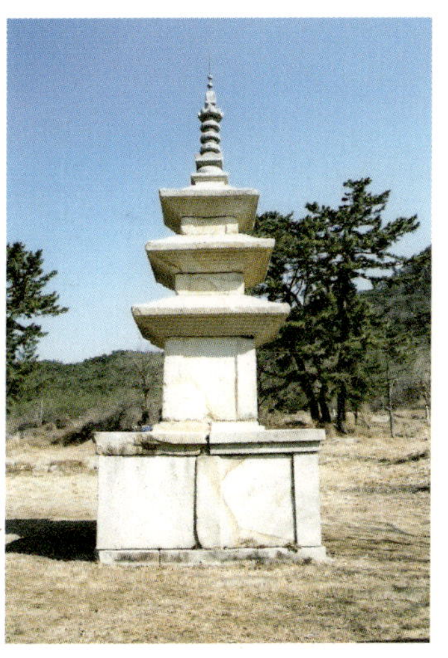

천룡사지 삼층석탑

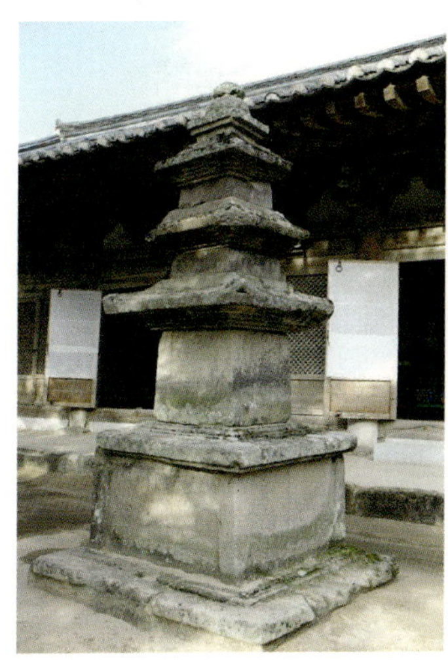

기림사 삼층석탑

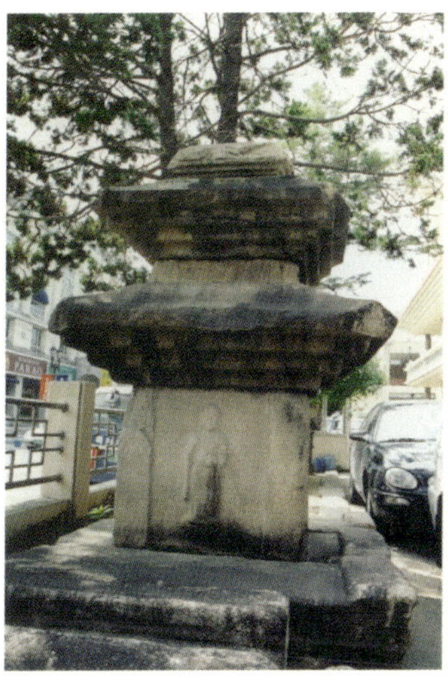

경주 동부동 삼층석탑

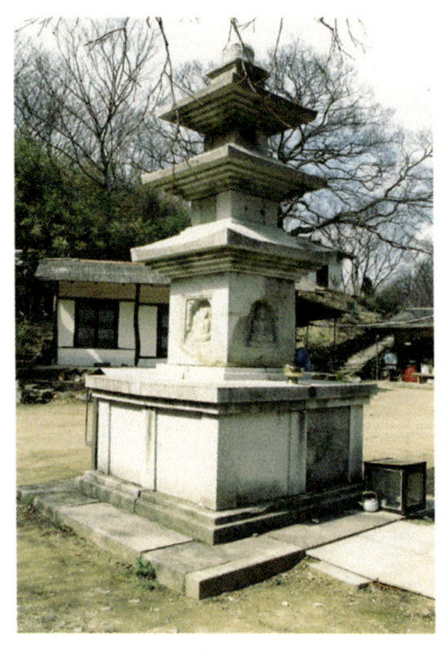

금곡사지 원광법사 부도탑

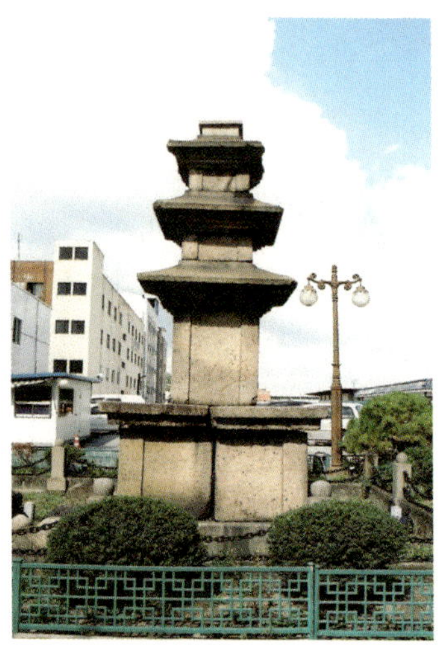

경주 황오동 삼층석탑

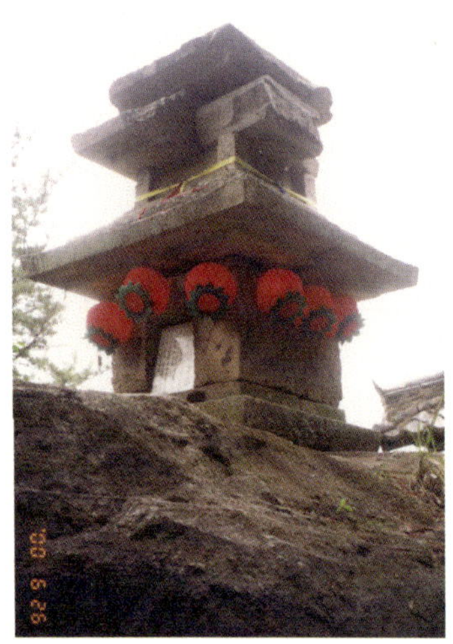

경주 오야리 삼층석탑

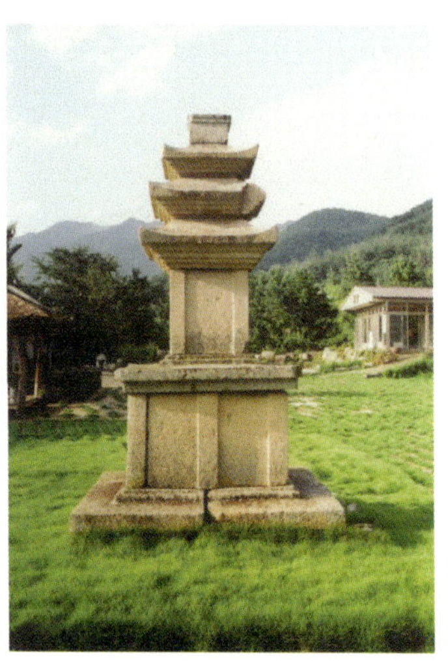

감산사지 삼층석탑

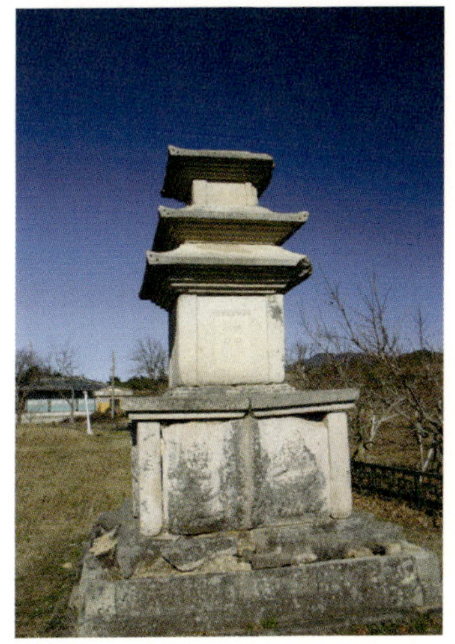
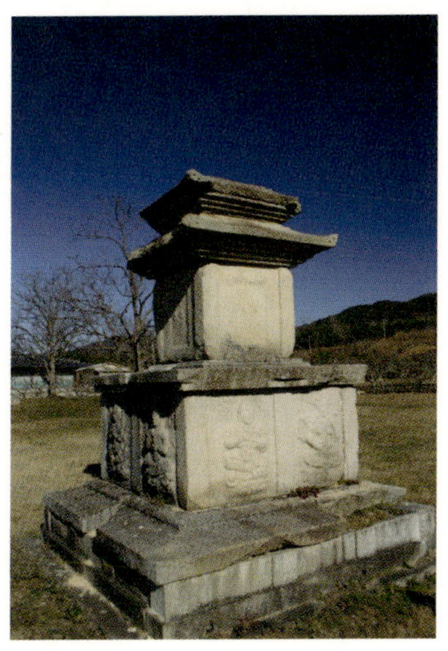

숭복사지 삼층석탑

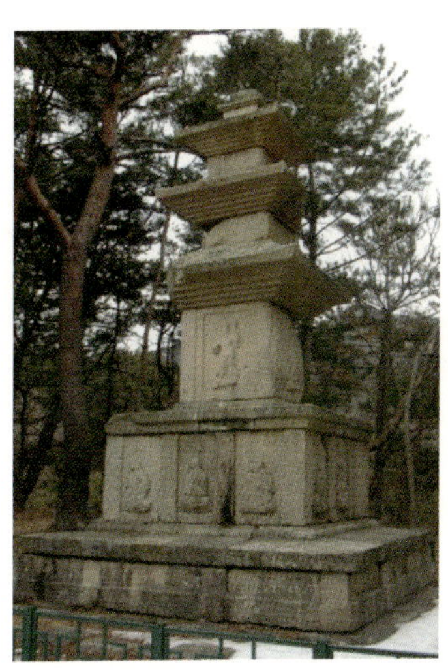
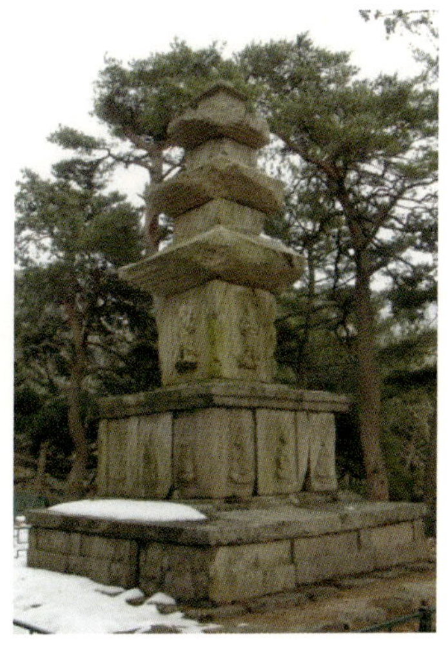

경주 원원사지 삼층석탑

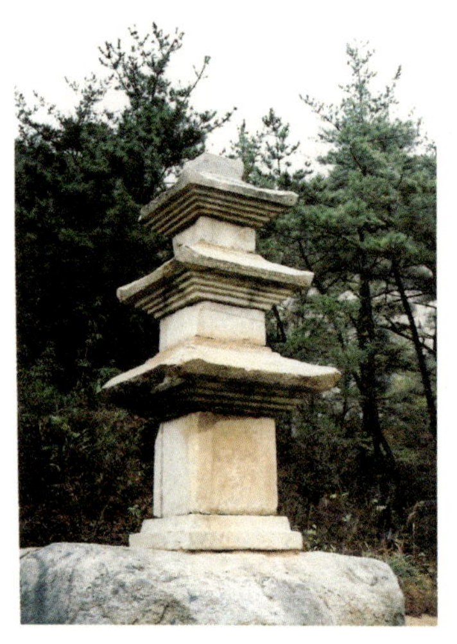

경주남산 지암곡 석탑

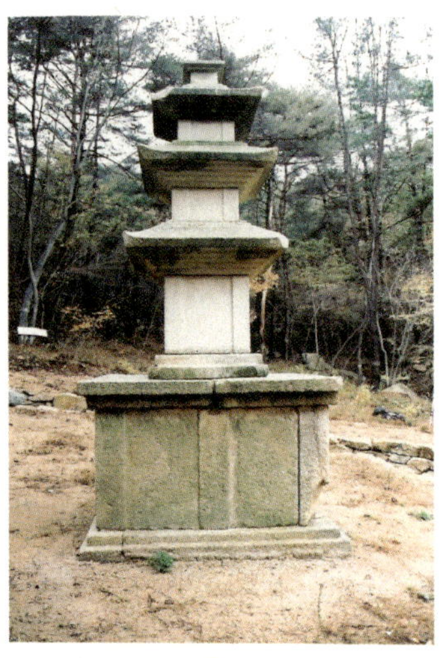

경주남산 지암곡 삼층석탑

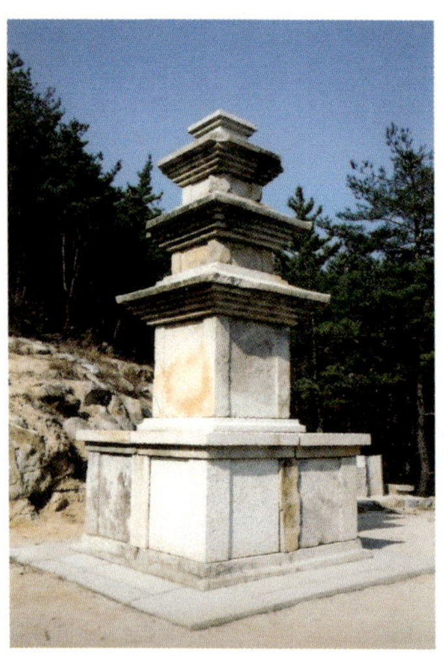

경주남산 국사곡 삼층석탑

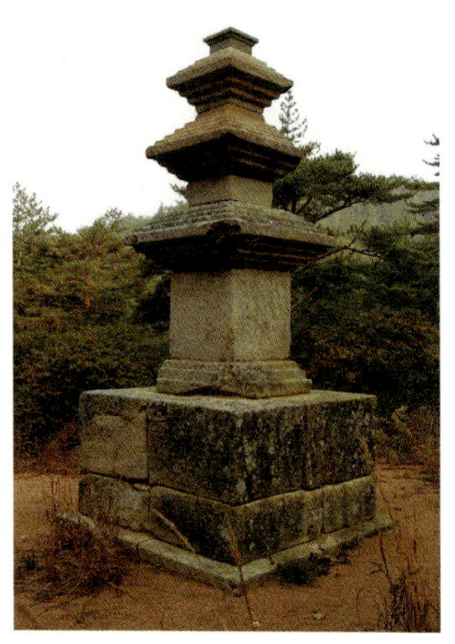

경주남산 용장계 복원모전석탑

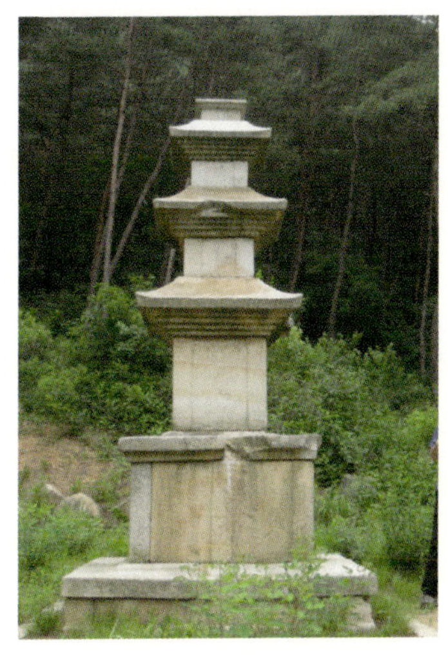

경주남산 기암곡 삼층석탑

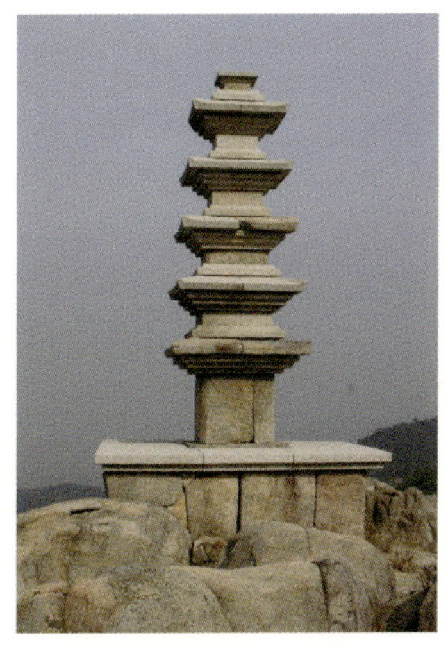

경주남산 늠비봉 오층석탑

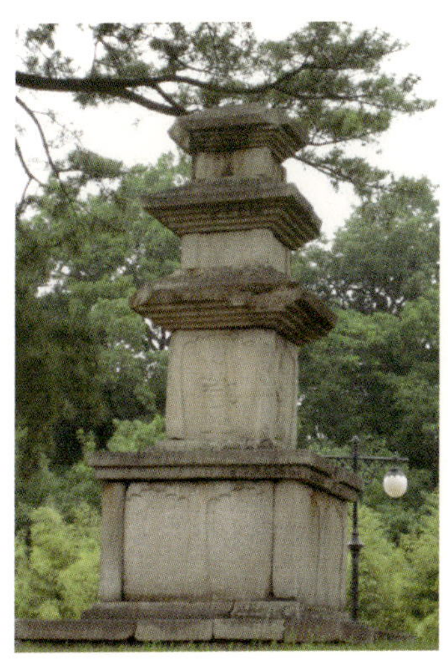

경주남산 승소골 삼층석탑

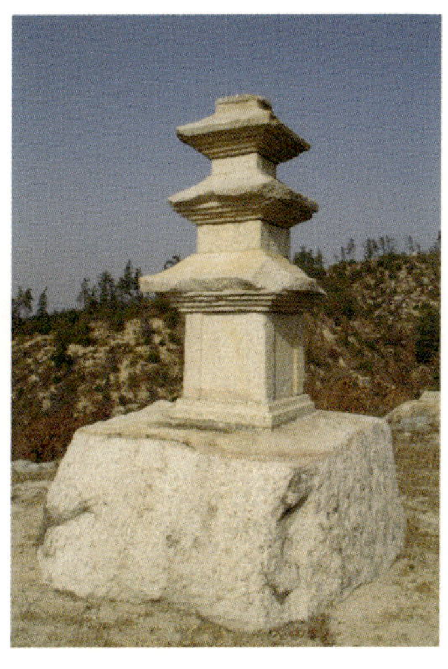

경주남산 잠늠골 삼층석탑

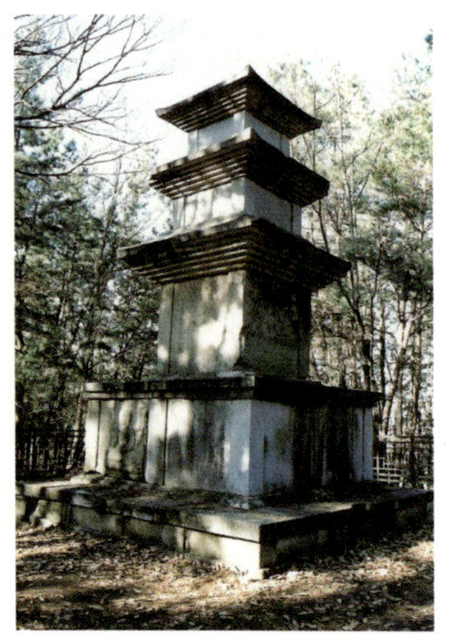

창림사지 삼층석탑

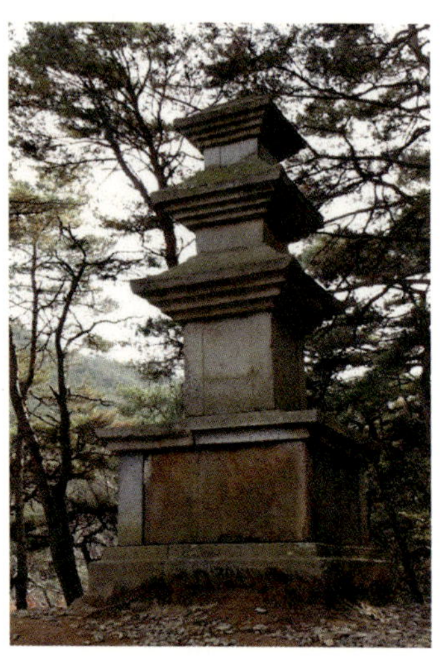

경주남산 탑곡 삼층석탑

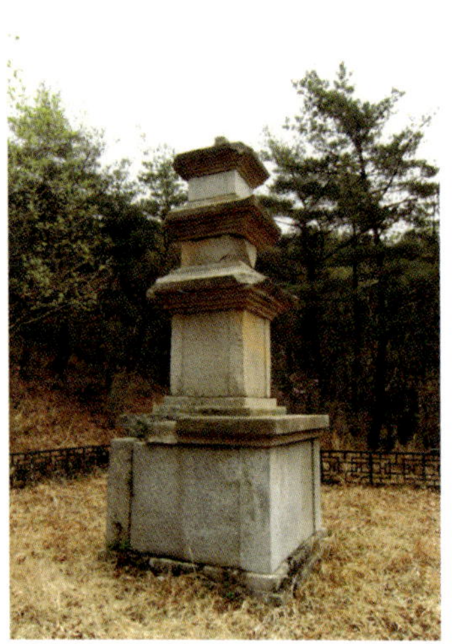

마석산 삼층석탑

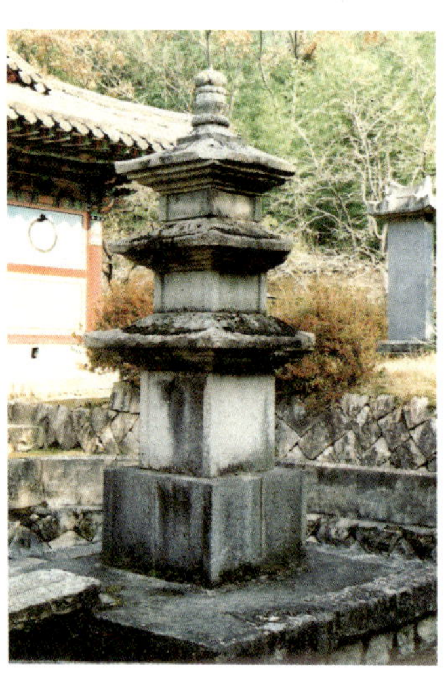

망월사 삼층석탑

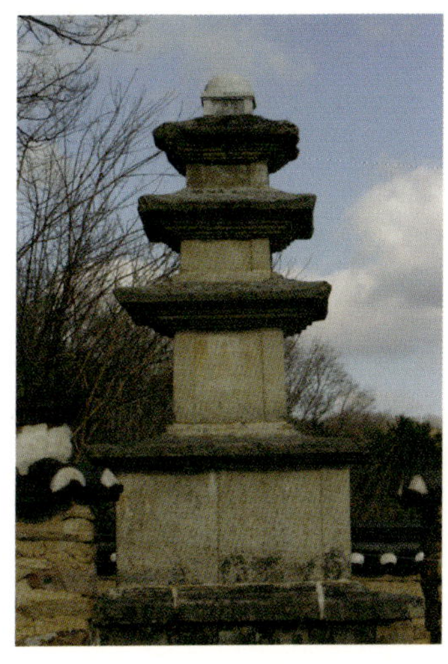

포항 법광사지 삼층석탑

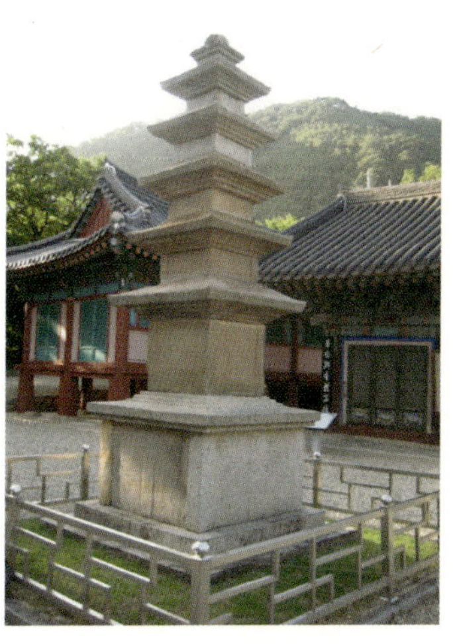

보경사 오층석탑

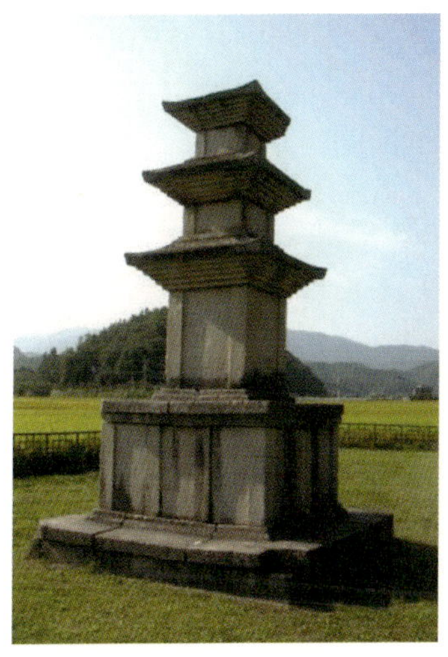

청도 봉기동 삼층석탑

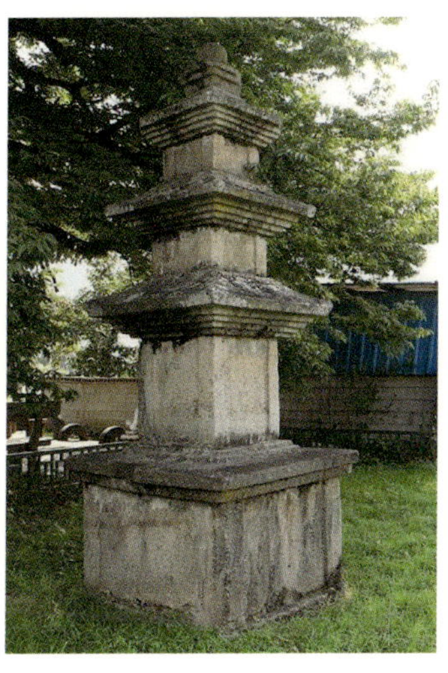

청도 덕양리 삼층석탑

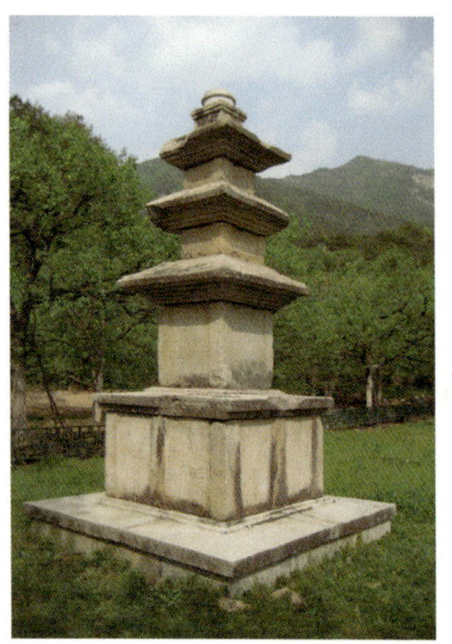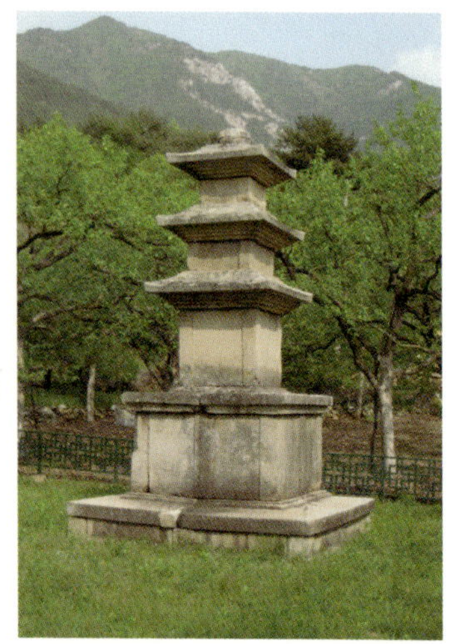

청도 장연사지 삼층석탑

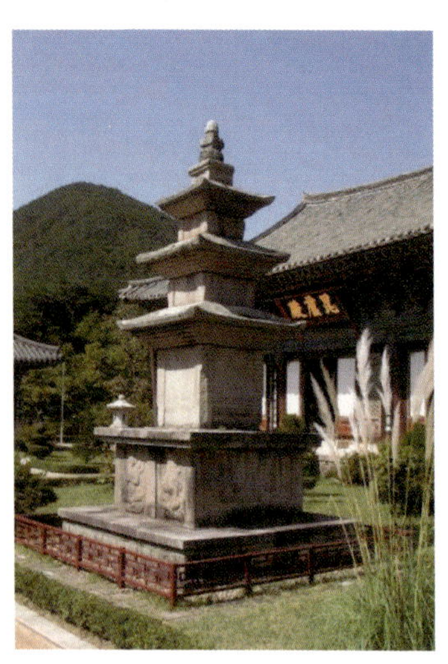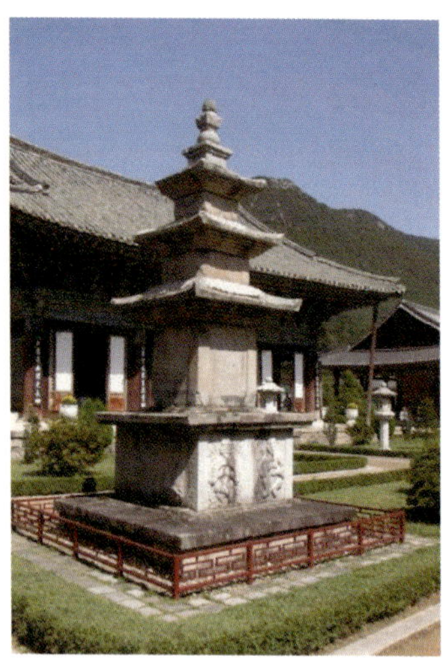

청도 운문사 삼층석탑

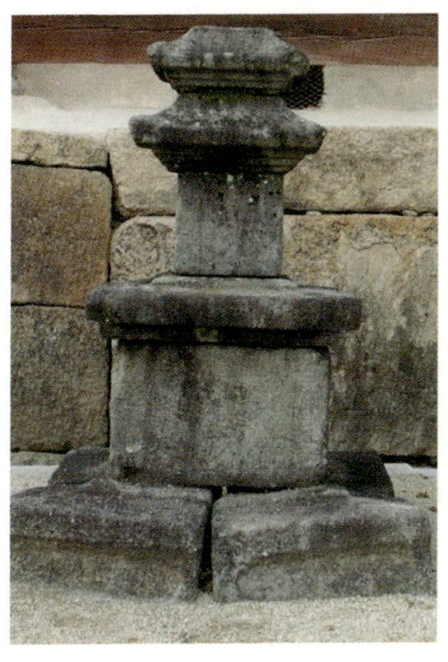

청도 용천사 석탑

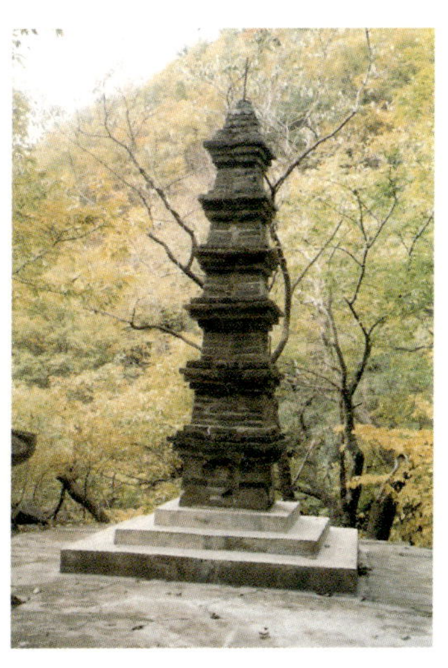

청도 불령사 전탑

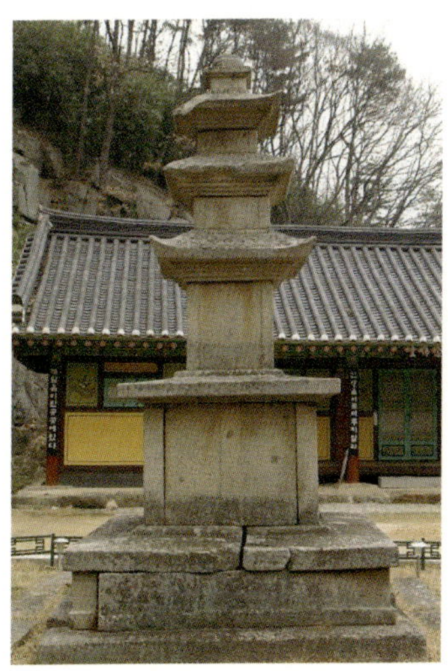

불굴사 삼층석탑

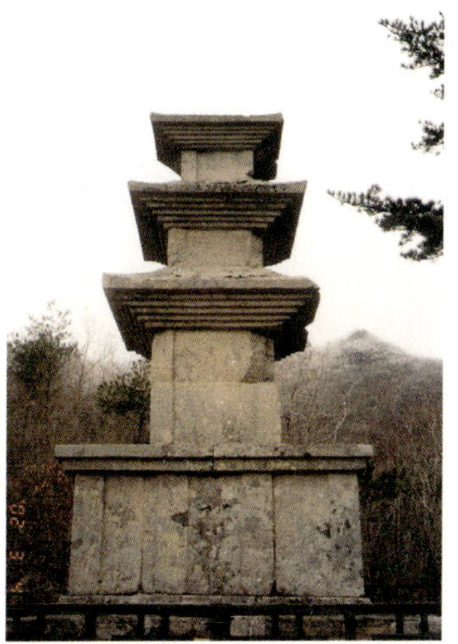

선본암 삼층석탑

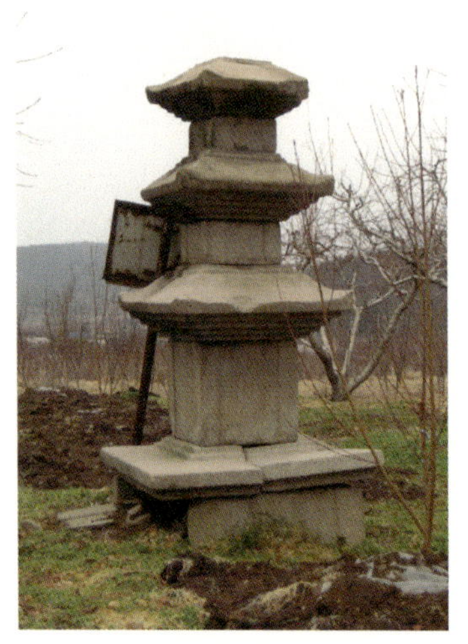

경산 흥정동 삼층석탑

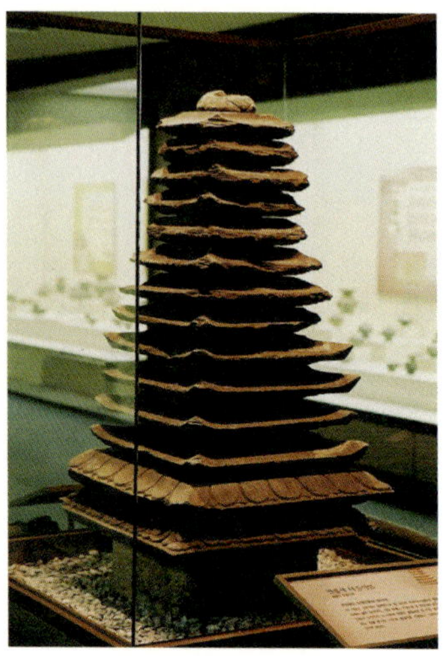

반룡사 다층석탑

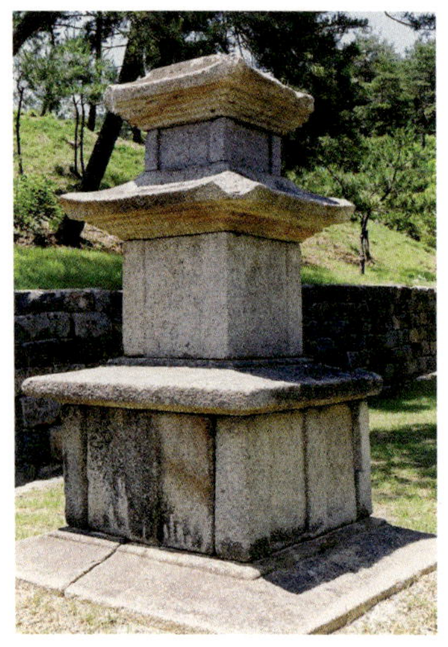

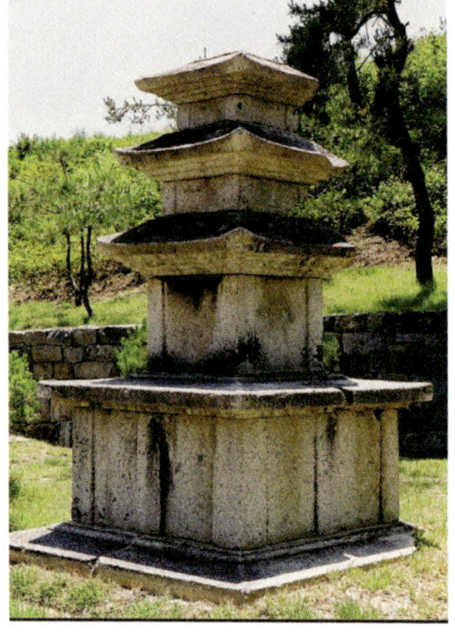

고령 대가야박물관 석탑

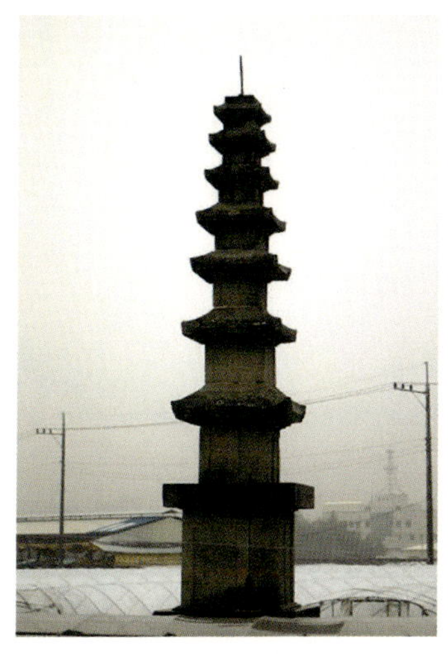

동방사지 칠층석탑

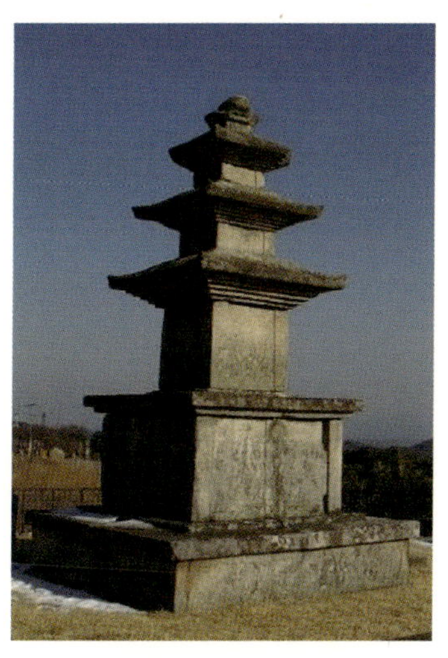

법수사지 삼층석탑

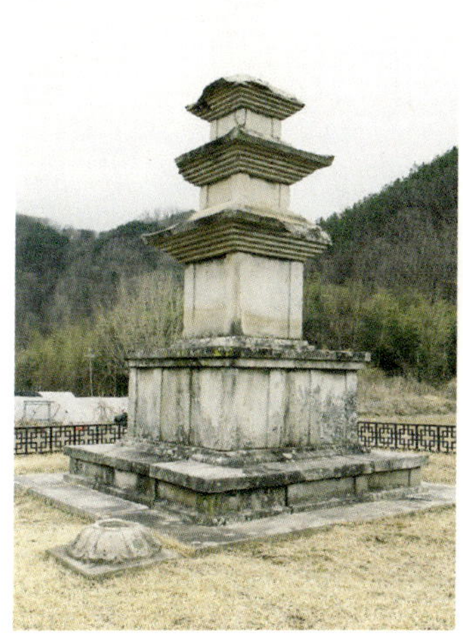

성주 보월동 삼층석탑

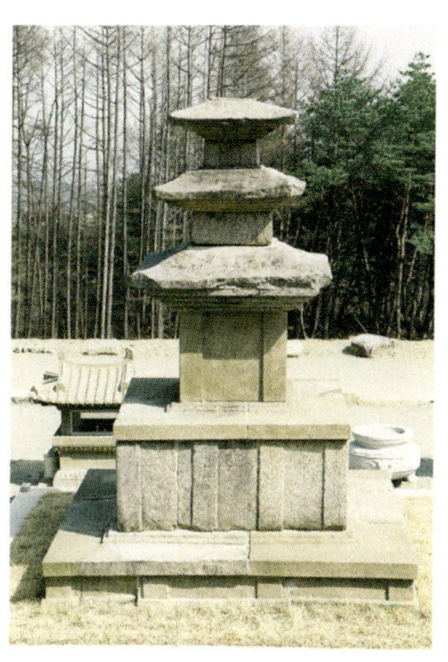

성주 심원사 삼층석탑

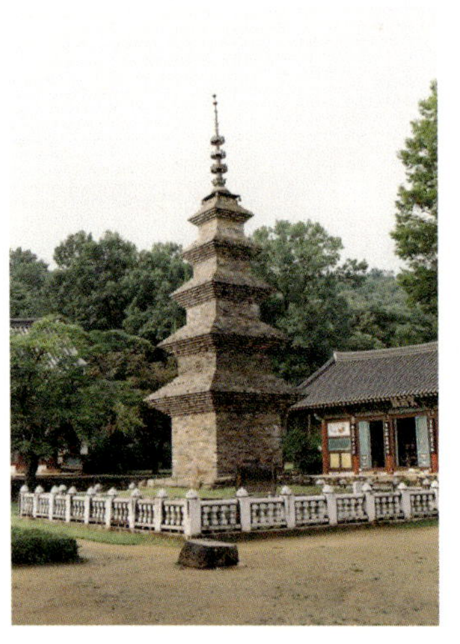

송림사 오층전탑

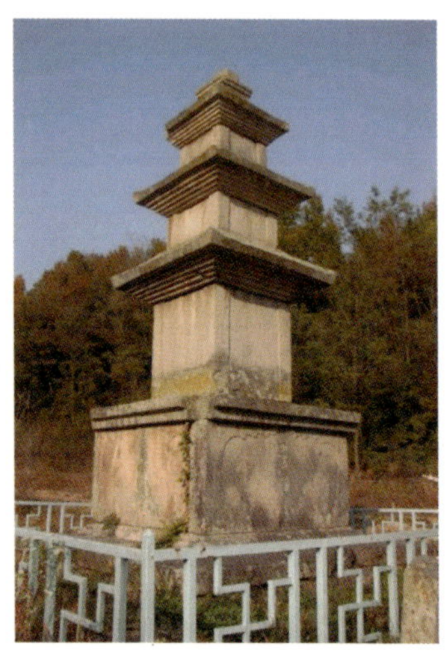

칠곡 기성동 삼층석탑

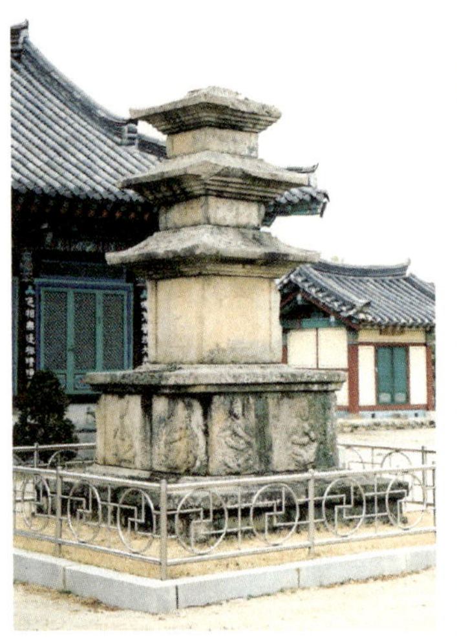

영천 신월동 삼층석탑

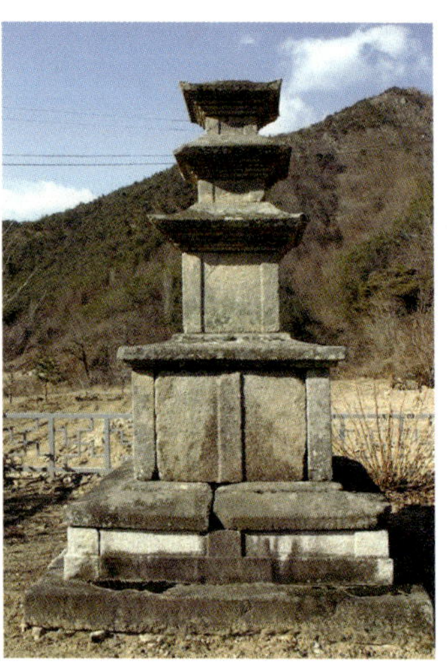

영천 화남동 삼층석탑

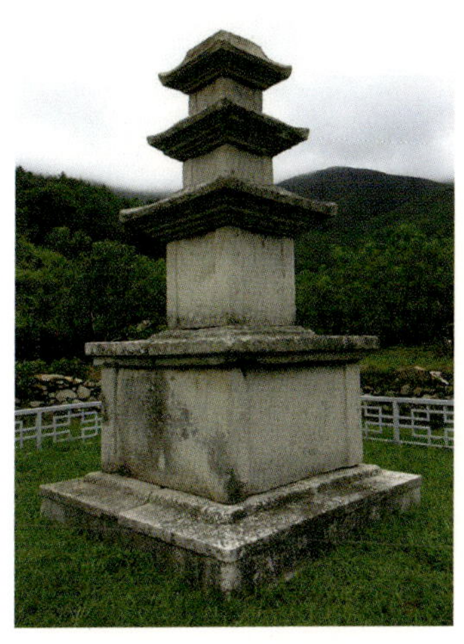
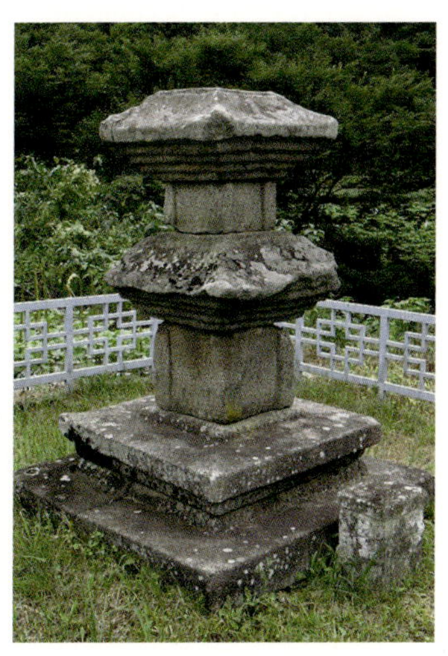

영천 정각리 삼층석탑   영천 공덕동 삼층석탑

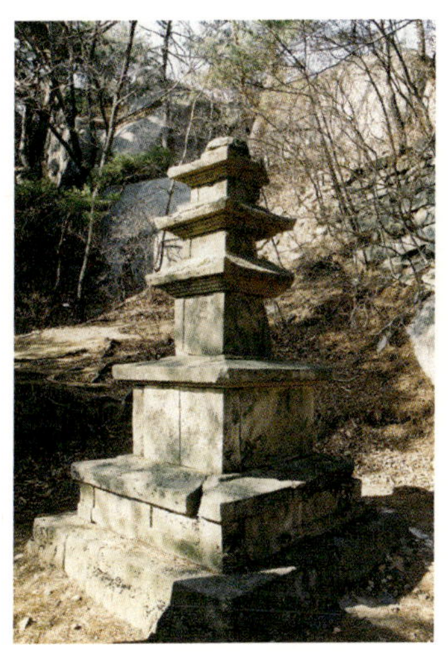
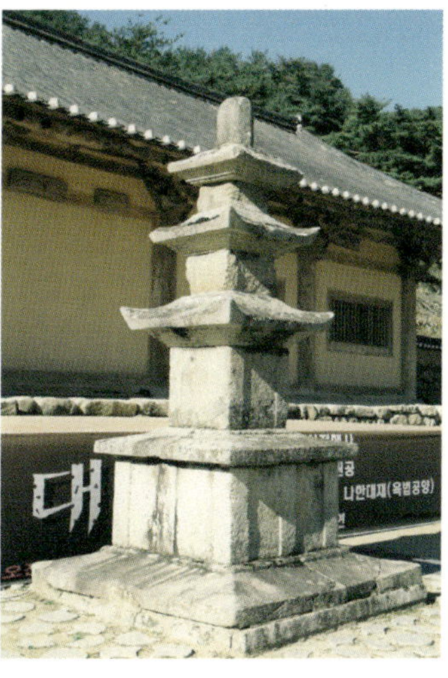

은해사 중앙암 삼층석탑   은해사 거조암 삼층석탑

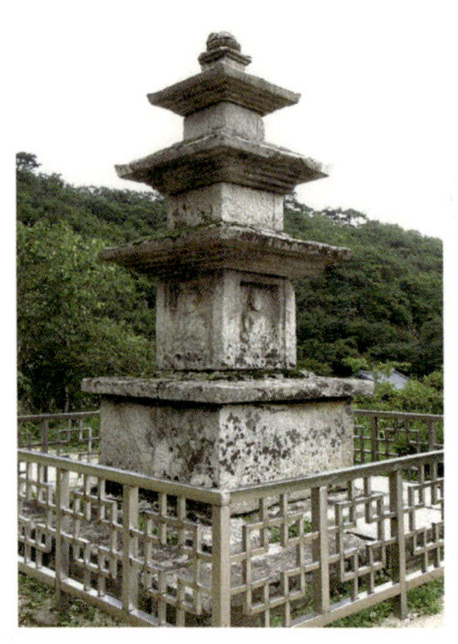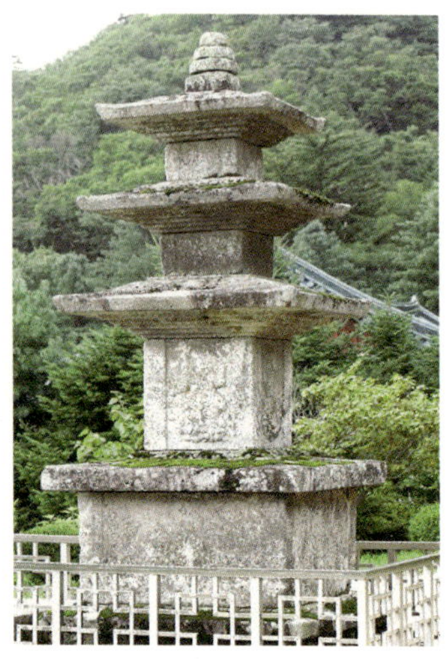

청암사 수도암 삼층석탑

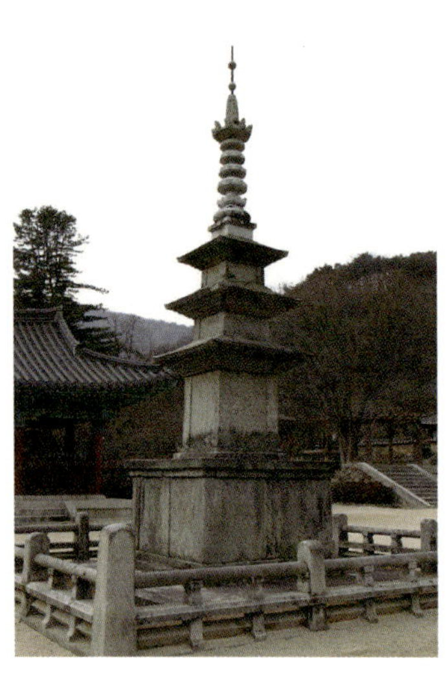

직지사 대웅전 앞 삼층석탑

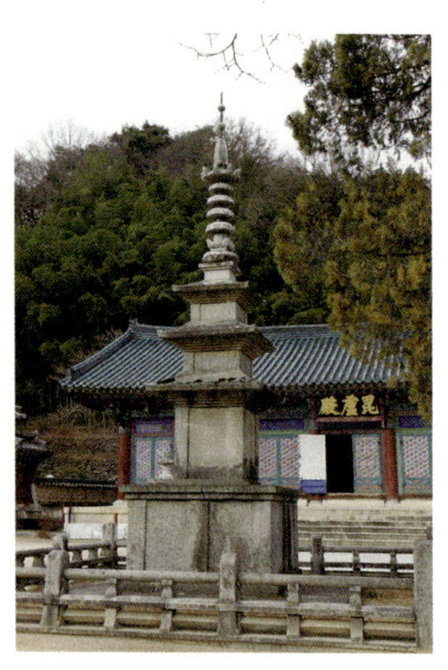

직지사 비로전 앞 삼층석탑

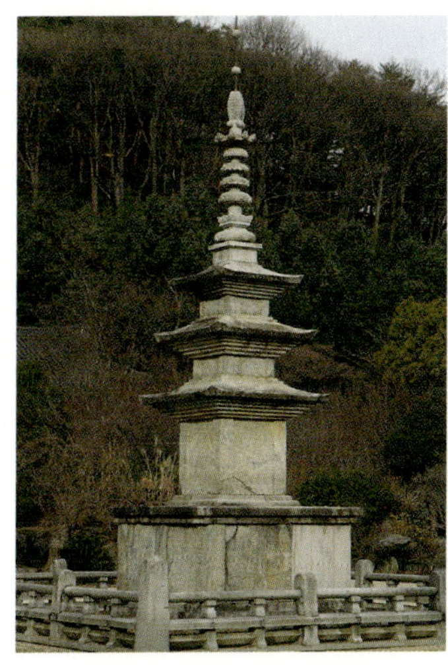

직지사 청풍로 앞 삼층석탑

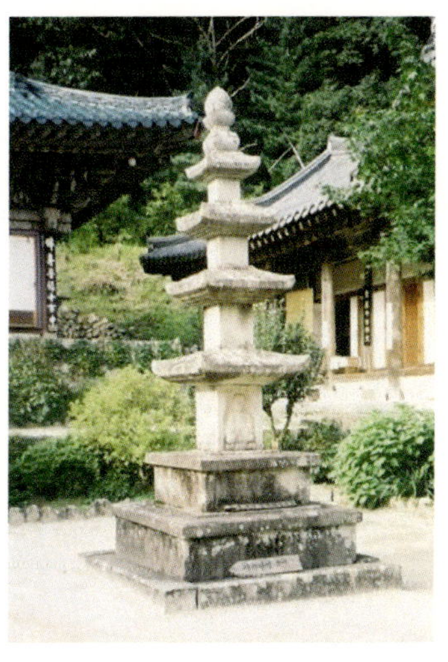

청암사 다층석탑

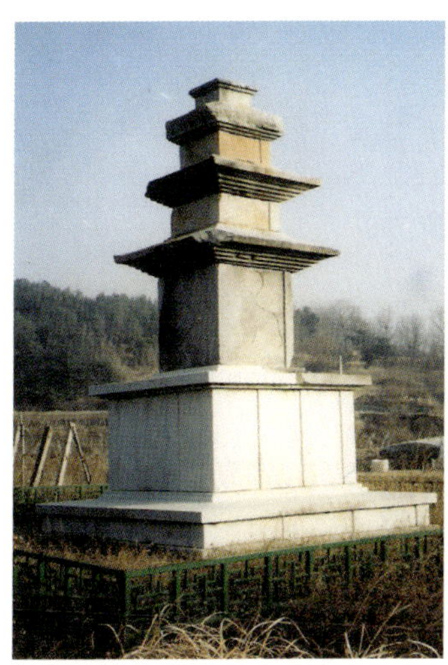

김천 서부동 삼층석탑

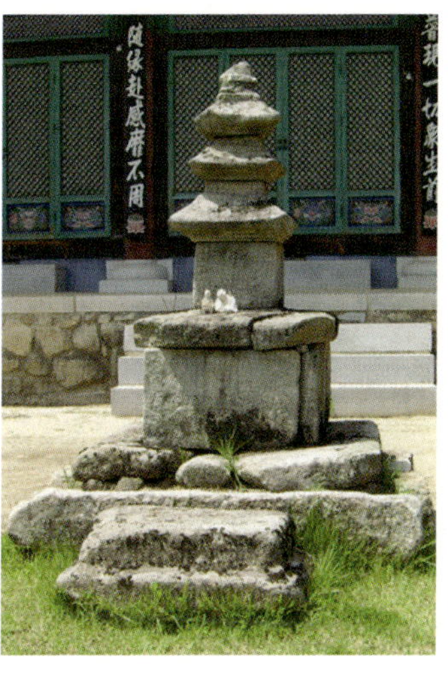

김천 봉곡사 삼층석탑

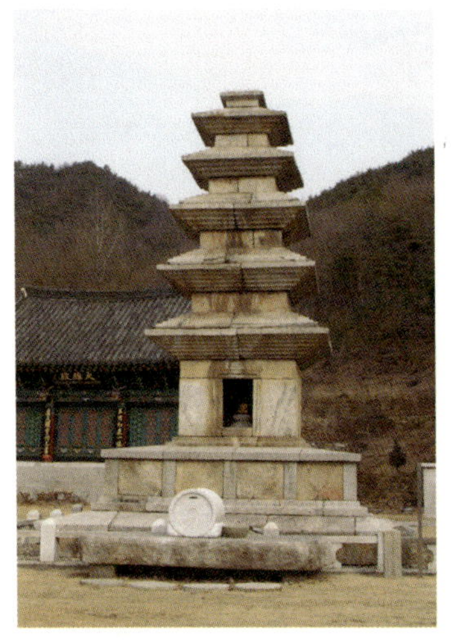

선산 죽장동 오층석탑

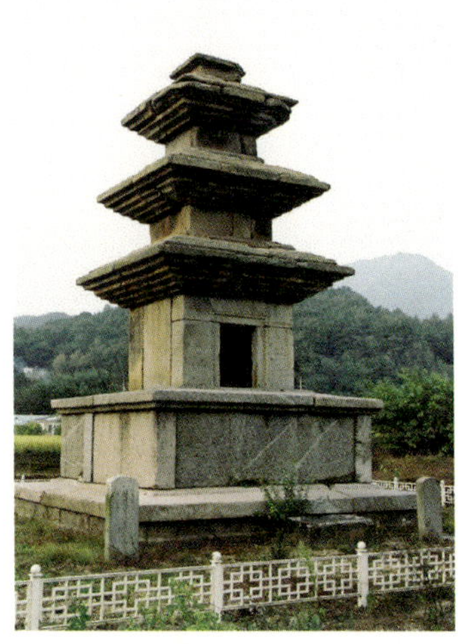

선산 낙산동 삼층석탑

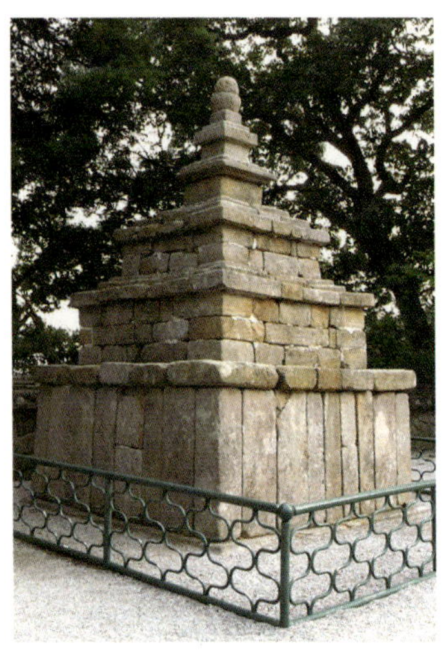

도리사 석탑

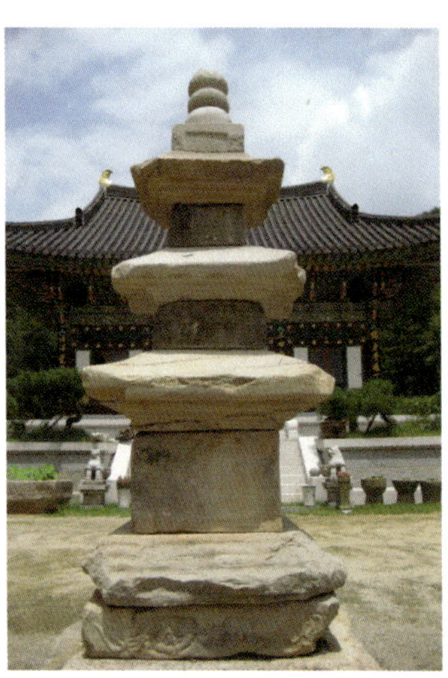

구미 대원사 삼층석탑

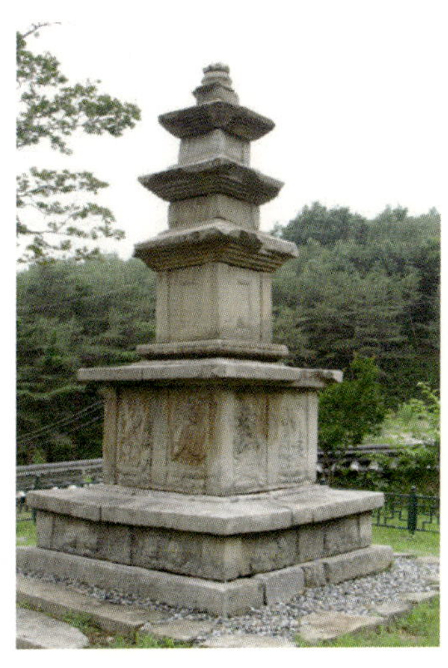

군위 지보사 삼층석탑

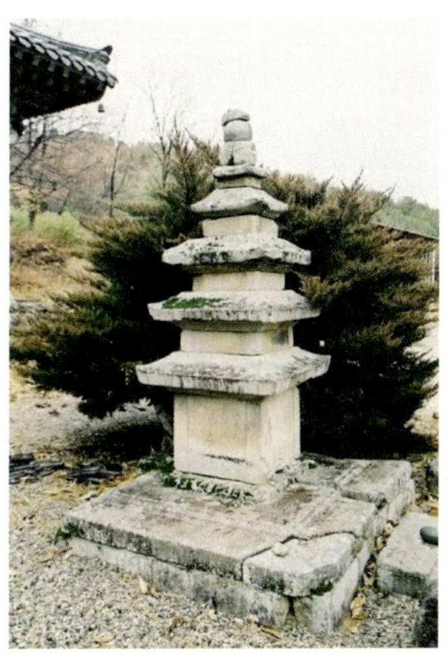

군위 법주사 오층석탑(복원 전)

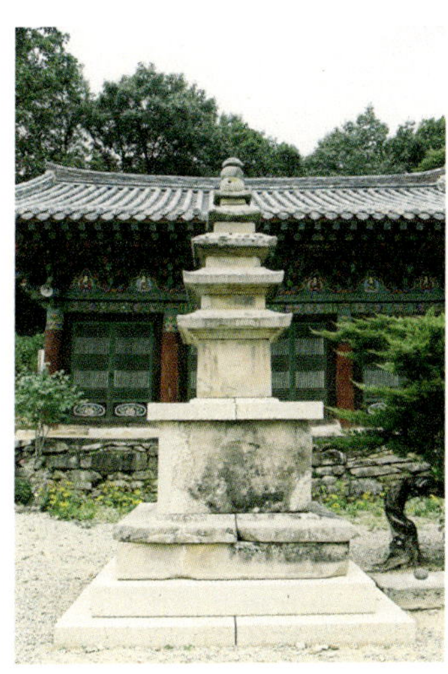

군위 법주사 오층석탑

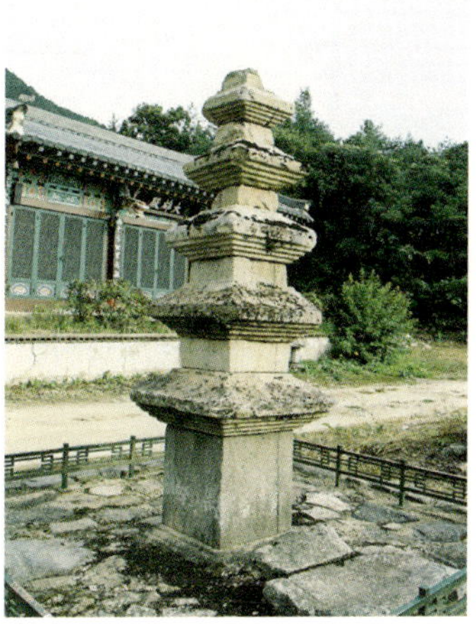

군위 화본동 오층석탑

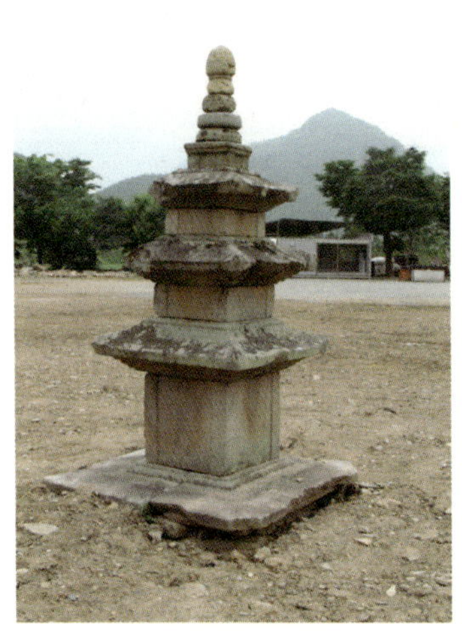

군위 인각사 삼층석탑

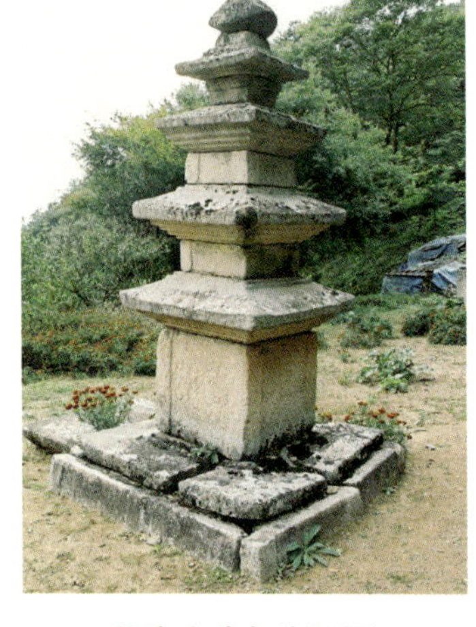

군위 수태사 삼층석탑

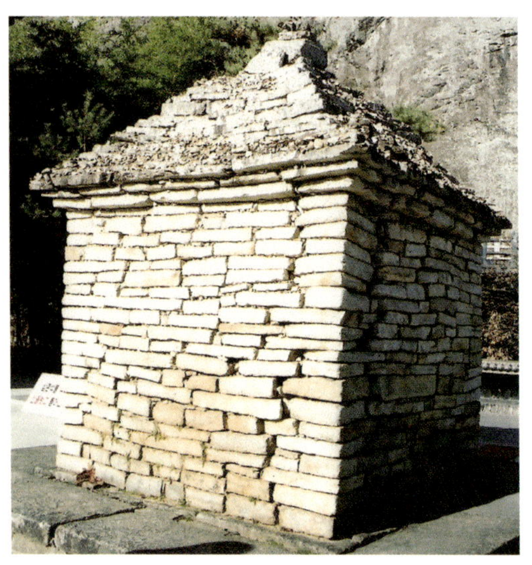

군위 삼존석굴 모전석탑

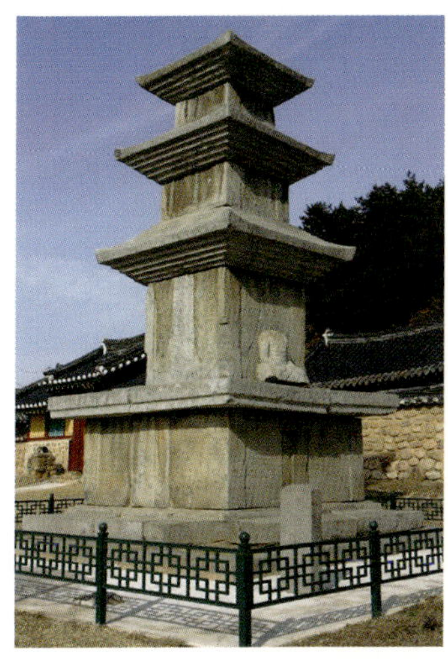

상주 화달리 삼층석탑

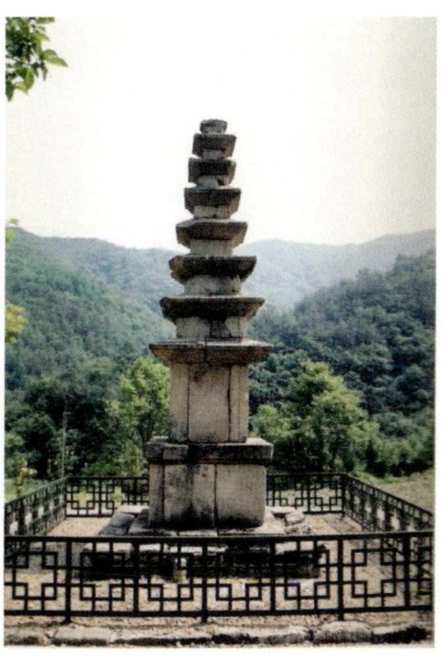

상주 상오리 칠층석탑

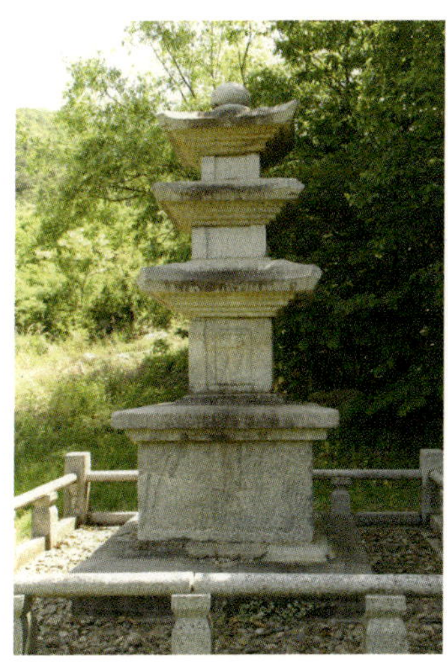

상주 무곡리 삼층석탑

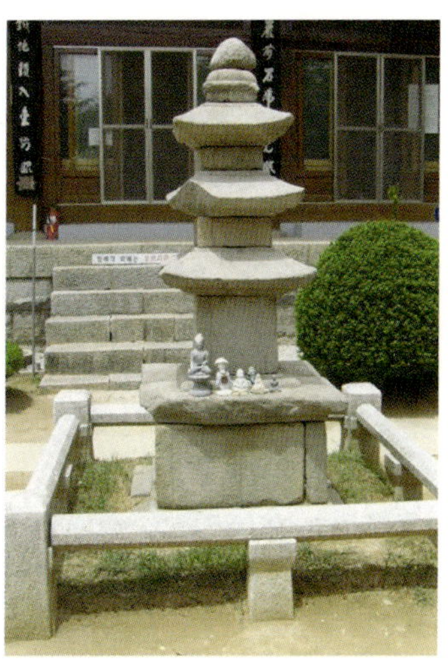

상주 갑장사 삼층석탑

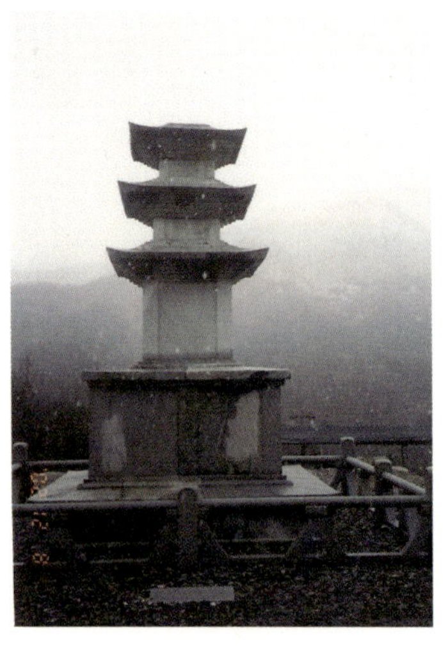

북장사 삼층석탑(예전)

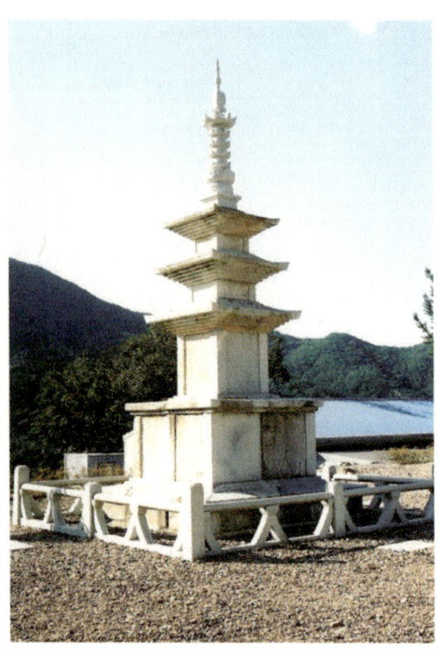

북장사 삼층석탑

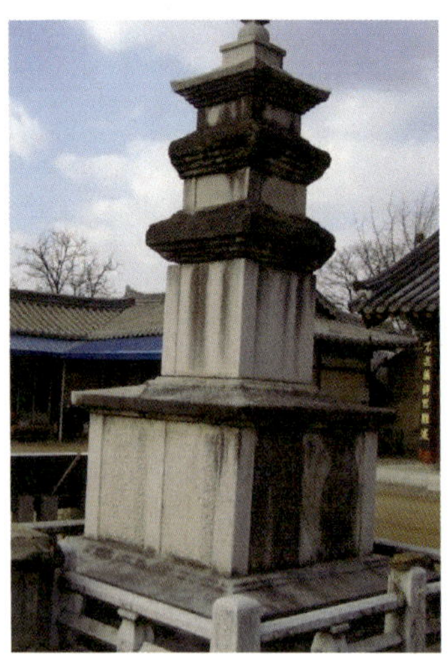

용화사 삼층석탑

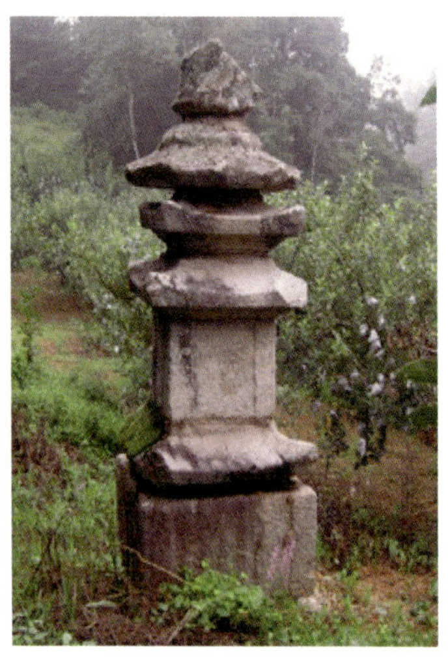

목가리 석탑(도난 전)

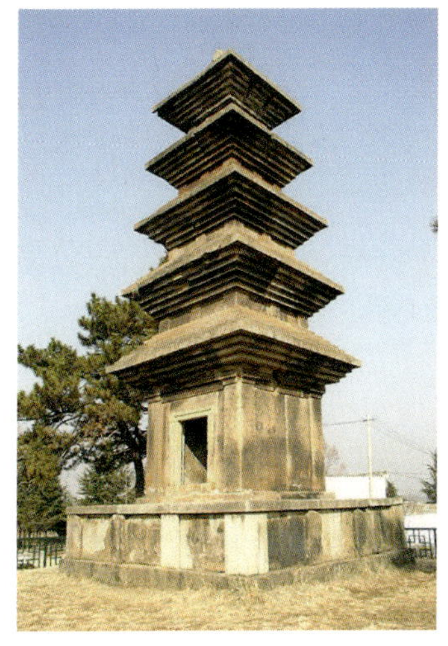

의성 탑리 오층석탑

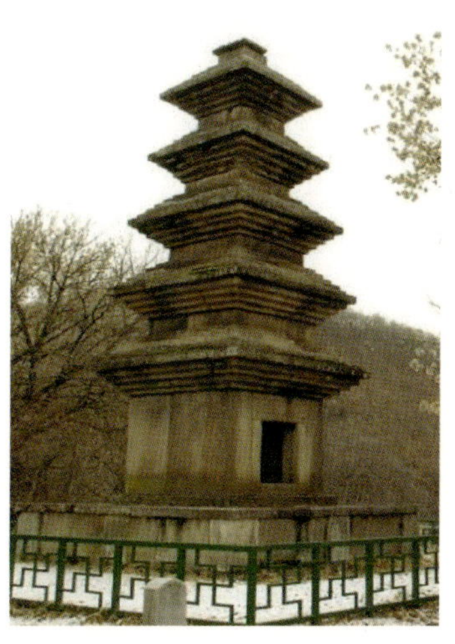

의성 빙산사지 오층석탑

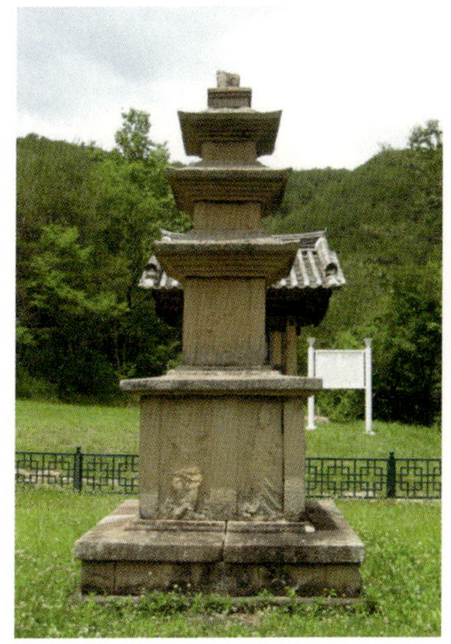

의성 관덕동 삼층석탑

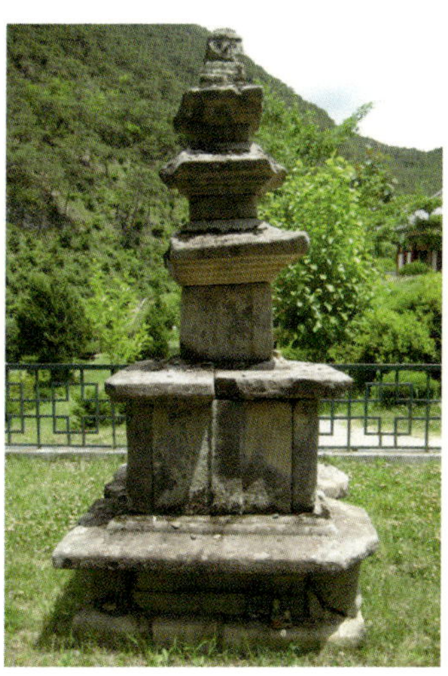

의성 고운사 삼층석탑

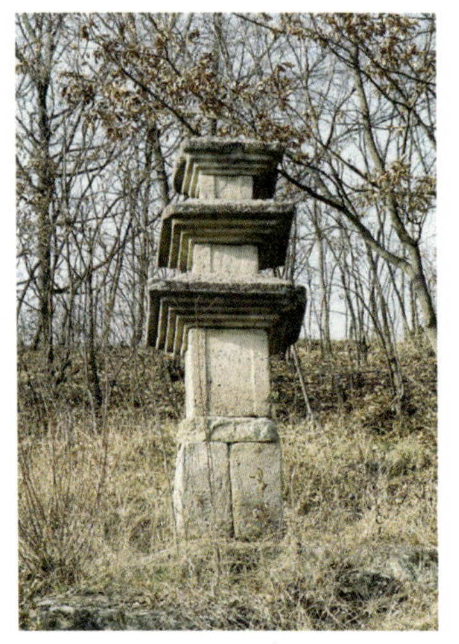

의성 쌍호동 삼층석탑

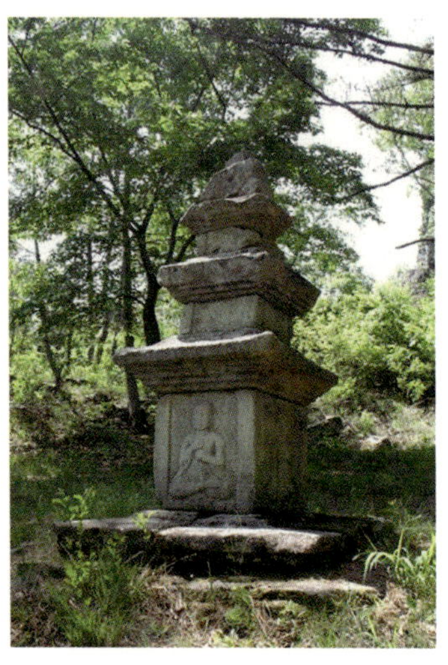

의성 치선동 삼층석탑

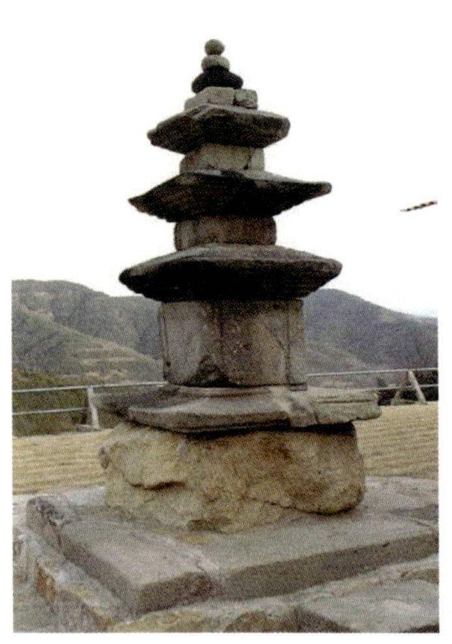

의성 만장사 삼층석탑

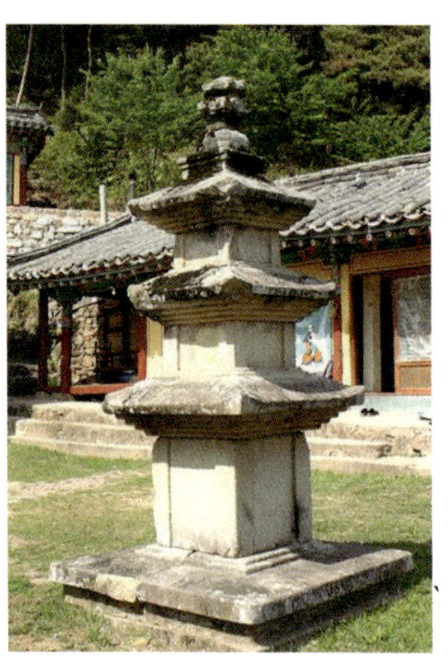

의성 운람사 삼층석탑

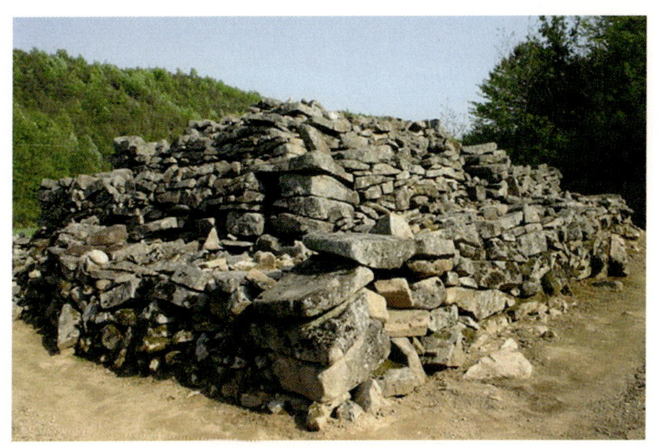

의성 석탑리 방단형 적석탑

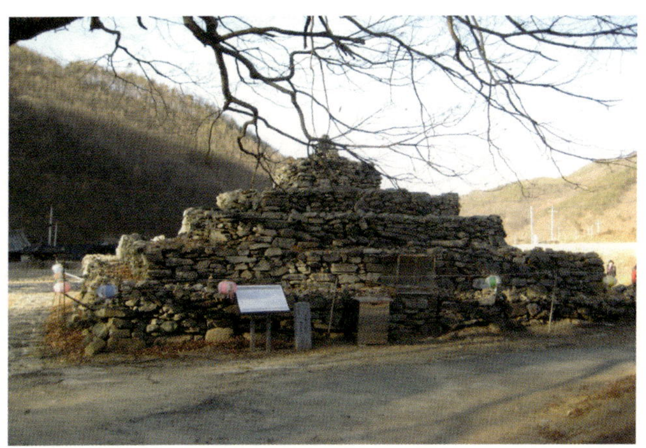

안동 석탑리 방단형 적석탑

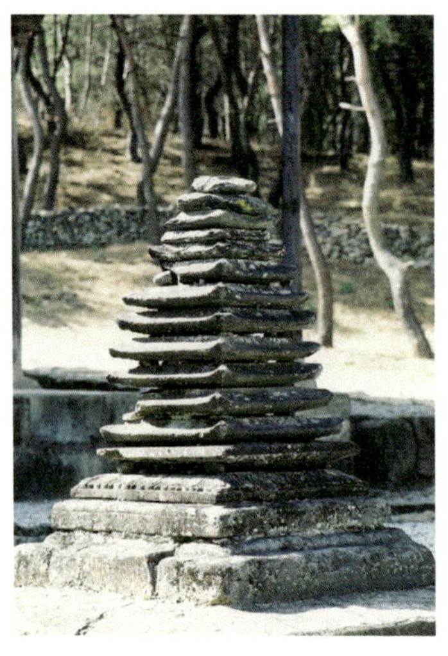

의성 대곡사 다층석탑

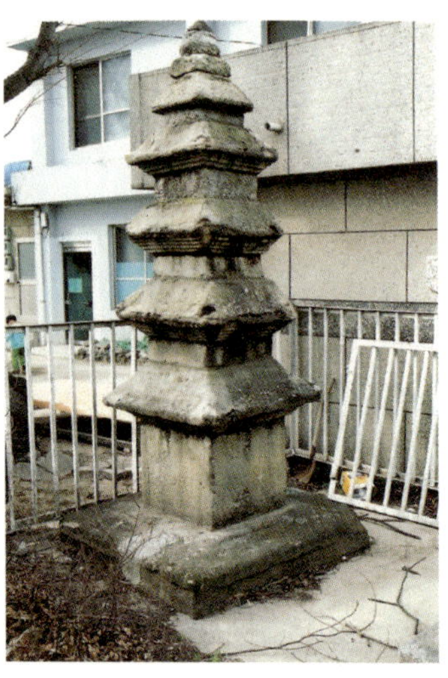

청송 이촌리 오층석탑

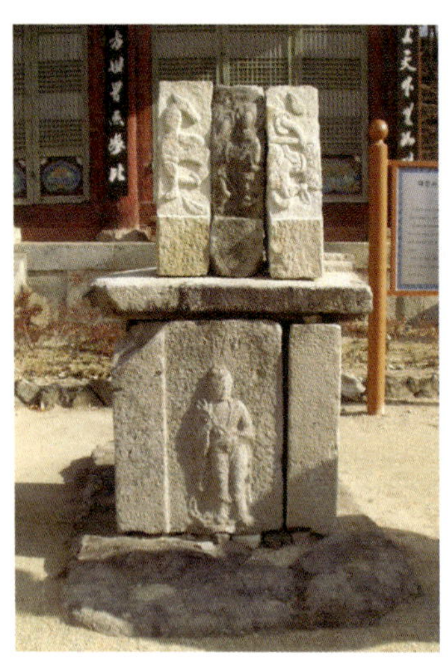

청송 대전사 삼층석탑(복원 전)

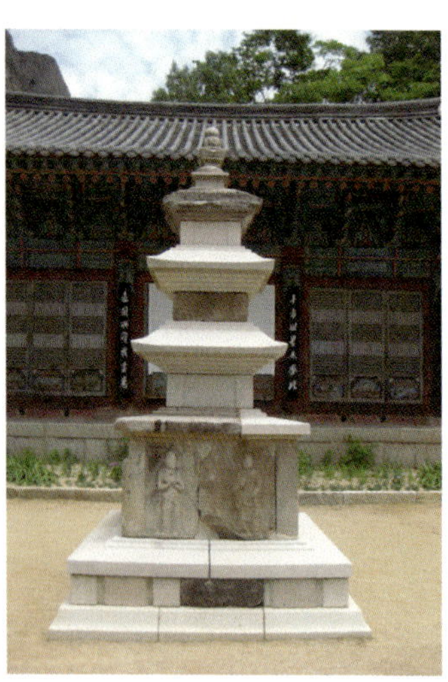

청송 대전사 삼층석탑(복원 후)

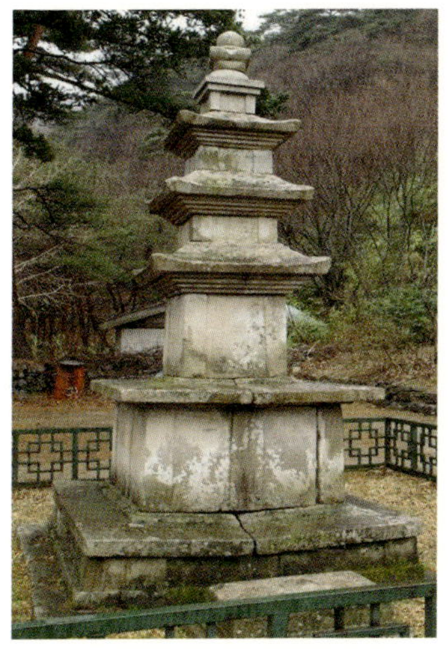

영덕 유금사 삼층석탑

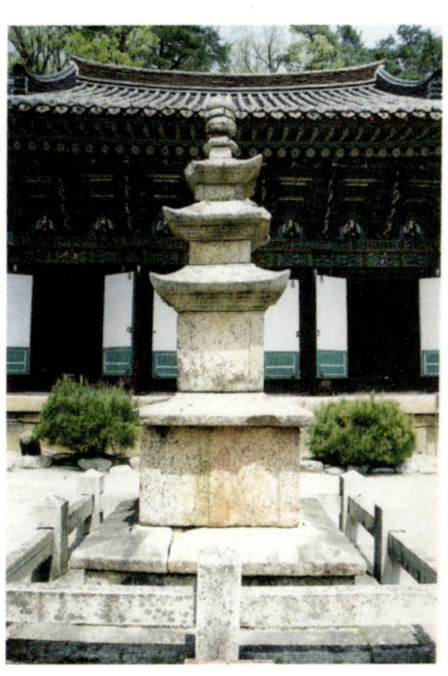

울진 불영사 삼층석탑

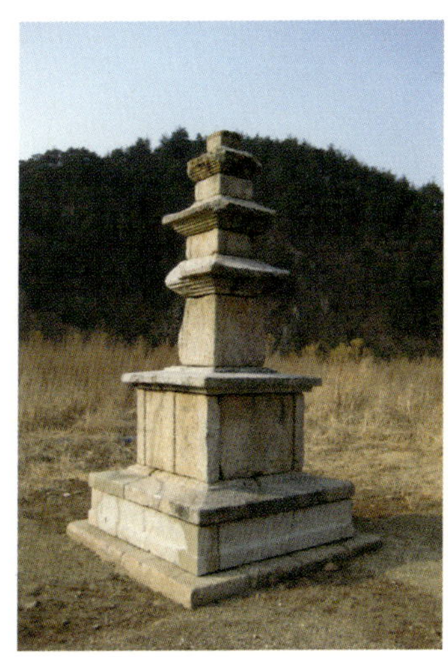

울진 구산리 삼층석탑

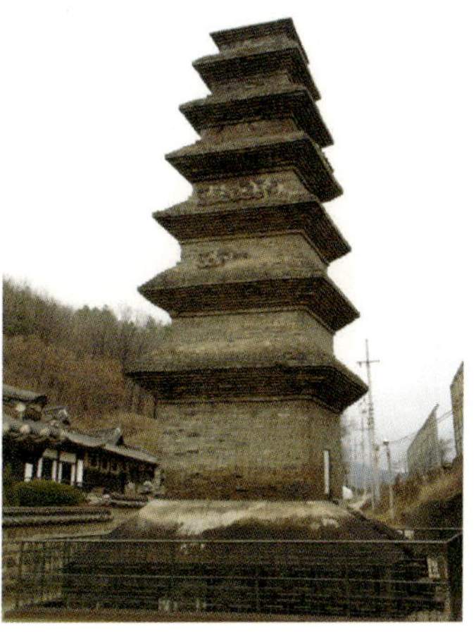

안동 신세동 칠층전탑

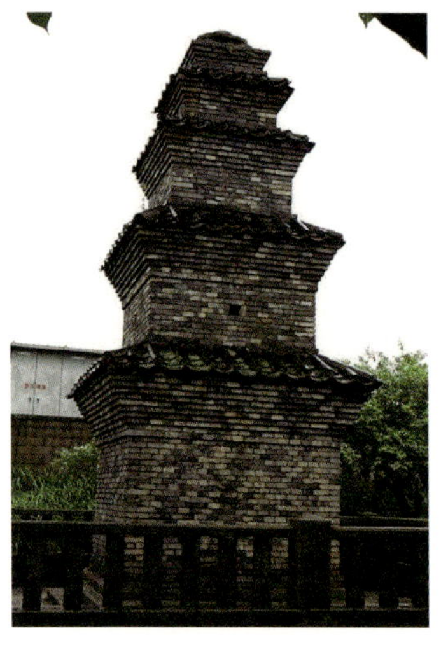

안동 동부동 오층전탑

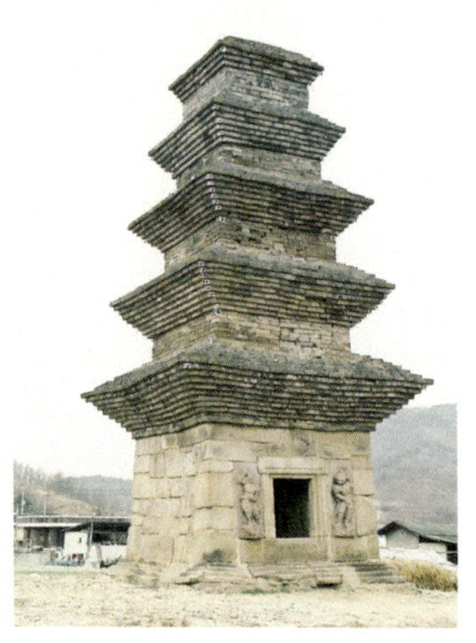

안동 조탑동 오층전탑

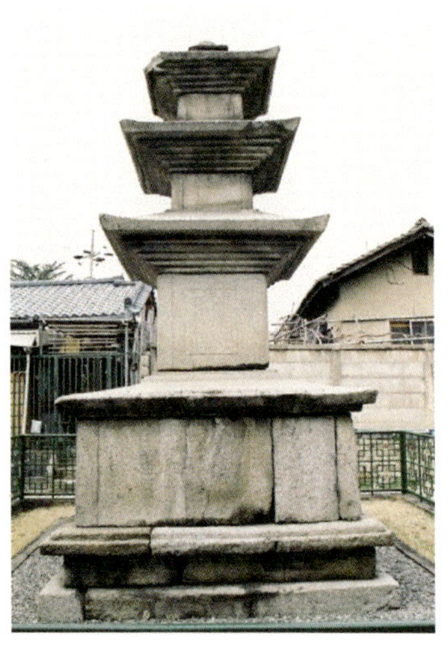

안동 옥동 삼층석탑

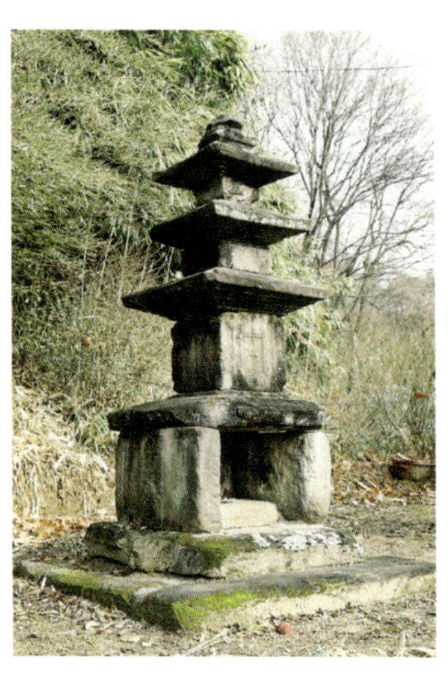

안동 나소동 삼층석탑

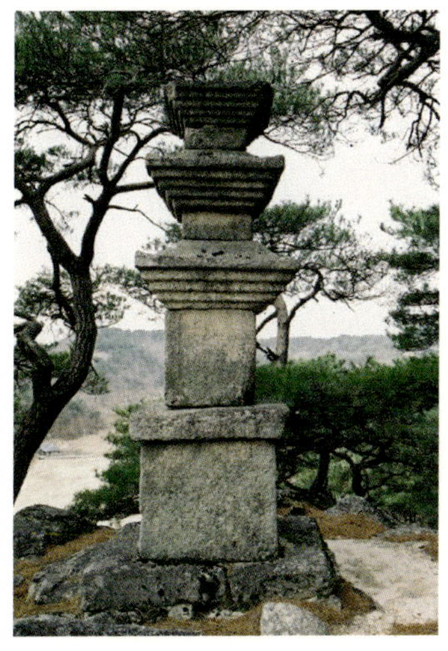

안동 이천동 삼층석탑

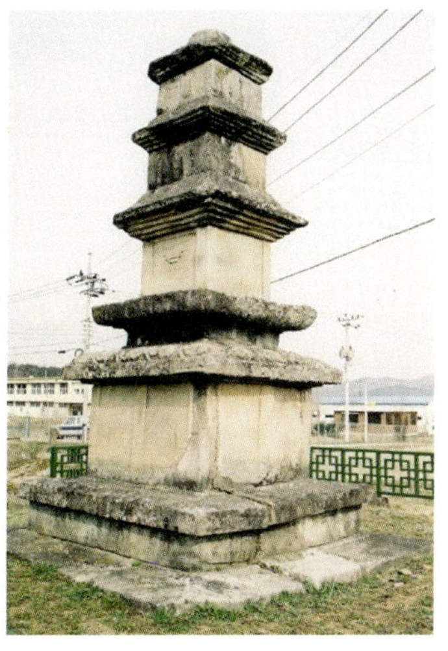

안동 임하동 동삼층석탑

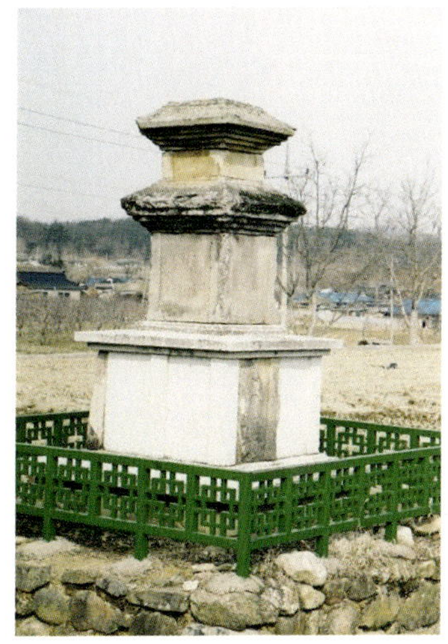

안동 임하동 십이지 삼층석탑

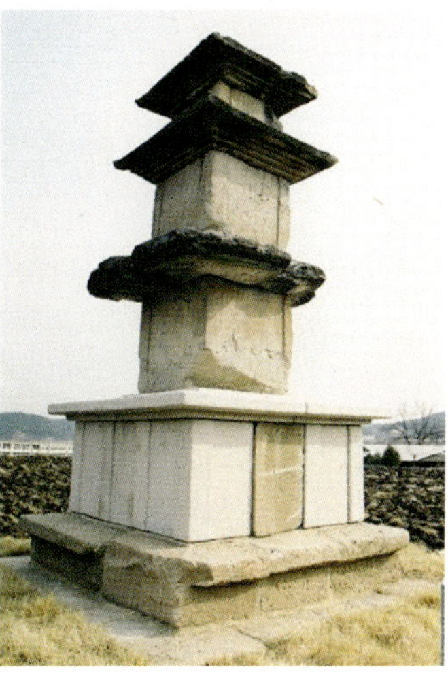

안동 임하동 중앙삼층석탑

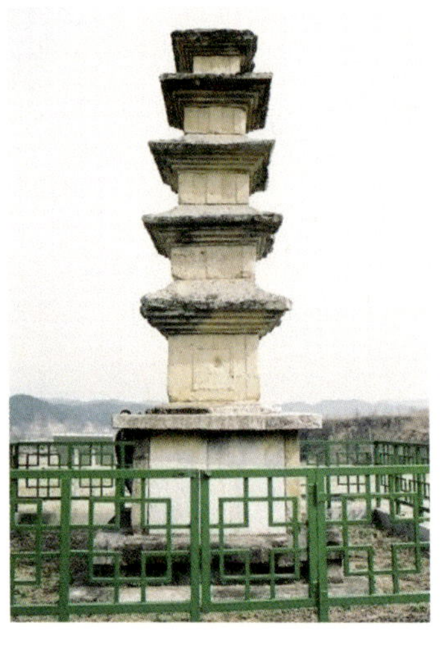

안동 임하동 오층석탑

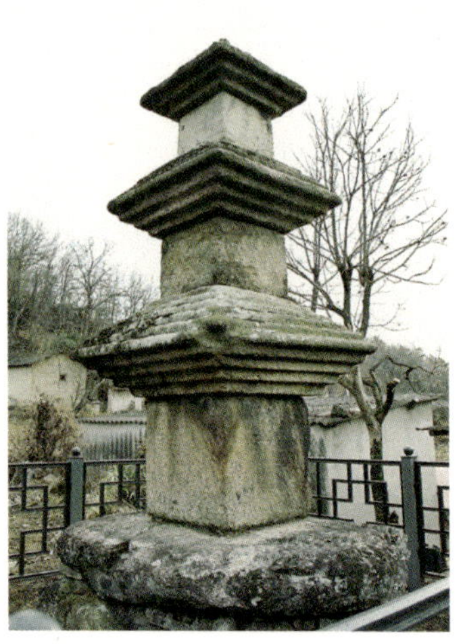

안동 하리동 모전삼층석탑

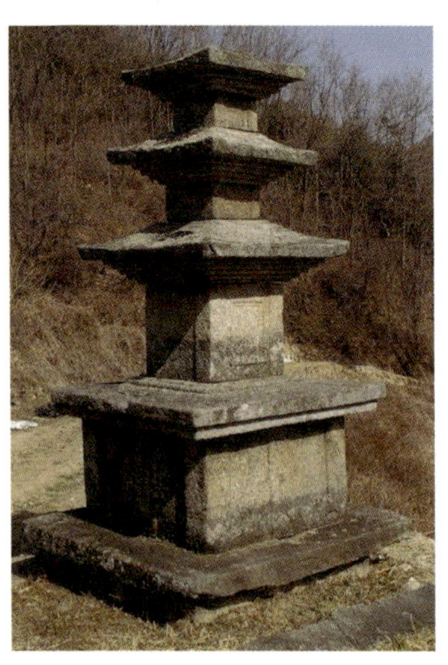

안동 죽전동 삼층석탑

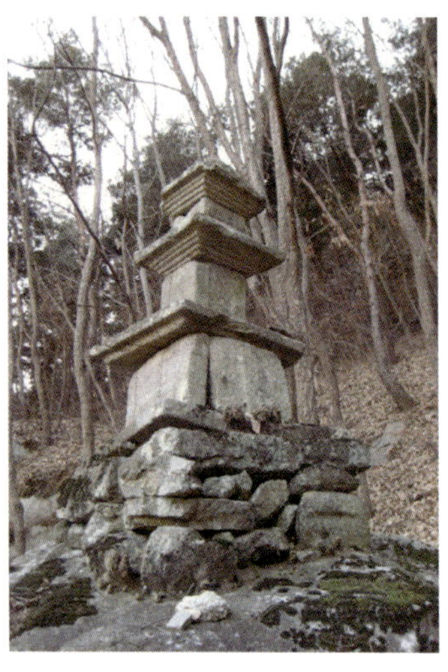

안동 막곡동 삼층석탑

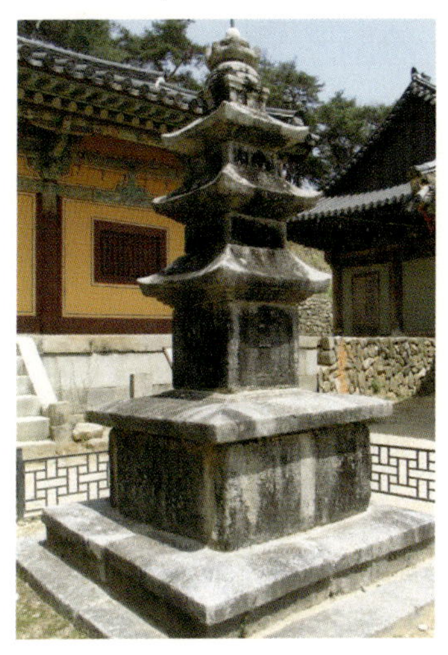

안동 봉정사 삼층석탑

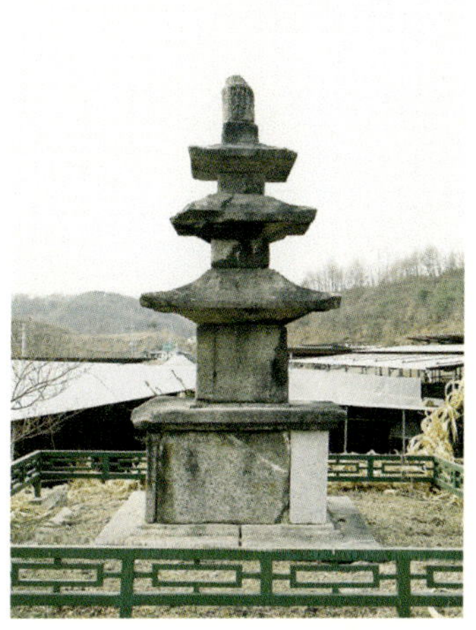

안동 남양사지 삼층석탑

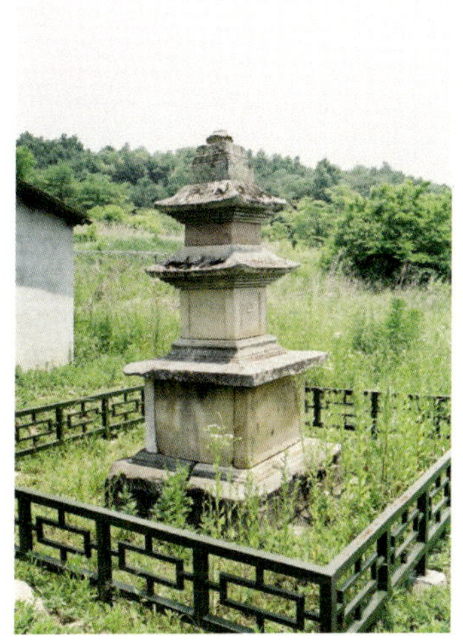

안동 봉림사지 삼층석탑

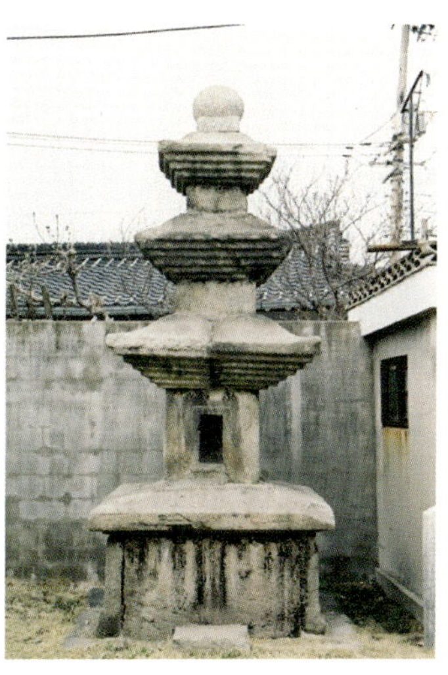

안동 안기동 삼층석탑

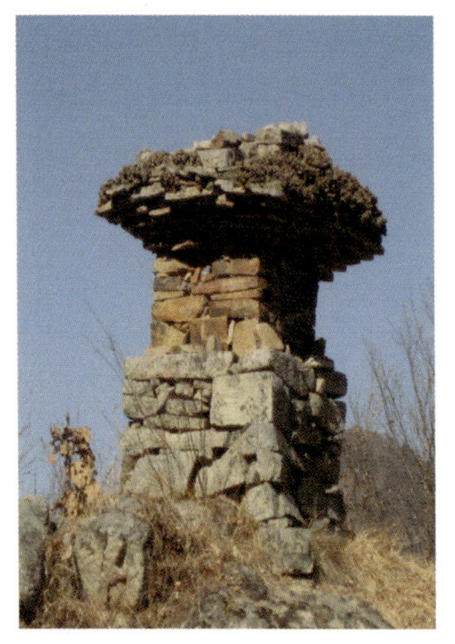

안동 대사동 모전석탑

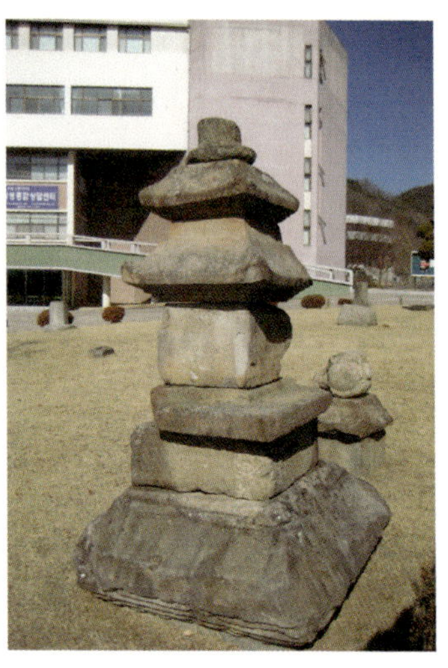

안동대학교박물관 석탑

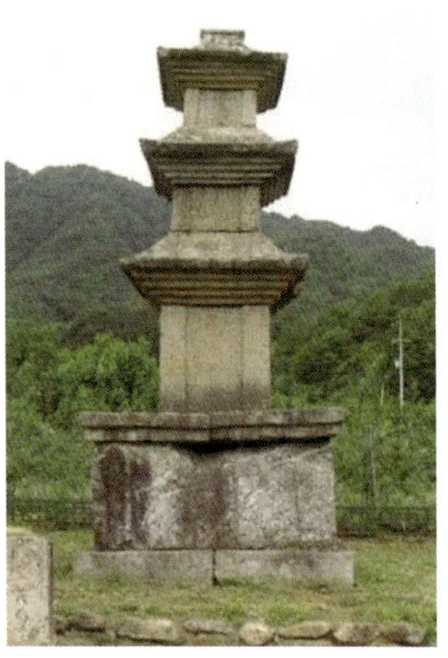

문경 내화리 삼층석탑

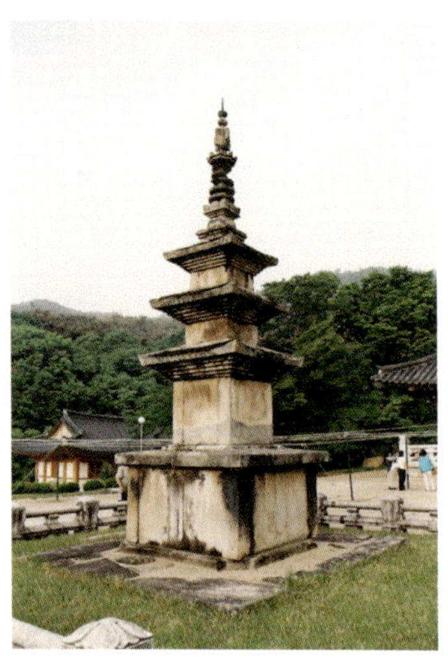

문경 봉암사 삼층석탑

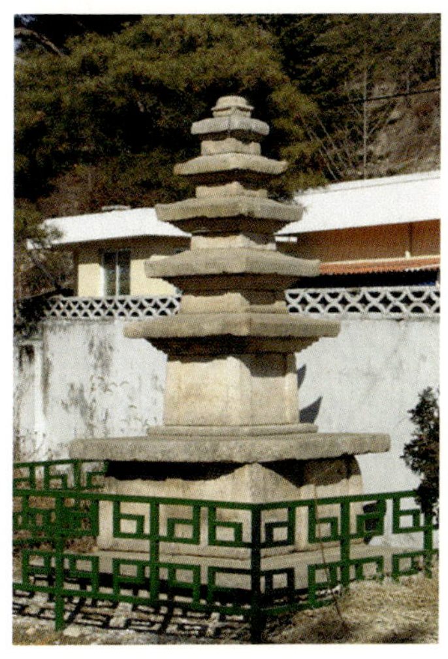

문경 갈평리 오층석탑

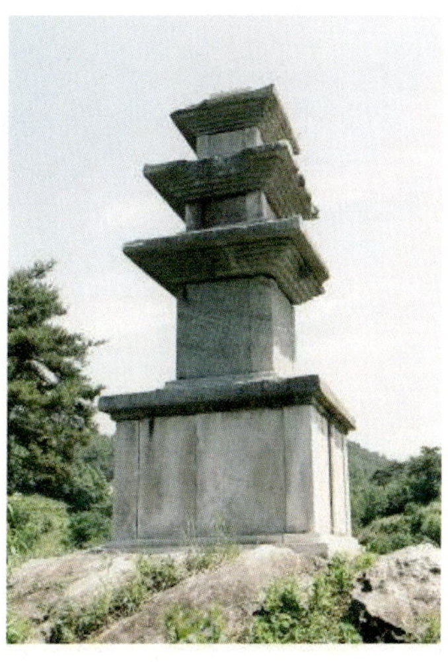

문경 봉서리사지 삼층석탑

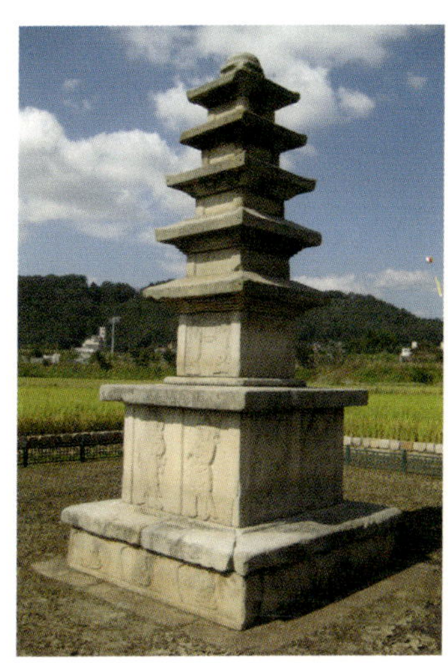

예천 개심사지 오층석탑

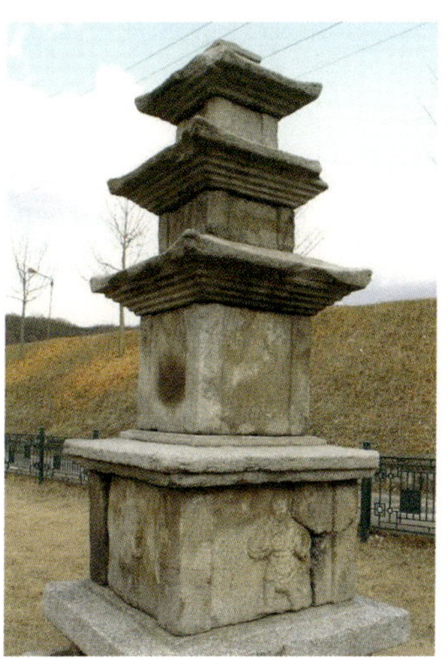

예천 동본동 삼층석탑

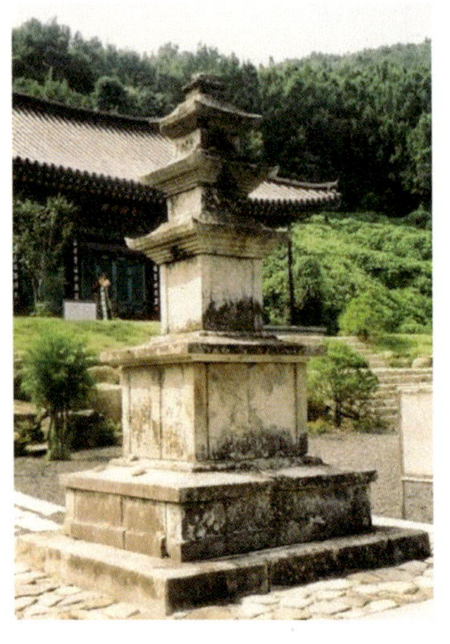

예천 한천사 삼층석탑

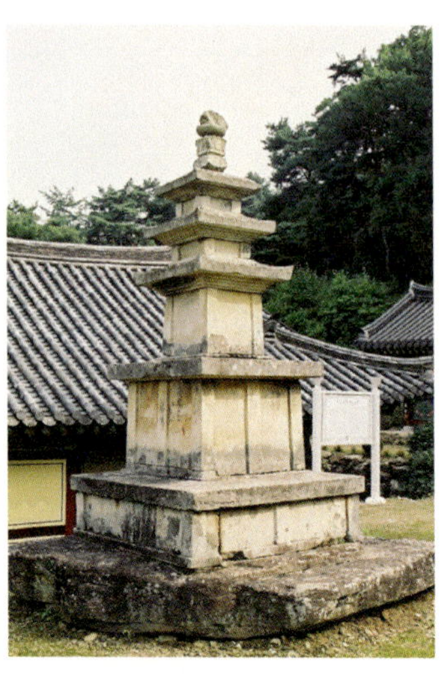

예천 보문사 삼층석탑

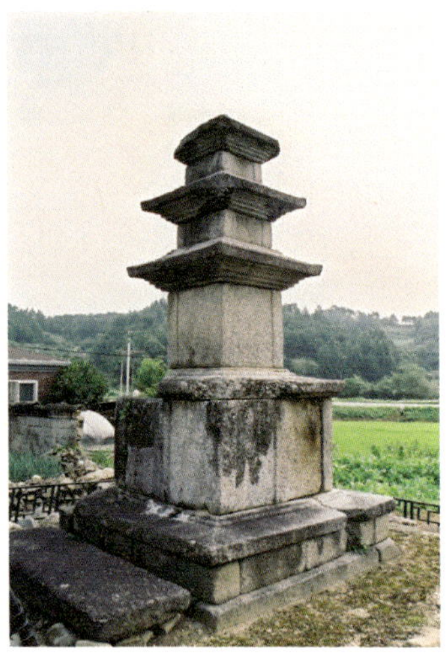

예천 간방동 삼층석탑

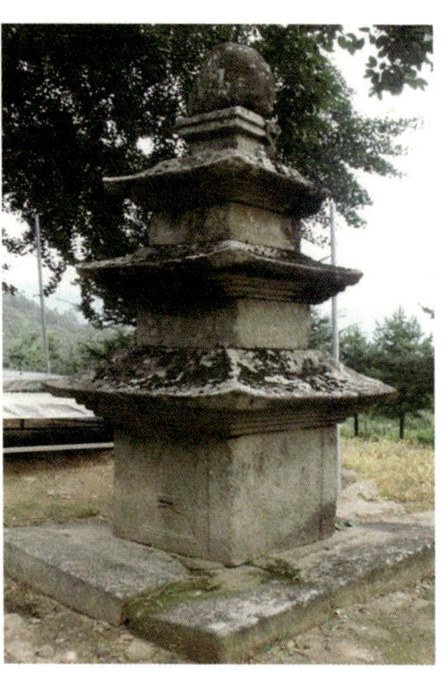

예천 청룡사 삼층석탑

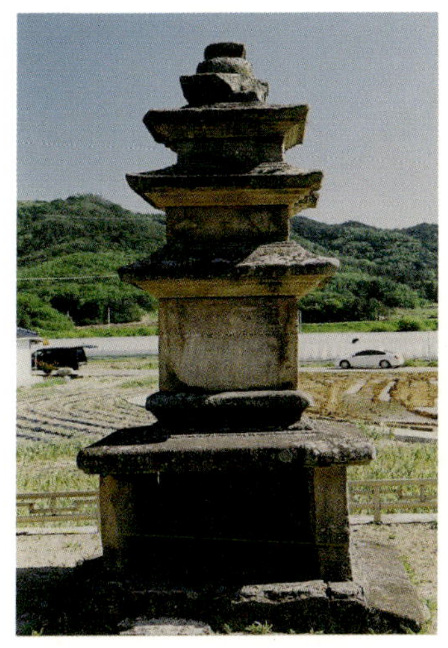

예천 향석리 삼층석탑

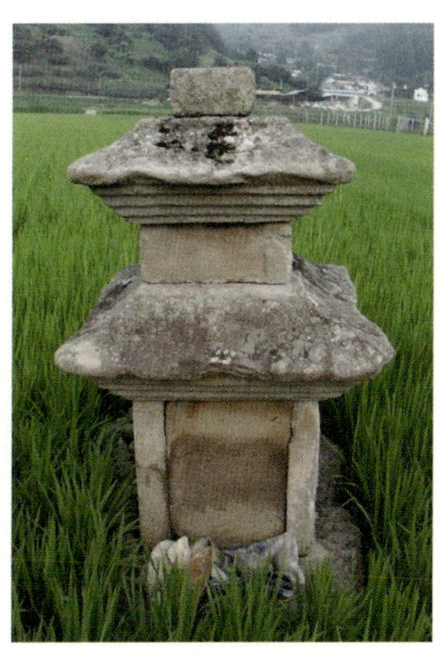

예천 하리면 탑리 석탑

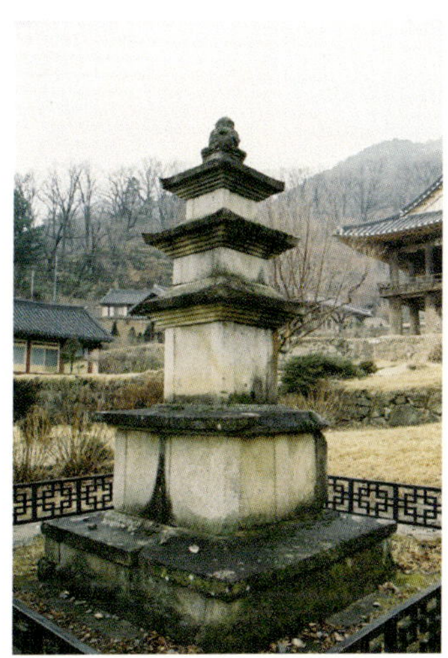

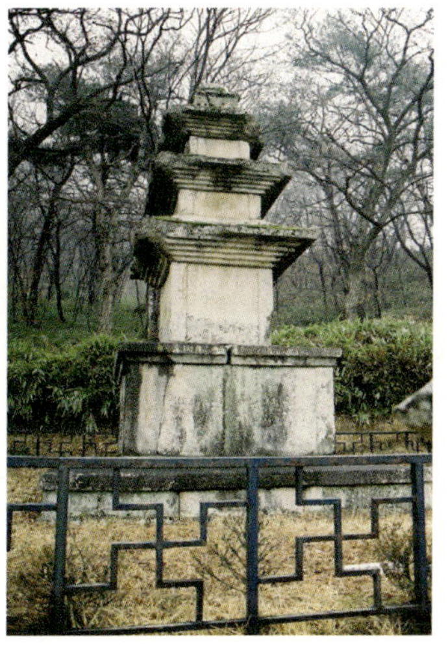

영주 부석사 삼층석탑

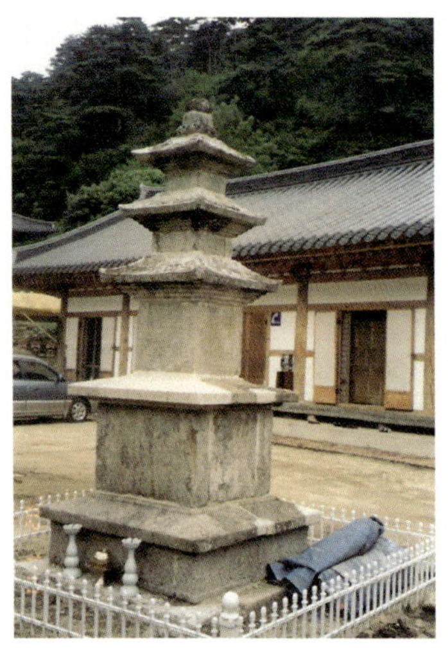

영주 초암사 삼층석탑

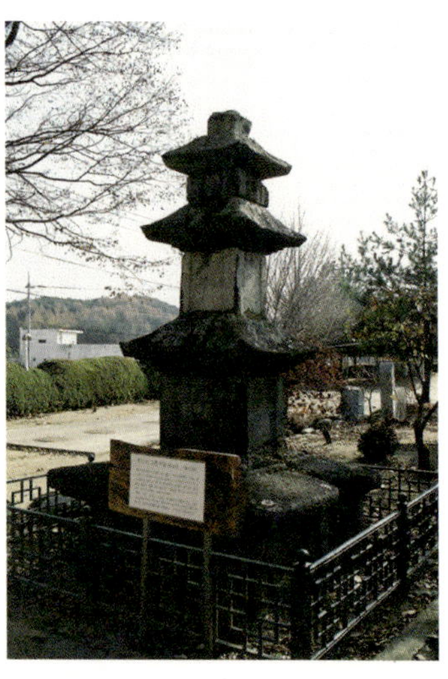

봉화 봉성리 삼층석탑

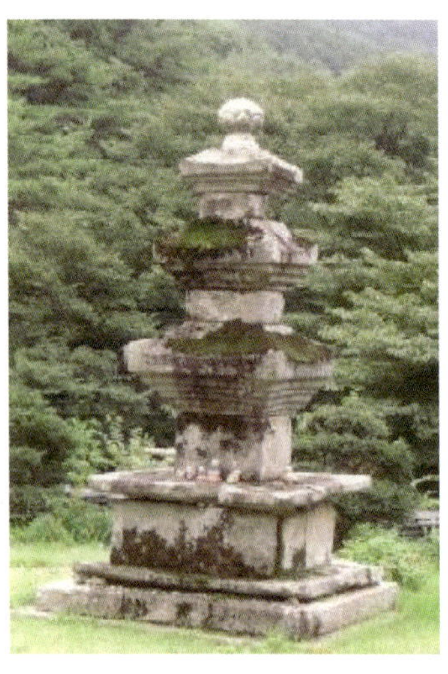

각화사 삼층석탑

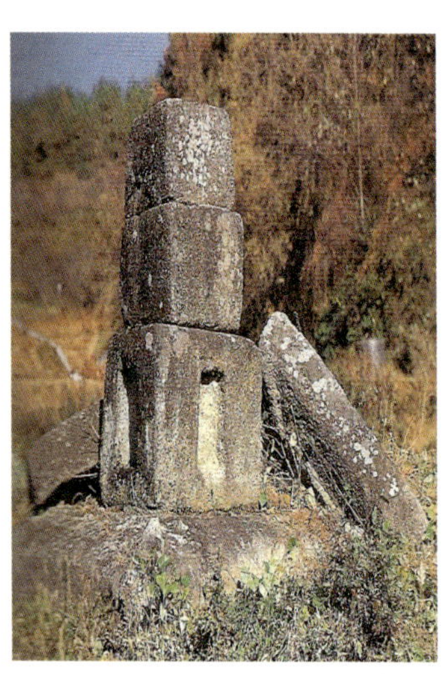

봉화 운계리 폐탑

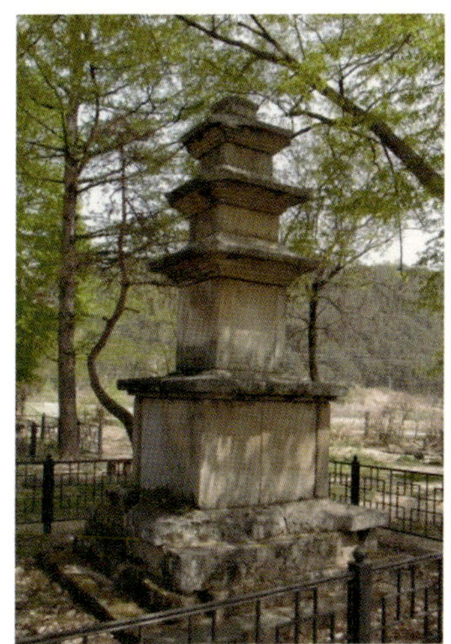
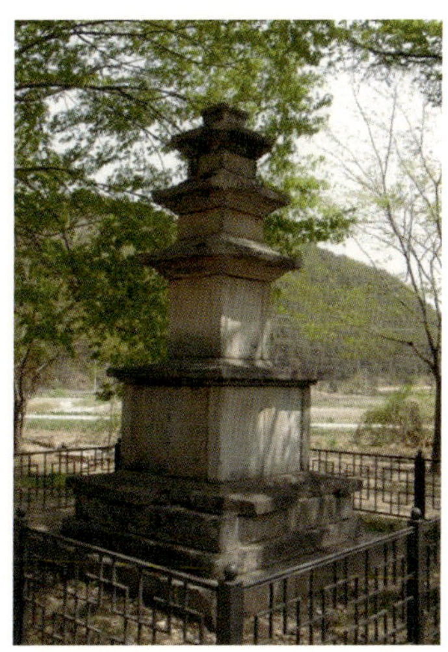

봉화 서동리 삼층석탑

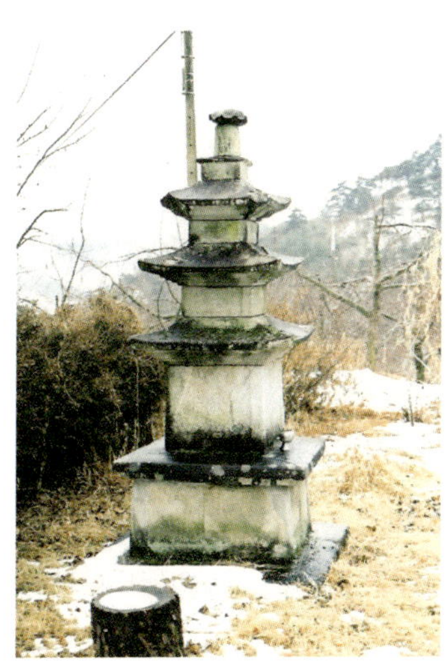

천성사 삼층석탑

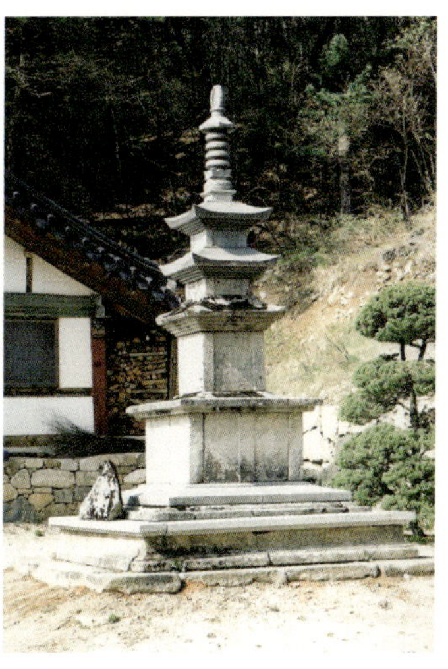

축서사 삼층석탑

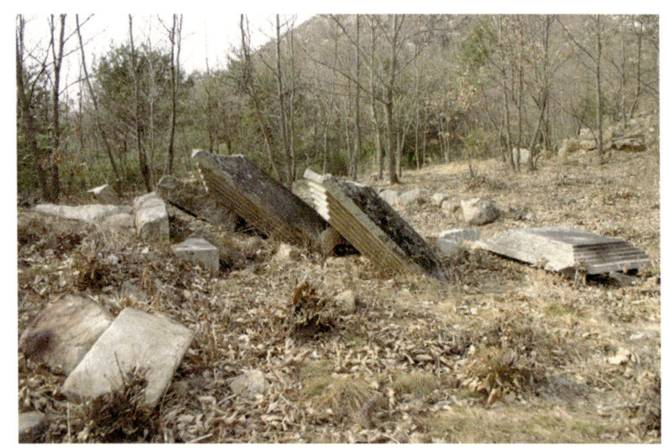

구미 주록사지 폐탑

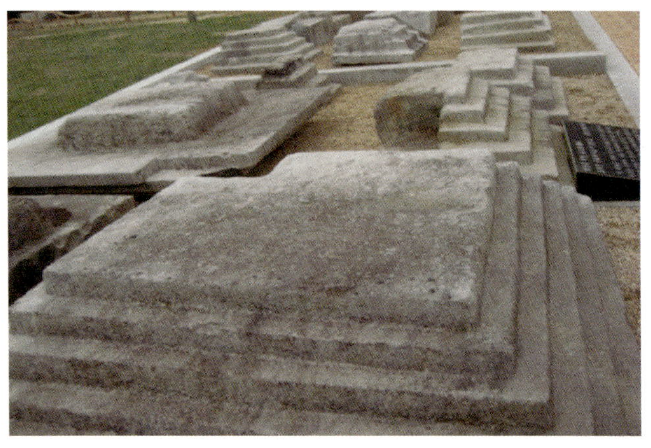

상주 낙상동 폐탑(상주시립박물관)

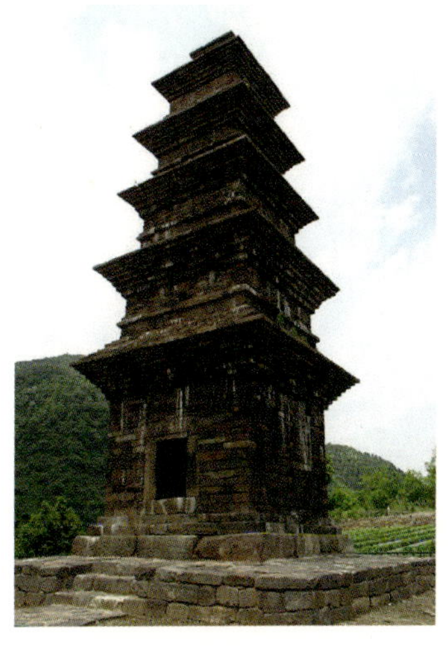

영양 봉감모전 오층석탑

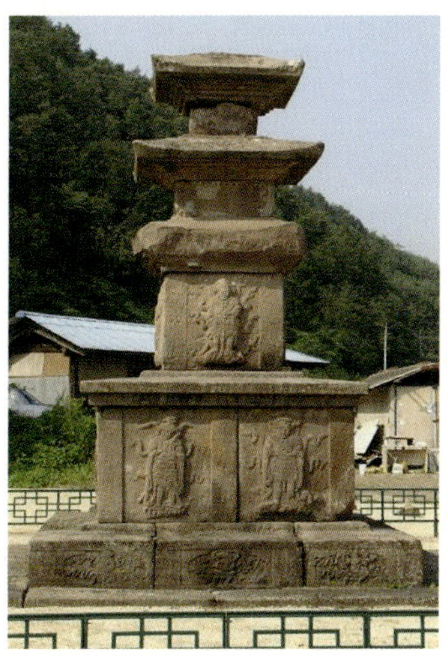

화천동 삼층석탑

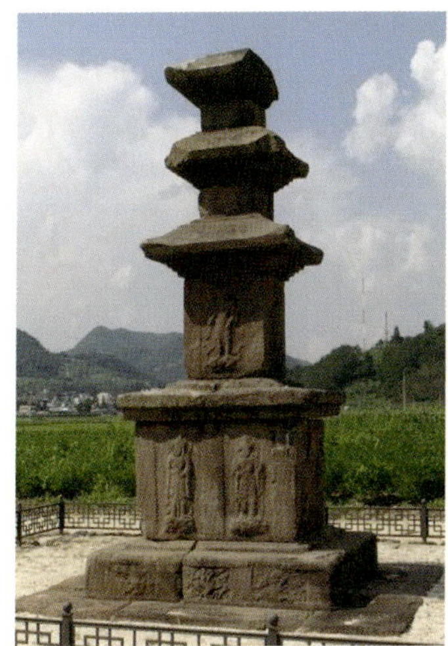

현일동 삼층석탑

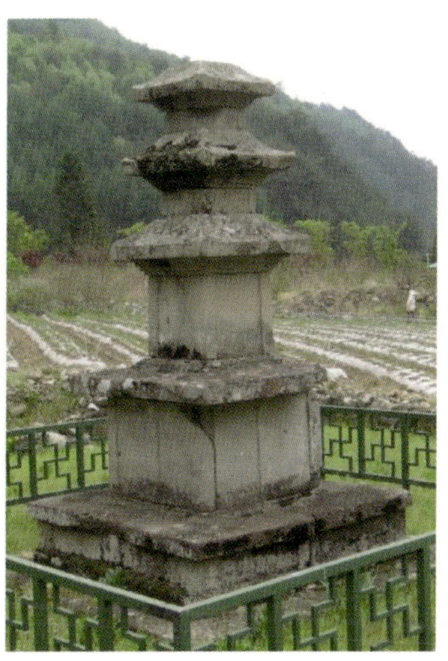

용화동 삼층석탑

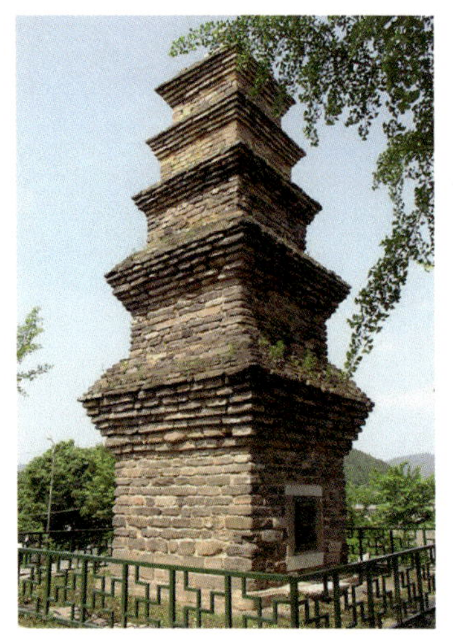

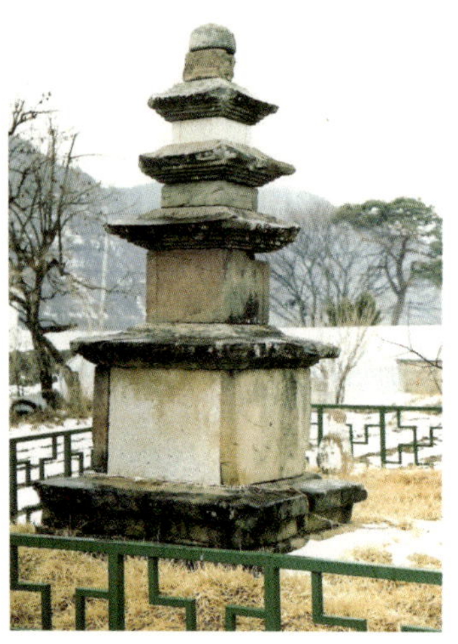

현이동 모전 오층석탑   영양 신구동 삼층석탑

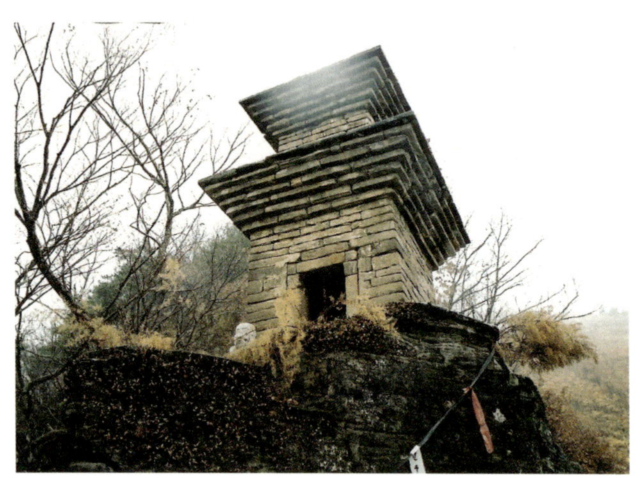

영양 삼지동 모전석탑

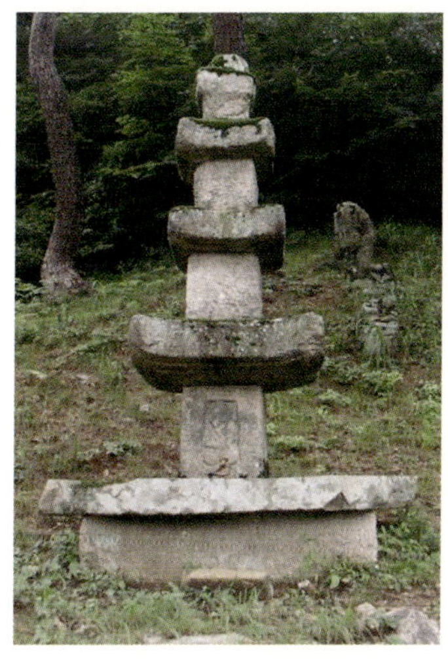

문경 김용사 석탑

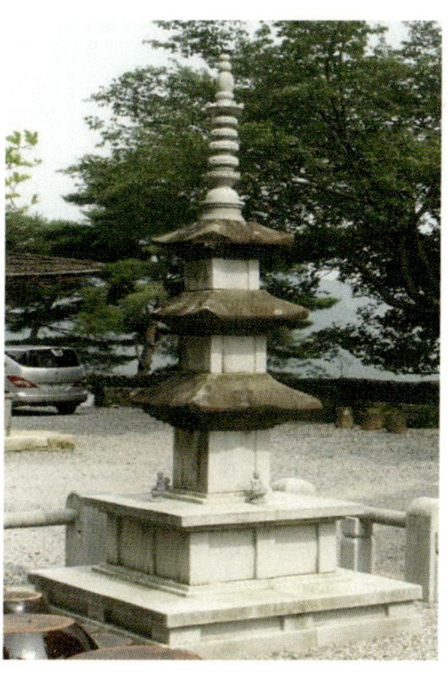

문경 천주사 석탑

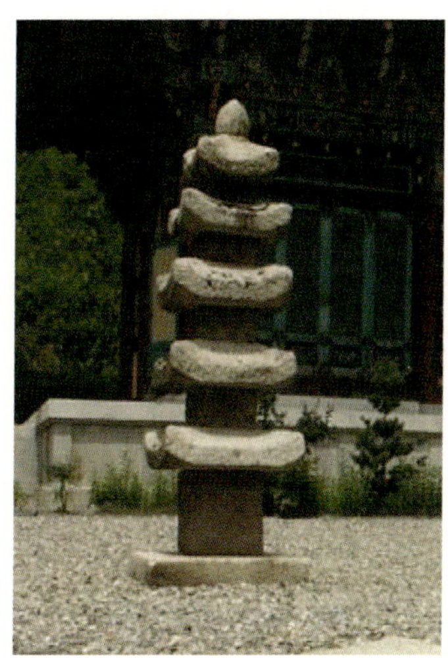

문경 성불암 석탑

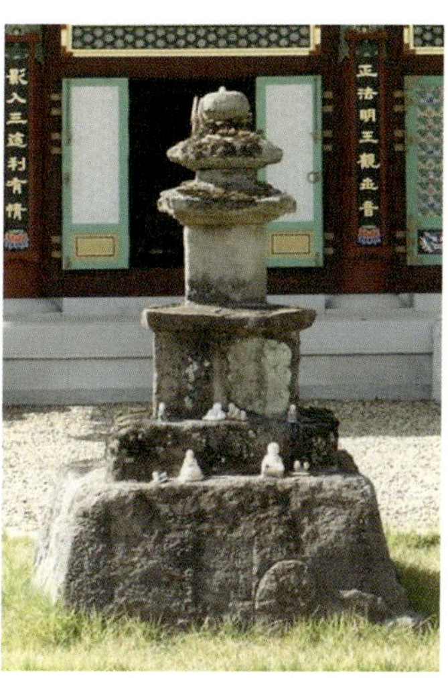

청도 대산사 석탑

경상북도 지정 탑 현황

[포항시]

지정 종별	지정 문화재명	소재지
유형문화재 제203호	보경사 오층석탑	북구 송라면 중산리 622

[경주시]

지정 종별	지정 문화재명	소재지
국보 제20호	불국사 다보탑	진현동 15
국보 제21호	불국사 석가탑	진현동 15
국보 제30호	분황사 석탑	구황동 313
국보 제37호	경주 구황리 삼층석탑	구황동 103
국보 제38호	고선사지 삼층석탑	인왕동 76 경주박물관
국보 제39호	월성 나원리 오층석탑	현곡면 나원리 672
국보 제40호	정혜사지 십삼층석탑	안강읍 옥산리 1654
국보 제112호	감은사지 삼층석탑	양북면 용당리 55 - 1
국보 제236호	장항리사지서오층석탑	양북면 장항리 1083
보물 제65호	경주 서악리 삼층석탑	서악동 92 - 1
보물 제67호	경주 효현리 삼층석탑	효현동 420
보물 제124호	경주 남산리 삼층석탑	남산동 227 - 2
보물 제126호	무장사지 삼층석탑	암곡동 산1
보물 제168호	경주 천군리 삼층석탑	천군동 549
보물 제186호	경주남산 용장사곡삼층석탑	내남면 용장리 산1
보물 제907호	남사리 사지 삼층석탑	현곡면 남사리 234 - 2
보물 제908호	용명리사지 삼층석탑	건천읍 용명리 856 - 7
보물 제911호	석굴암 삼층석탑	진현동 999
보물 제912호	마동사지 삼층석탑	마동 101 - 2
보물 제1188호	천룡사지 삼층석탑	내남면 용장리 857 - 2
보물 제1429호	원원사지 삼층석탑	외동읍 모화리 2 - 1
유형문화재 제205호	기림사 삼층석탑	양북면 호암리 419
문화재 자료 제7호	경주 남사리 북삼층석탑	현곡면 남사리 313 - 4
문화재 자료 제8호	경주 황오동 삼층석탑	성동동 41 - 4
문화재 자료 제93호	경주 오야리 삼층석탑	천북면 오야리 산31
문화재 자료 제94호	숭복사지 삼층석탑	외동읍 말방리 23 - 1
문화재 자료 제95호	감산사지 삼층석탑	외동읍 괘릉리 5

[청도군]

지정 종별	지정 문화재명	소재지
보물 제113호	청도 봉기리 삼층석탑	풍각면 봉기리 719 - 4
보물 제677호	장연사지 삼층석탑	매전면 장연리 108
보물 제678호	운문사 삼층석탑	운문면 신원리 1789
유형문화재 제116호	청도 덕양동 삼층석탑	풍각면 덕양리 1372
문화재 자료 제294호	불령사 전탑	매전면 용산리 산98

[경산시]

지정 종별	지정 문화재명	소재지
보물 제429호	불굴사 삼층석탑	와촌면 강학리 6
유형문화재 제115호	선본암 삼층석탑	와촌면 대한리 산41

[영천시]

지정 종별	지정 문화재명	소재지
보물 제465호	영천 신월동 삼층석탑	금호읍 신월리 205 - 1
보물 제675호	영천 화남동 삼층석탑	신녕면 화남리 499
유형문화재 제269호	영천 정각리 삼층석탑	화북면 정각리 78 - 1
유형문화재 제332호	은해사 중앙암 삼층석탑	청통면 치일리 25 - 1
문화재 자료 제103호	영천 공덕동 삼층석탑	화북면 공덕리 173 - 1
문화재 자료 제104호	은해사 거조암 삼층석탑	청통면 신원리 622

[고령군]

지정 종별	지정 문화재명	소재지
유형문화재 제117호	반룡사 다층석탑	고령읍 지산리 171 - 1 대가야박물관

[구미시]

지정 종별	지정 문화재명	소재지
보물 제469호	선산낙산동 삼층석탑	해평면 낙산리 837 - 1
보물 제470호	도리사 석탑	해평면 송곡리 403
문화재 자료 제295호	주륵사 폐탑	도개면 다곡리 산123

[김천시]

지정 종별	지정 문화재명	소재지
보물 제297호	청암사 수도암 삼층석탑	증산면 수도리 513
보물 제606호	직지사 대웅전 앞 삼층석탑	대항면 운수리 216
보물 제607호	직지사 비로전 앞 삼층석탑	대항면 운수리 216
보물 제1186호	직지사 청풍로 앞 삼층석탑	대항면 운수리 216
문화재 자료 제121호	청암사 다층석탑	증산면 평촌리 688
문화재 자료 제122호	금릉 서부동 폐탑	개령면 서부리 501 - 3

[성주군]

지정 종별	지정 문화재명	소재지
유형문화재 제60호	동방사지 칠층석탑	성주읍 예산리 269
유형문화재 제86호	법수사지 삼층석탑	수륜면 백운리 1214
유형문화재 제119호	성주 보월동 삼층석탑	수륜면 보월리 852
문화재 자료 제116호	심원사지 폐탑	수륜면 백운리 56 - 1

[칠곡군]

지정 종별	지정 문화재명	소재지
보물 제189호	송림사 오층전탑	동명면 구덕리 91 - 6
보물 제510호	칠곡 기성동 삼층석탑	동명면 기성리 1028

[청송군]

지정 종별	지정 문화재명	소재지
문화재 자료 제74호	청송 이촌리 오층석탑	진보면 이촌리 64 - 1

[안동시]

지정 종별	지정 문화재명	소재지
국보 제16호	안동 신세동 칠층전탑	법흥동 8 - 1
보물 제56호	안동 동부동 오층전탑	운흥동 231
보물 제57호	안동 조탑동 오층전탑	일직면 조탑리 139
보물 제114호	안동 옥동 삼층석탑	평화동 71 - 108
유형문화재 제45호	나소동 삼층석탑	와룡면 나소리 169 - 2
유형문화재 제99호	안동 이천동 삼층석탑	이천동 산2
유형문화재 제105호	안동임하동동삼층석탑	임하면 임하리 566 - 1
유형문화재 제106호	안동 임하동 십이지삼층석탑	임하면 임하리 794
유형문화재 제107호	안동 하리동모전삼층석탑	풍산읍 하리1리 207
유형문화재 제108호	안동 하리동 삼층석탑	풍산읍 하리1리 56
유형문화재 제109호	안동 죽전동 삼층석탑	풍산읍 죽전리 1139
유형문화재 제110호	안동 막곡동 삼층석탑	풍산읍 막곡리 산106
유형문화재 제180호	안동 임하동 오층석탑	임하면 임하리 656
유형문화재 제182호	봉정사 삼층석탑	서후면 태장리 901
문화재 자료 제18호	안동 안기동 삼층석탑	안기동 144 - 2
문화재 자료 제66호	안동 임하동중앙삼층석탑	임하면 임하리 625
문화재 자료 제69호	봉림사지 삼층석탑	서후면 성곡리 816 - 2
문화재 자료 제70호	안동 대사동 모전석탑	길안면 대사리 145
문화재 자료 제71호	남양사지 삼층석탑	녹전면 원천리 804
문화재 자료 제343호	안동석탑리방단형 적석탑	북후면 석탑리 861 - 1

[문경시]

지정 종별	지정 문화재명	소재지
보물 제51호	문경 내화리 삼층석탑	산북면 내화리 48
보물 제169호	봉암사 삼층석탑	가은읍 원북리 485
유형문화재 제185호	문경 갈평리 오층석탑	문경읍 갈평리 564 - 3

[영주시]

지정 종별	지정 문화재명	소재지
보물 제249호	부석사 삼층석탑	부석면 북지리 149
유형문화재 제126호	초암사 삼층석탑	순흥면 배점리 524
유형문화재 제130호	부석사 삼층석탑	부석면 북지리 157

[예천군]

지정 종별	지정 문화재명	소재지
보물 제53호	개심사지 오층석탑	예천읍 남본리 200
보물 제426호	예천 동본동 삼층석탑	예천읍 동본리 466 - 2
유형문화재 제5호	한천사 삼층석탑	감천면 증거리 184
유형문화재 제186호	보문사 삼층석탑	보문면 수계리 158
유형문화재 제188호	예천 간방동 삼층석탑	보문면 간방리 290

[상주시]

지정 종별	지정 문화재명	소재지
보물 제683호	상주 상오리 칠층석탑	화북면 상오리 699
문화재 자료 제125호	갑장사 삼층석탑	지천동 산5 - 1
문화재 자료 제127호	상주 낙상동 폐탑	사벌면 삼덕리 18 - 7 상주시립박물관
문화재 자료 제128호	무곡리 삼층석탑	공성면 무곡리 46 - 1
문화재 자료 제238호	북장사 삼층석탑	내서면 북장리 38 - 1

지정 종별	지정 문화재명	소재지
보물 제52호	봉화 서동리 삼층석탑	춘양면 서동리 춘양중
유형문화재 제134호	천성사 삼층석탑	봉성면 금봉리 263
문화재 자료 제157호	축서사 삼층석탑	물야면 개단리 1
문화재 자료 제283호	봉화 운계리 폐탑	상운면 운계리 140 - 1

[영양군]

지정 종별	지정 문화재명	소재지
국보 제187호	봉감 모전 오층석탑	입암면 산해리 391 - 5
보물 제609호	화천동 삼층석탑	영양읍 화천리 835
보물 제610호	현일동 삼층석탑	영양읍 현일리 398 - 5
유형문화재 제8호	용화동 삼층석탑	일월면 용화리 583
유형문화재 제12호	현이동 모전 오층석탑	영양읍 현이리 462
문화재 자료 제83호	영양 삼지동 모전석탑	영양읍 삼지리 산17
문화재 자료 제84호	영양 신구동 삼층석탑	입암면 신구리 240

[군위군]

지정 종별	지정 문화재명	소재지
보물 제682호	지보사 삼층석탑	군위읍 상곡리 280
문화재 자료 제27호	법주사 오층석탑	소보면 달산리 773
문화재 자료 제186호	군위 화본동 오층석탑	산성면 화본리 산18 덕림사
문화재 자료 제241호	군위삼존석굴모전석탑	부계면 남산리 302
문화재 자료 제427호	군위 인각사 삼층석탑	고로면 화북리 612

[의성군]

지정 종별	지정 문화재명	소재지
국보 제77호	의성 탑리 오층석탑	금성면 탑리리 1383
보물 제188호	의성 관덕동 삼층석탑	단촌면 관덕리 889
보물 제327호	의성빙산사지오층석탑	춘산면 빙계리 산70
유형문화재 제301호	석탑리 방단형 적석탑	안평면 석탑리 산208
문화재 자료 제28호	고운사 삼층석탑	단촌면 구계리 221
문화재 자료 제29호	의성 쌍호동 삼층석탑	안사면 쌍호리 산11
문화재 자료 제30호	의성 치선동 석탑	의성읍 치선리 산42
문화재 자료 제405호	의성 대곡사다층석탑	다인면 봉정리 894

[영덕군]

지정 종별	지정 문화재명	소재지
보물 제674호	유금사 삼층석탑	병곡면 금곡리 815

[울진군]

지정 종별	지정 문화재명	소재지
보물 제498호	울진 구산리 삼층석탑	근남면 구산리 1494
유형문화재 제135호	불영사 삼층석탑	서면 하원리 122

각시군별통계

소재지	소지 수	소재지	소지 수
포항시	1	고령군	1
경주시	27	칠곡군	2
경산시	2	성주군	5
영천시	6	청송군	1
김천시	6	예천군	5
구미시	4	봉화군	4
문경시	3	영양군	7
영주시	3	군위군	5
상주시	6	의성군	8
안동시	20	영덕군	1
청도군	5	울진군	2

부도(浮屠)

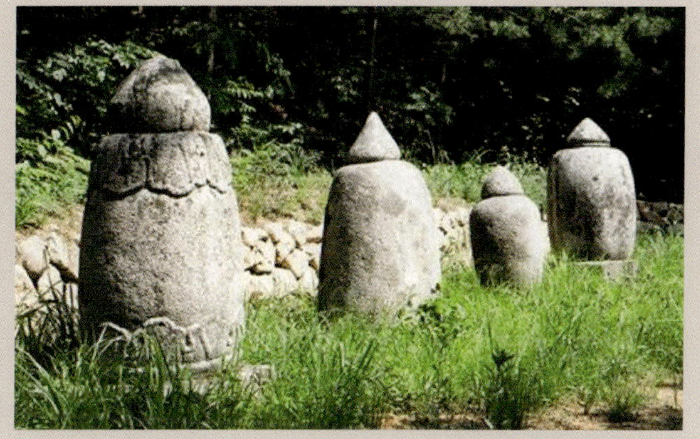

부도(浮屠)는 부두(浮頭)·불도(佛圖)등
여러 가지로 표기되며, 승려의 유골을 봉안한 묘탑(墓塔)으로
사리탑, 사리묘탑이라고도 한다. 탑파(塔波)의 불탑이 부도이
며, 넓은 의미로 승려들의 사리를 봉안한 것을 부도라 한다.
일반적으로는 승려의 사리탑을 통칭하여 말한다. 조형물로는
통일신라 하대부터 나타나기 시작하는데, 경문왕 12년(872)에
건립된 것으로 보이는 대안사(大安寺) 적인선사조륜청정탑비
(寂忍禪師照輪淸淨塔碑) 비문 중에 "기석부도지지(起石浮屠之
地)"라는 기록이 있어 이 묘탑이 '석부도(石浮屠)'임을 알 수
있다. 기록상에는 『삼국유사』에 원광법사(圓光法師)의 부도가
삼기산 기슭금곡사에 있다고 전해지는데, 경북 경주시 안강읍
두류리에 이 부도로 전하는 부도탑이 있다. 그러나 그 형태는
일반적인 사방불이 새겨진 석탑형으로 기록과는 차이를 보여
그 당시의 유적은 아닌 듯하다.

현재 가장 오래된 부도로는 9세기 중엽에 세워진 진전사지
부도(보물 제439호)와 통일신라 문성왕 6년(844)에 세운 전흥
법사염거화상탑(傳興法寺廉居和尙塔)이 유명하다.

부도의 형태는 기단부·탑신부·상륜부로 나뉘며 전체적으
로 8각의 모습을 이루고 있는 것이 많다. 통일신라시대부터는
팔각원당형 부도가 주류를 이루며, 고려시대에는 방형, 조선시
대에는 석종형 부도가 주를 이루고 있다. 규모가 컸던 사찰에
는 입구나 인근에 부도밭이 조성되어 있다. 경북지역에 지정된

문화재로 부도는 그 수가 많지 않으며 고려시대와 조선시대
작품들이 대부분이다.

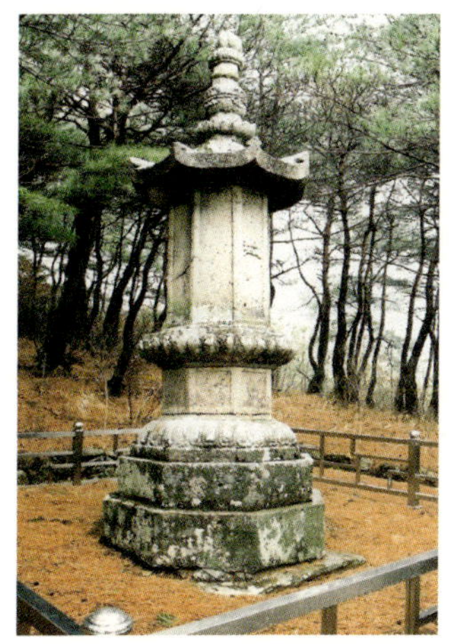

포항 보경사 부도

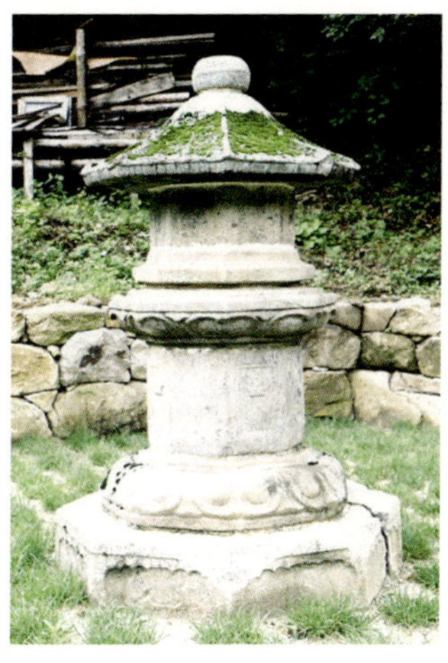

영주 초암사 동부도

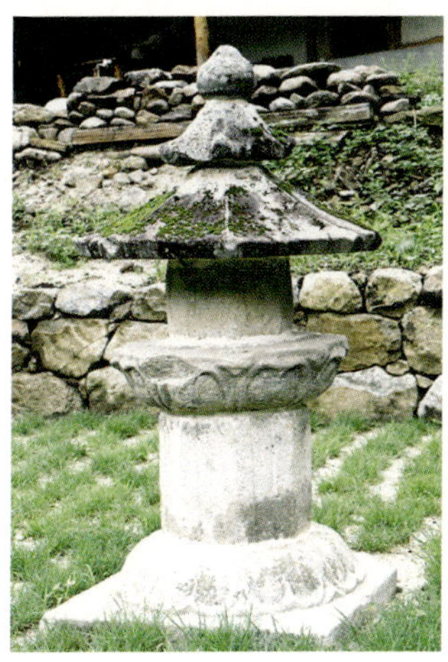

영주 초암사 서부도

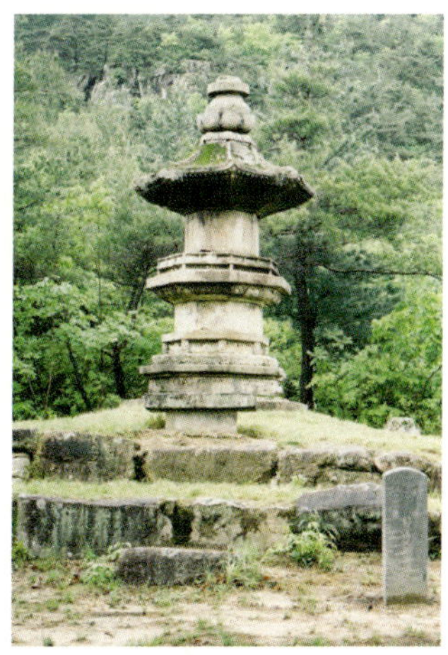

봉암사 정진대사 원오탑

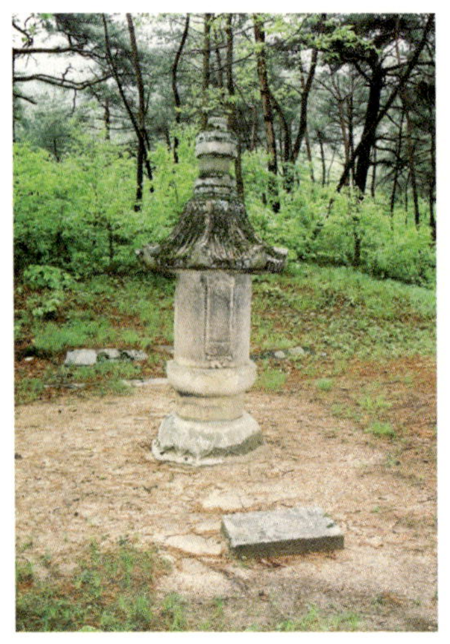

봉암사 환적당 지경탑

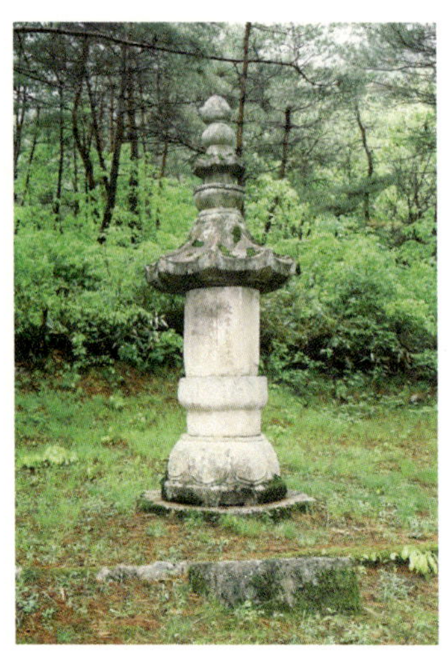

봉암사 함허당 득통탑

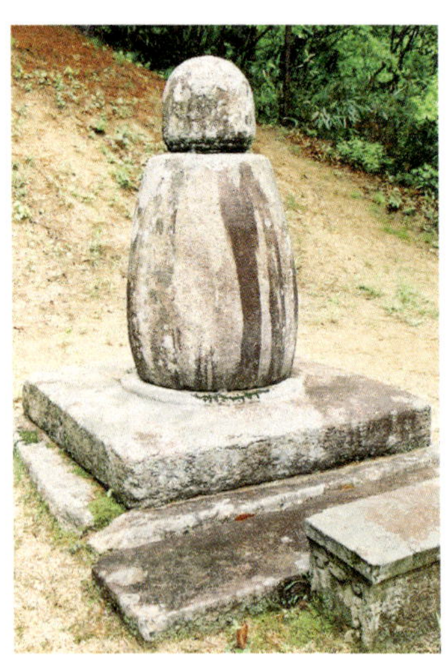

봉암사 석종형 부도

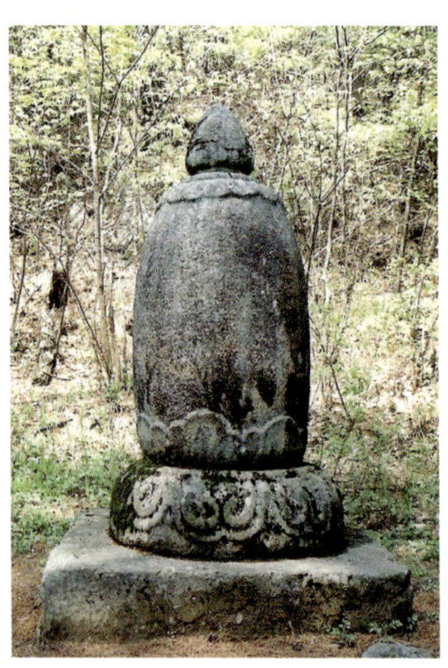

불영사 부도

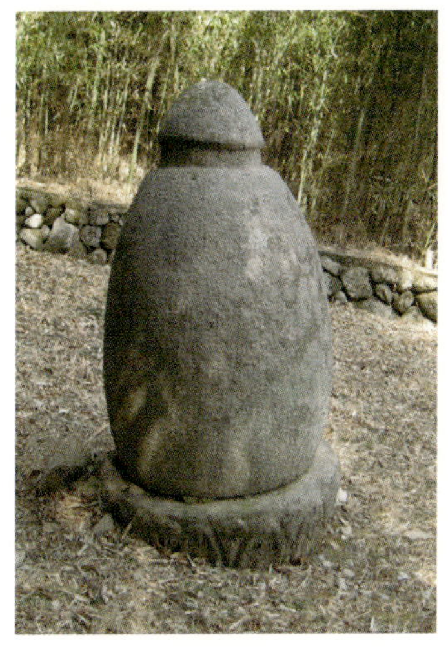

기림사 부도

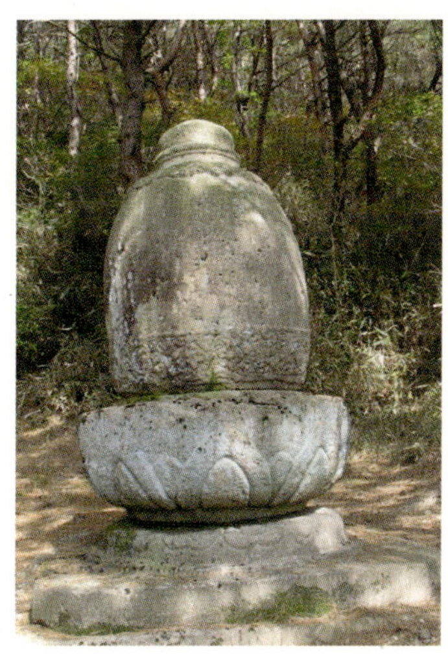

원원사지 부도

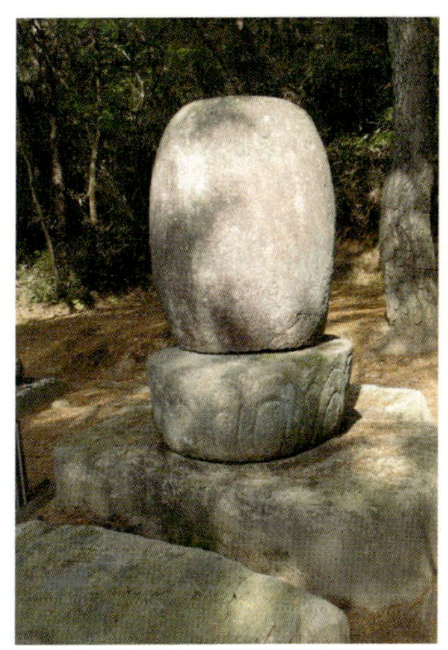

원원사지 부도

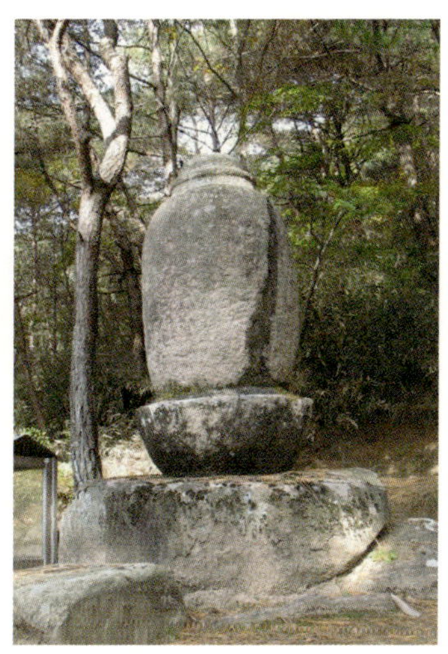

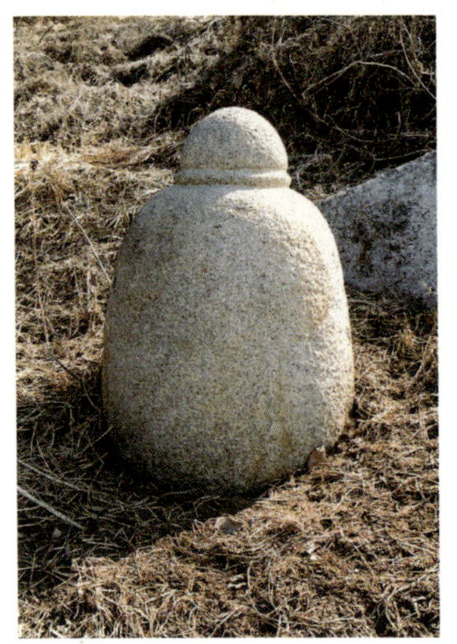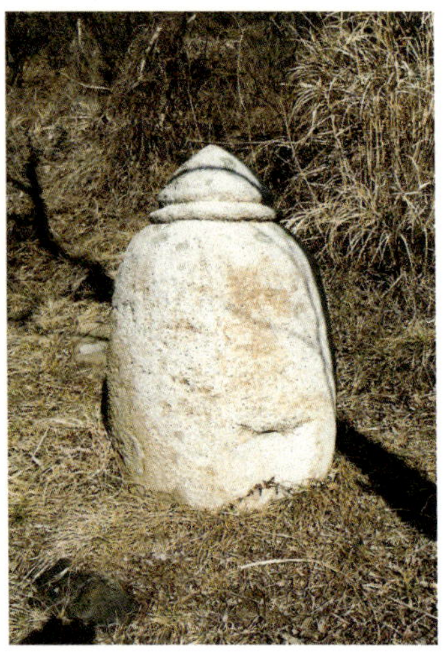

천룡사지 부도

문화재 지정된 부도 현황

지정 종별	지정 문화재명	소재지
보물 제430호	보경사 부도	포항시 북구 송라면 중산리 산101 - 1
유형문화재 제128호	초암사 동부도	영주시 순흥면 배점리 525
유형문화재 제129호	초암사 서부도	영주시 순흥면 배점리 525
보물 제171호	봉암사 정진대사 원오탑	문경시 가은읍 원북리 산1 - 1
문화재 자료 제133호	봉암사 환적당 지경탑	문경시 가은읍 원북리 산1 - 1
문화재 자료 제134호	봉암사 함허당 득통탑	문경시 가은읍 원북리 산1 - 1
문화재 자료 제135호	봉암사 석종형 부도	문경시 가은읍 원북리 산1 - 1
유형문화재 제162호	불영사 부도	울진군 서면 하원리 산34

석등(石燈)

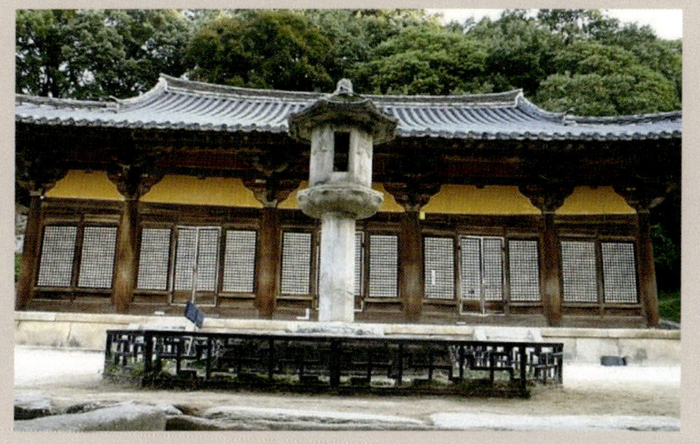

석등(石燈)은 절(寺) 경내에 불을 밝히기 위한 것으로, 예불을 올릴 때 의식 용구로 사용된다.

한국의 석등은 주로 법당 앞이나 탑 앞에 있어 사찰 배치의 구조물로써 사찰 공간의 한 기능을 담당하고 있다.

현재 가장 오래된 것으로는 전북 익산 미륵사지 석등에서 볼 수 있는데, 팔각의 화사석(火舍石)과 하대석만이 남아 있어 전체적인 형태는 살펴볼 수 없다. 통일신라시대에는 8각형 석등이 많이 건립되는데, 기본양식은 하대석 위에 기둥을 세우고, 그 위에 다시 상대석을 놓아 화사석을 받치고 그 위를 지붕돌로 덮는 형식이다. 8각의 4면에는 보살상이나 사천왕상을 조각하여 장엄하다. 그 형태가 변형된 이형양식의 석등도 있는데, 구례 화엄사 사사자석탑 앞 석등과 대구 부인사 금당암지 석등이 좋은 예이다. 전남 담양군 남면 학선리에 보물 제111호 개선사지 석등은 화사석 우주 좌우 면에 진성여왕 5년(891)에 만들었다는 명문(銘文)이 새겨져 있다.

고려시대는 기본형인 8각형 양식에서 차츰 사각형을 기본형으로 둥근 간주 위에 사각형의 앙련석·화사석·개석을 얹었는데 충남 논산 관촉사 석등이 대표적이다. 고려 후기에는 석등이 사찰뿐만 아니라 능묘에서도 사용되었는데, 이를 장명등이라고도 한다.

사자 형태의 이형양식은 경기도 여주 고달사지 쌍사자석등, 경기도 양주 회암사지 쌍사자석등이 대표적이라 할 수 있다.

경북지역에는 우리나라에서 유일하게 하단에 십이지신상이

새겨진 석등이 경주시 교동에 있으며, 불국사 대웅전과 극락전
앞 석등, 청도 운문사 금당 앞 석등이 대표적인 석등이다.

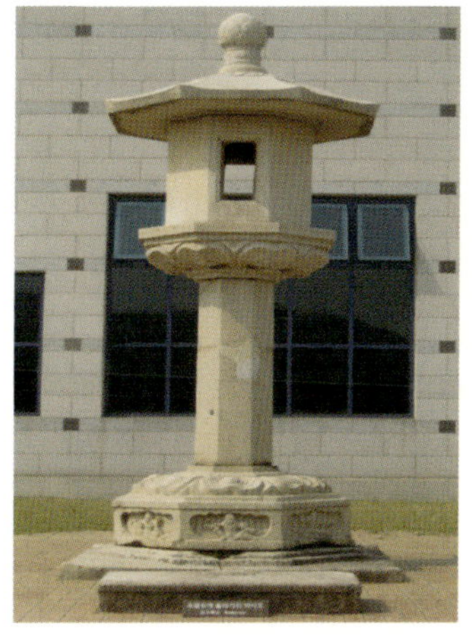

국립경주박물관 석등

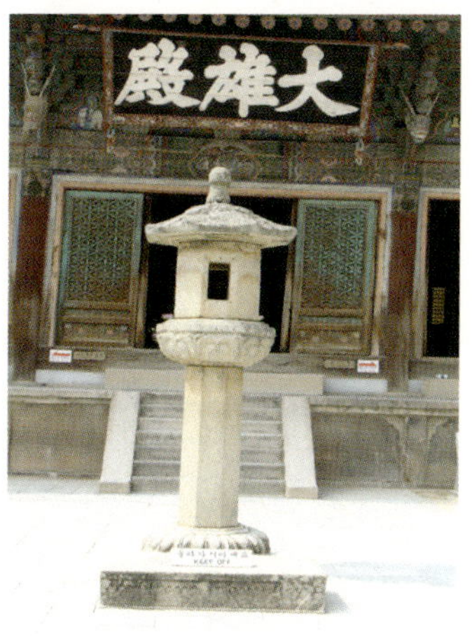

불국사 대웅전 앞 석등

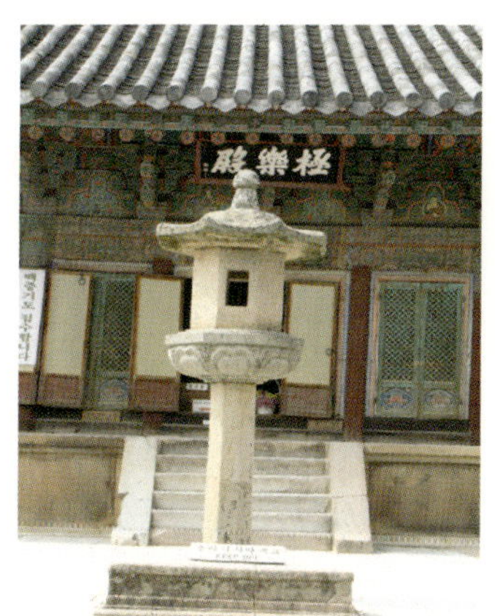

불국사 극락전 앞 석등

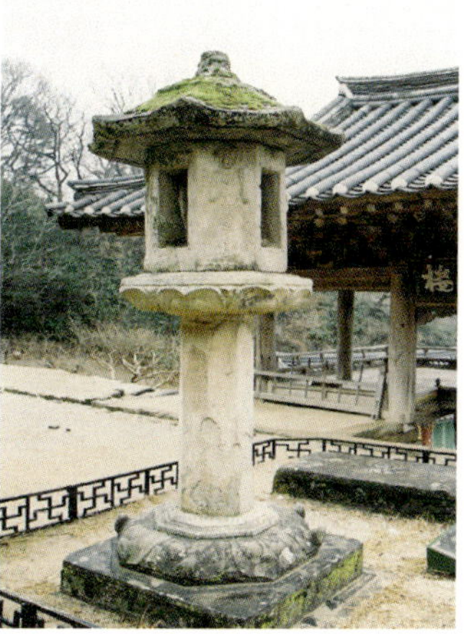

부석사 무량수전 앞 석등

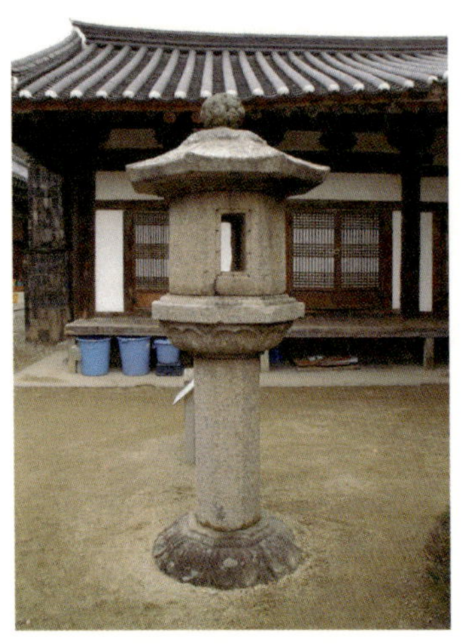

운문사 금당 앞 석등

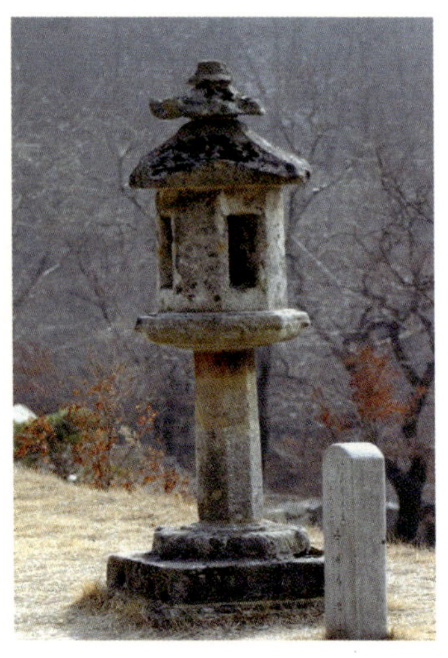

봉화 축서사 석등

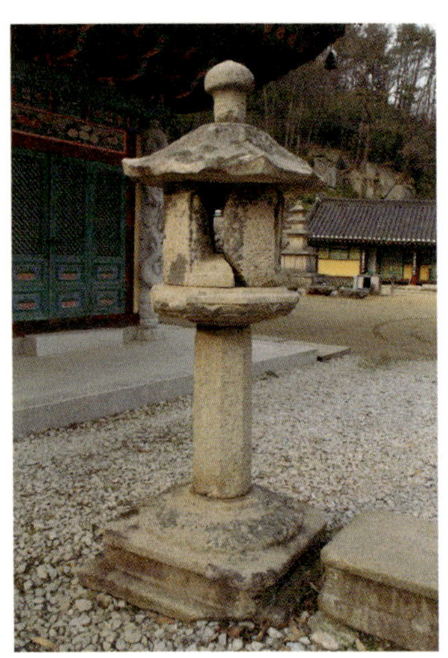

불굴사 석등

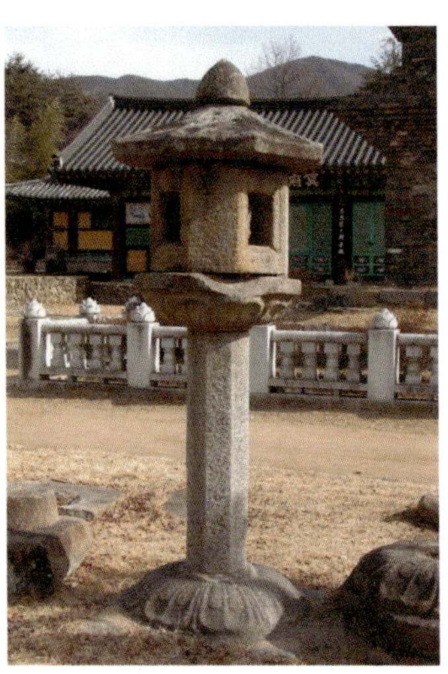

송림사 석등

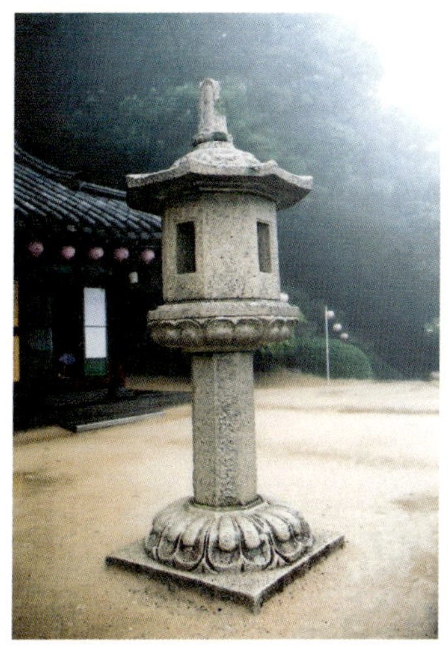
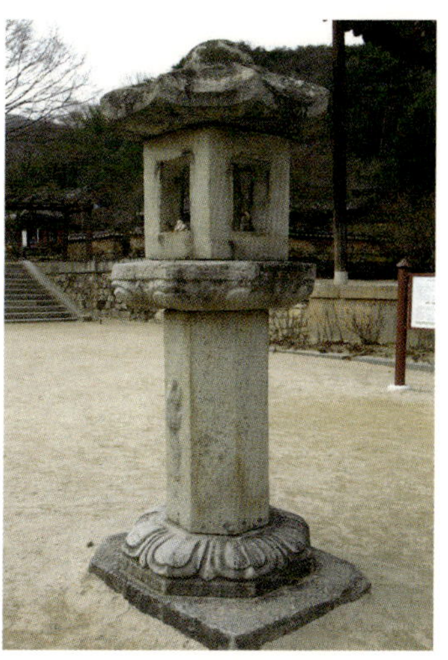

석굴암 수광전 앞 석등   직지사 대웅전 앞 석등

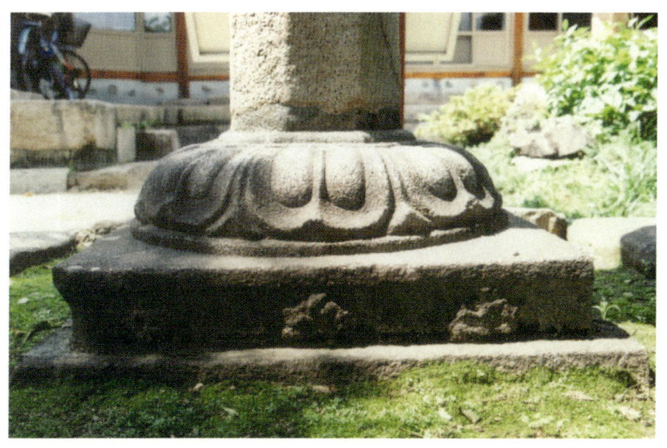

경주 교동 십이지 석등

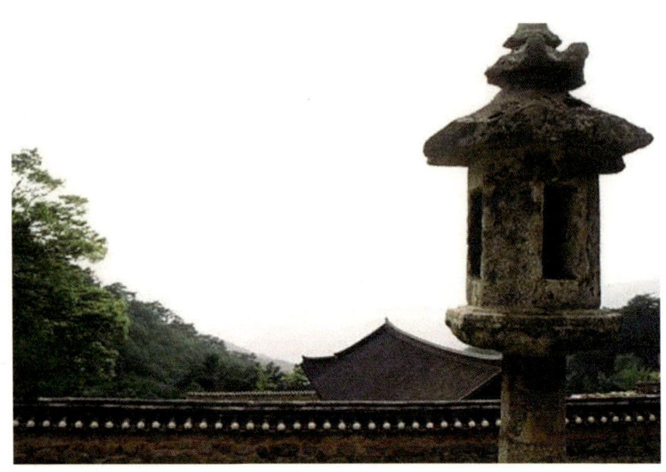

축서사 석등

문화재로 지정된 석등 현황

지정 종별	지정 문화재명	소재지
문화재 자료 제10호	경주 교동 석등	경주시 교동 64-1
국보 제17호	부석사 무량수전 앞 석등	영주시 부석면 북지리 148
보물 제193호	운문사 금당앞 석등	청도군 운문면 신원리 1789
문화재 자료 제158호	축서사 석등	봉화군 물야면 개단리 1

당간지주(幢竿支柱)

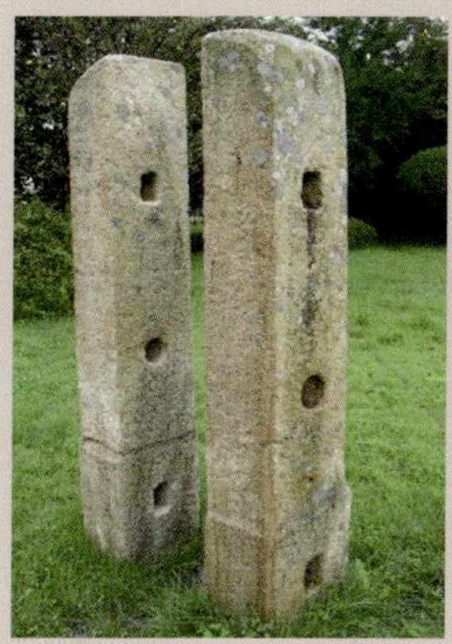 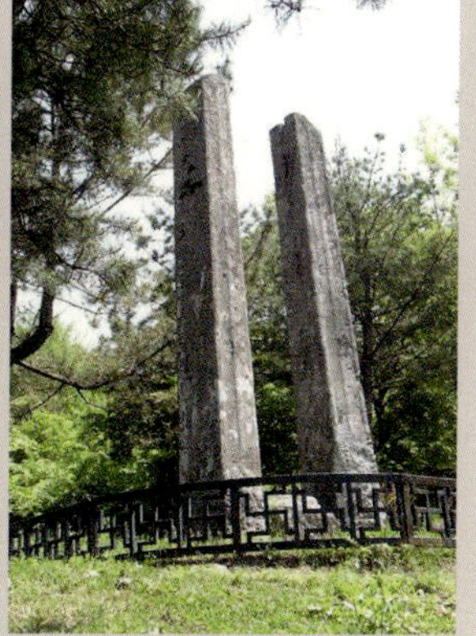

당간지주(幢竿支柱)는 사찰 입구에 세워 두는 것으로써 당간을 양쪽에서 지탱해 주는 두 돌기둥을 말한다. 절에 큰 행사인 법회 등 불교 의식이 있을 때 당이라는 깃발을 달아 두는데 이 깃발을 걸어 두는 긴 장대를 당간이라 한다. 당간지주는 불(佛)·보살(菩薩)의 공덕을 기리거나 마귀를 물리칠 목적으로 설치하였다고 한다. 현재 대부분은 당간을 받쳐 주던 두 기둥만 남아 있으며, 사찰 입구나 주변이 다소 변해 버린 절터에 세워져 있다.

현재 우리나라에 알려진 당간지주는 약 60여기인데, 그중 20기가 경주를 포함한 경북지역에 있다.

통일신라시대 것으로는 경주 사천왕사지, 망덕사지, 보문리사지 2기, 남간사지, 구황동 당간지주, 부석사, 숙수사지, 고령 지산동 당간지주 등이 있다. 이 중 경주 구황동 분황사 당간지주에는 거북으로 된 간대가 남아 있으며, 현존하는 최고의 당간지주라 할 수 있다. 고령 지산동 당간지주는 2002년 하부구조가 처음 조사되었다.

고려시대에는 세로로 선 무늬가 새겨지고, 기둥 위에는 둥근 호를 이루고 간대와 기단부를 갖춘 형태로 나타난다. 충남 서산 보원사지 당간지주(보물 제103호), 강원도 춘천 근화동 당간지주(보물 제76호), 강원도 홍천 희망리 당간지주(보물 제80호)가 대표적이며, 경북지역에는 영양 현동 당간지주가 고려시대 것으로 추정된다.

　조선시대 오면 거대한 규모의 당간지주는 조성되지 않고, 지
주의 치석수법에서도 차이를 나타낸다. 경남 양산 통도사 입구
의 석당간을 예로 볼 수 있다.

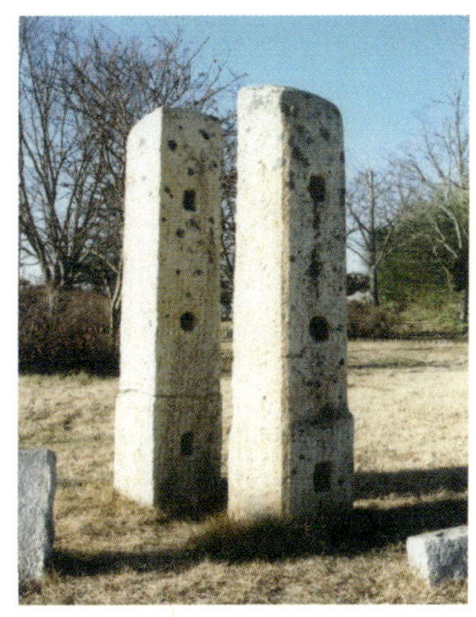

사천왕사지 당간지주

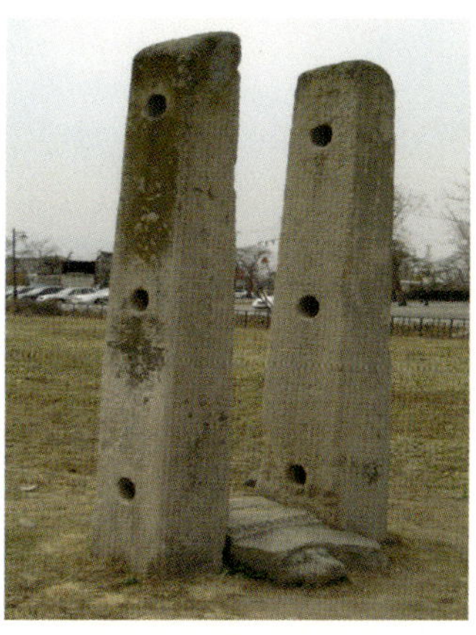

경주 구황리 당간지주

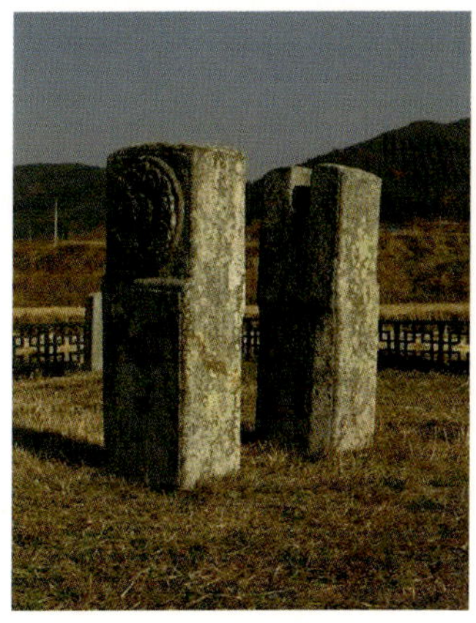

보문리사지 연화문 당간지주

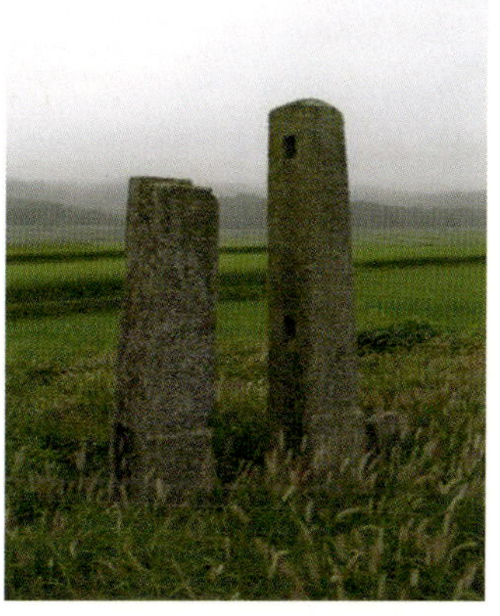

보문리사지 당간지주

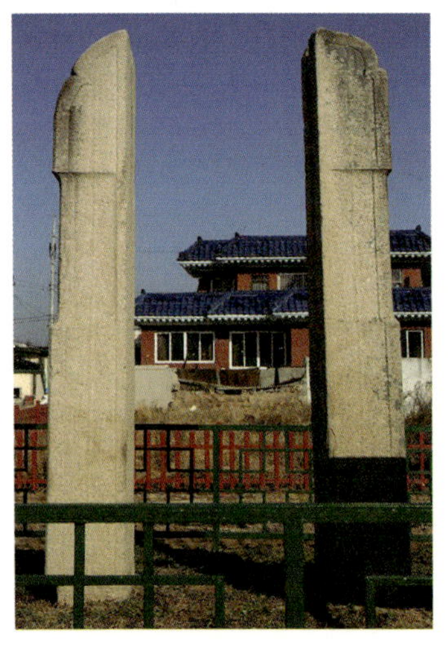

경주 삼랑사지 당간지주

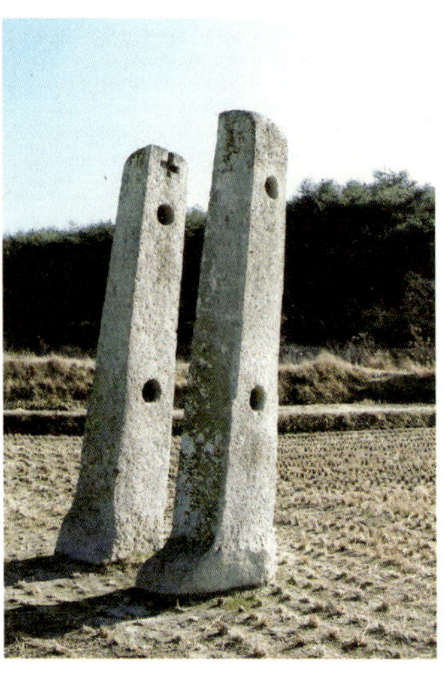

남간사지 당간지주

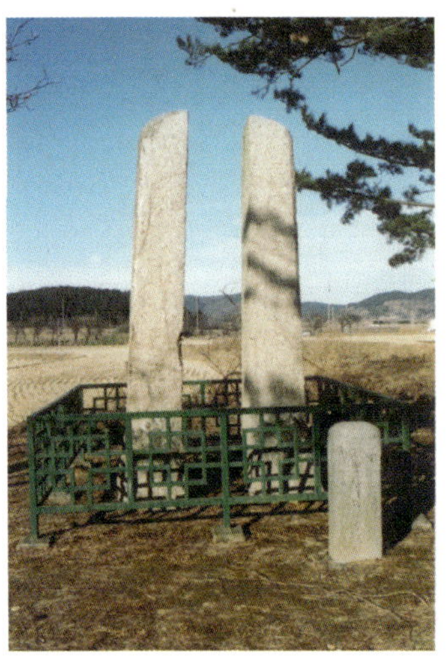

망덕사지 당간지주

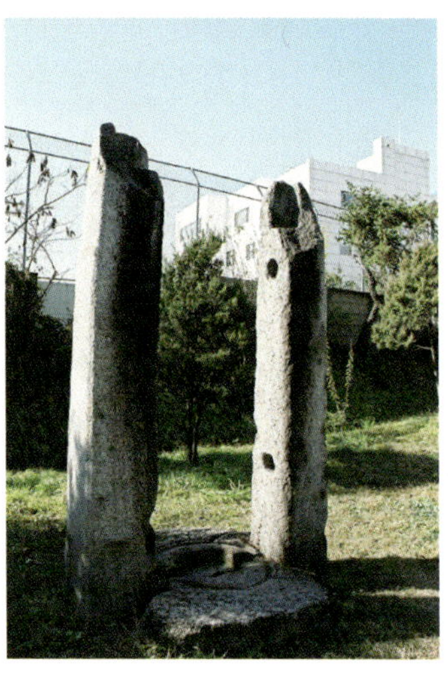

안동 운흥동 당간지주

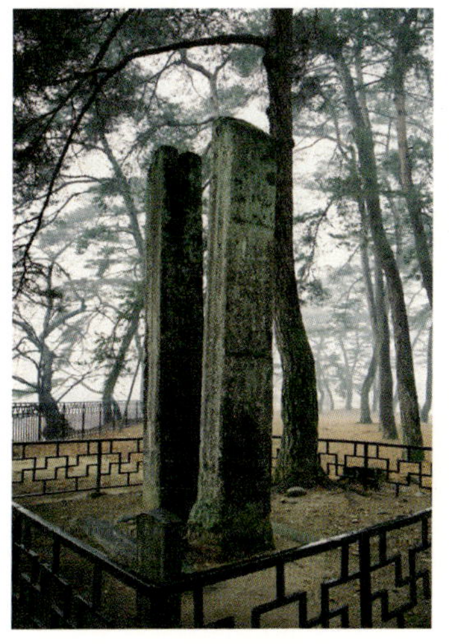

영주 숙수사지 당간지주

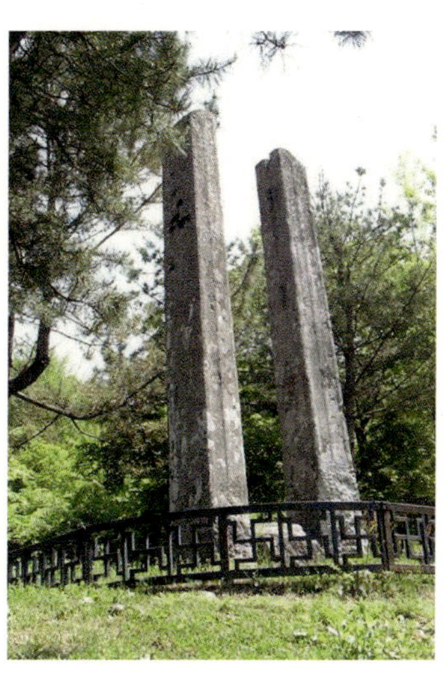

영주 부석사 당간지주

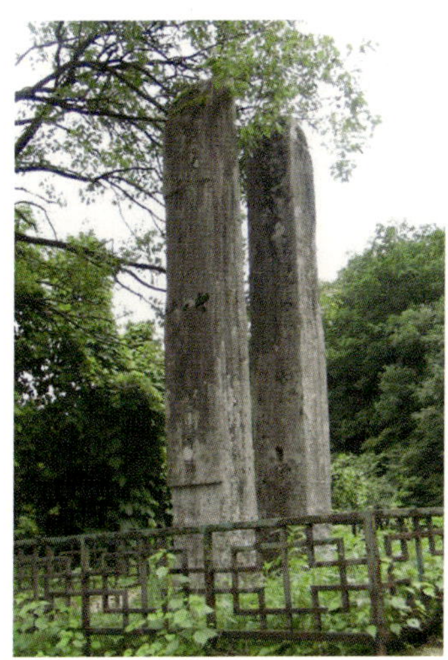

영주 삼가동 당간지주

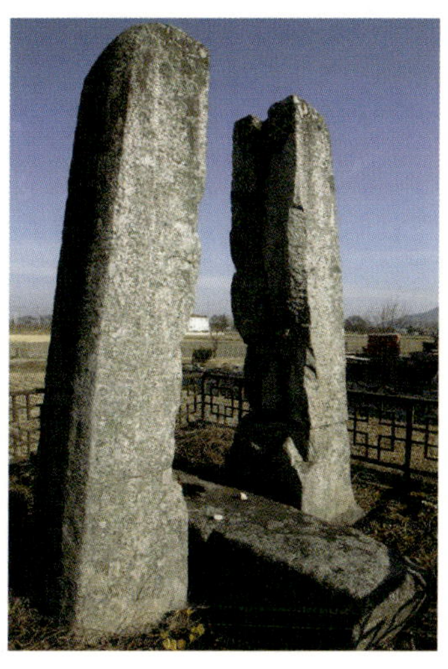

상주 복룡리 당간지주

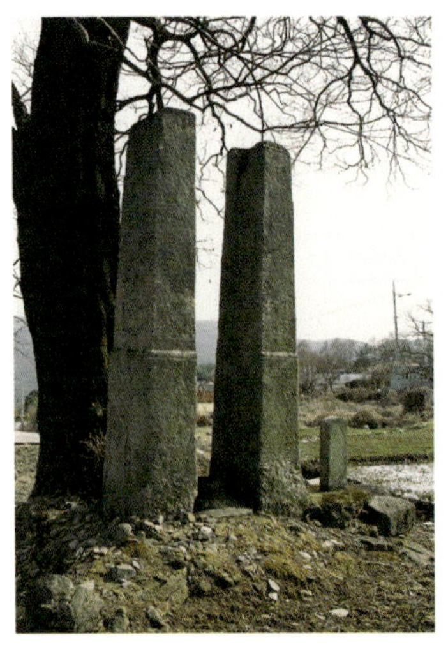

성주 법수사지 당간지주

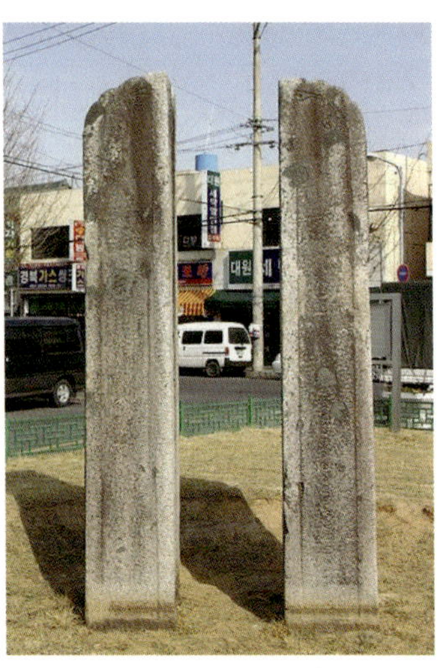

고령 지산동 당간지주

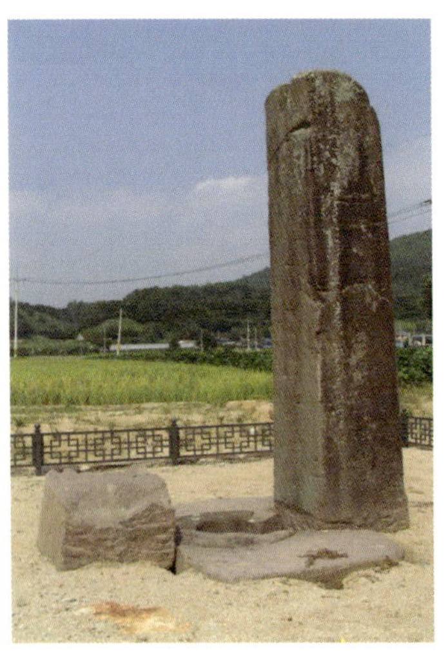

영양 현동 당간지주

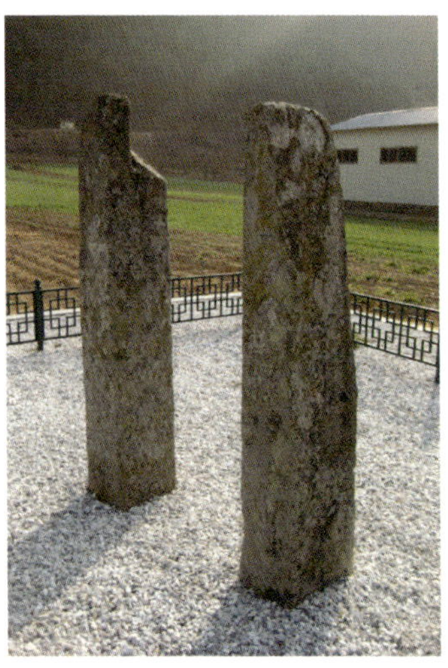

울진 배잠사지 당간지주

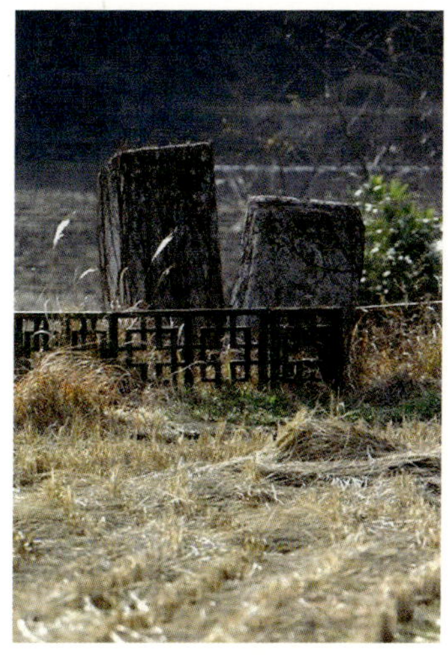

법광사지 당간지주

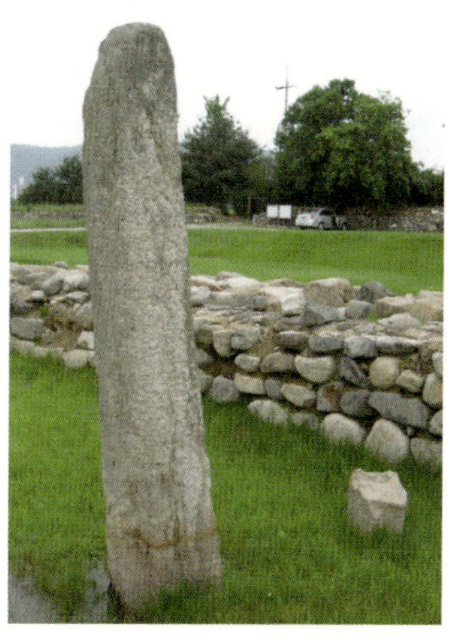

황룡사지 서편 당간지주

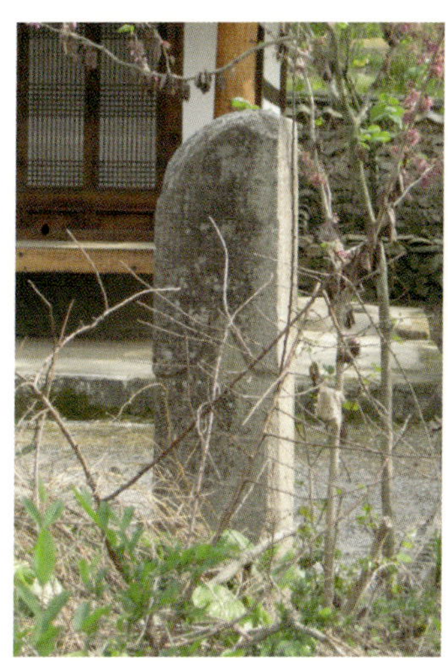

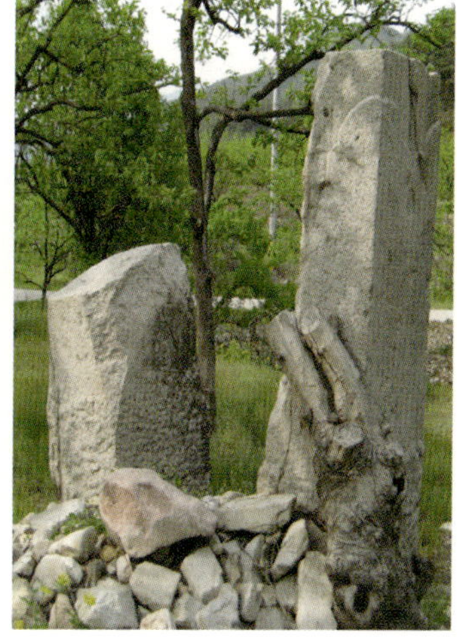

청도 장연사지 당간지주

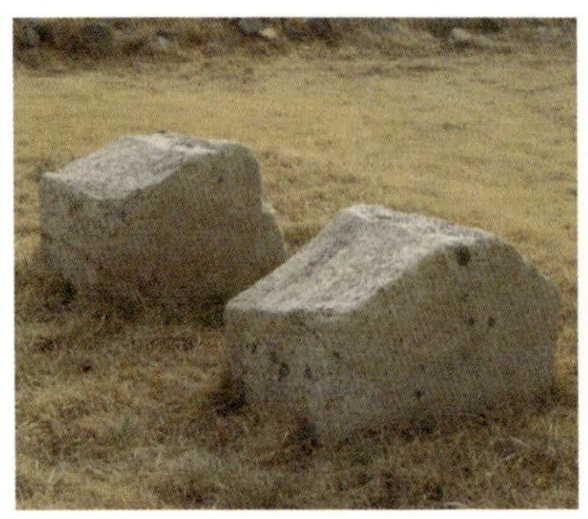 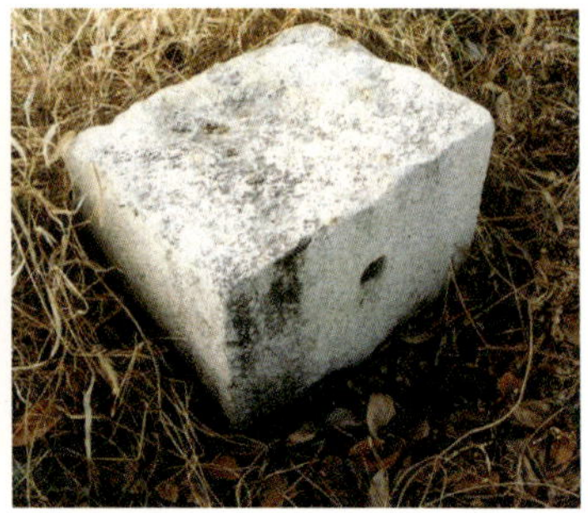

황룡사지 당간지주　　　　　　　　황복사지 당간지주

문화재로 지정된 당간지주 현황

지정유형	문화재명	소재지
보물 제69호	망덕사지 당간지주	경주시 배반동 964
보물 제123호	경주 보문리 당간지주	경주시 보문동 856
보물 제127호	경주 삼랑사지 당간지주	경주시 성건동 425
보물 제909호	남간사지 당간지주	경주시 탑동 858-6
보물 제910호	경주 보문동 연화문 당간지주	경주시 보문동 752-1
유형문화재 제192호	경주 구황동 당간지주	경주시 구황동 315-2
유형문화재 제100호	안동 운흥동 당간지주	안동시 운흥동 231
보물 제59호	숙수사지 당간지주	영주시 순흥면 내죽리 158
보물 제255호	영주 부석사 당간지주	영주시 부석면 북지리 117
유형문화재 제7호	영주 삼가동 당간지주	영주시 풍기읍 삼가리 390
유형문화재 제6호	상주 복룡리 당간지주	상주시 복룡동 207-2
보물 제54호	고령 지산동 당간지주	고령군 고령읍 지산리 4-2
유형문화재 제87호	성주법수사지당간지주	성주군 수륜면 백운리 1214
문화재 자료 제85호	영양 현동 당간지주	영양군 영양읍 현리 404
문화재 자료 제472호	배잠사지 당간지주	울진군 근남면 구산리 923

탑비(塔碑)

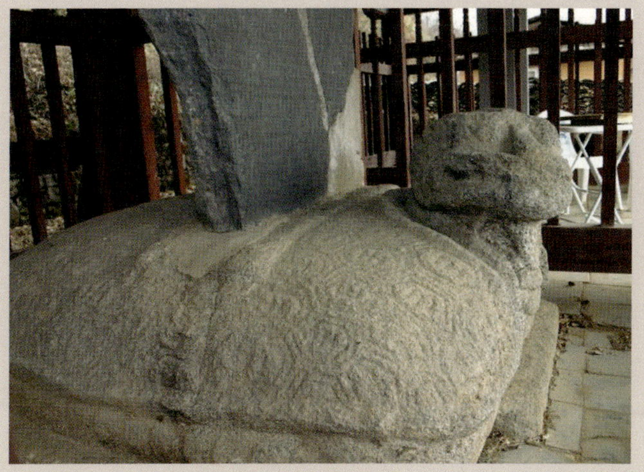

탑비(塔碑)는 고승들의 부도에 속해
있으며, 그 형태는 귀부, 비신 이수로 구성되어 있다. 통일신라
하대 이후 많이 조성되기 시작하며 고려시대 중기까지는 통일
신라 양식을 이어받아 국사나 왕사들의 비가 조성되며, 귀갑
안에 왕(王)자가 새겨진 것도 있다.

문화재로 지정된 탑 비

지정 종별	지정 문화재명	소재지
보물 제251호	선봉사 대각국사비	칠곡군 북삼면 숭오리 산1
보물 제252호	보경사 원진국사비	포항시 송라면 중산리 622
보물 제316호	운문사 원응국사비	청도군 운문면 신원리 1789
보물 제428호	인각사 보각국사탑 및 비	군위군 고로면 화북리 612
유형문화재 제3호	명봉사 경청선원 자적선사 릉운탑비	예천군 상리면 명봉리 산1-1
유형문화재 제4호	비로사 진공대사 보법탑비	영주시 풍기읍 삼가리 390
유형문화재 제97호	분황사 화쟁국사비부	경주시 구황동 313
유형문화재 제127호	부석사 원융국사비	영주시 부석면 북지리 154

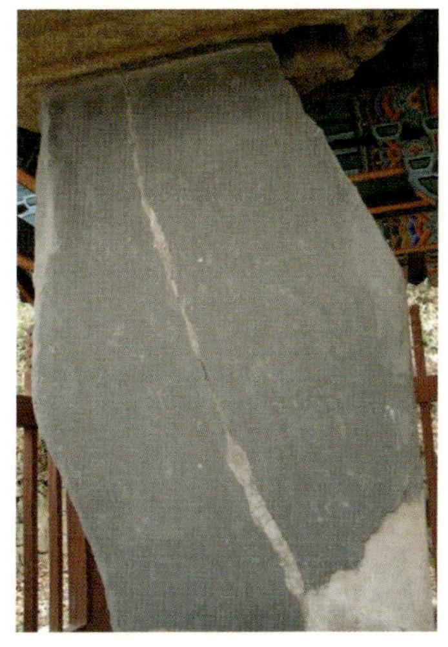

부석사 원융국사비

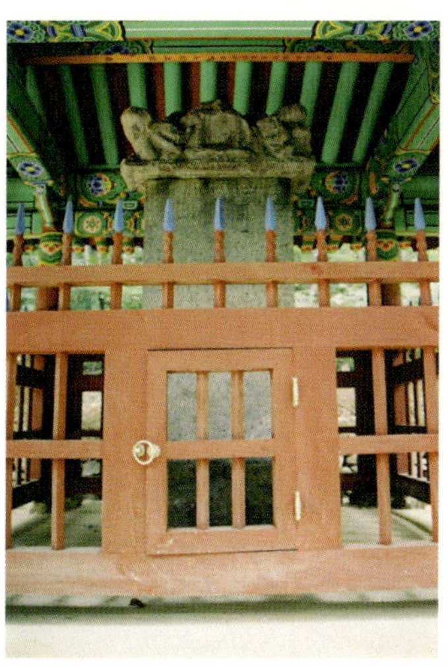

명봉사 경청선원자적선사롱운탑비

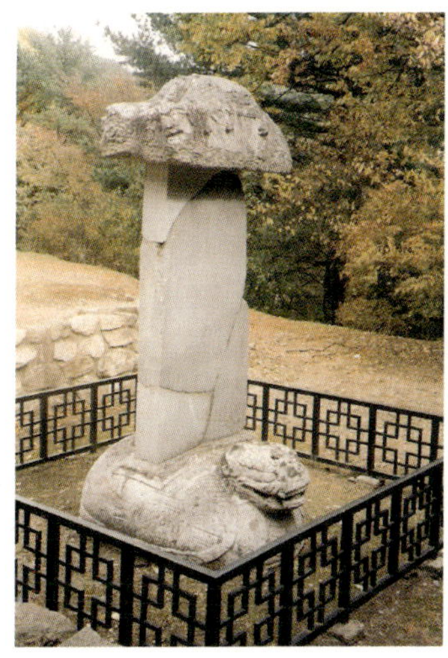

비로사 진공대사보법탑비

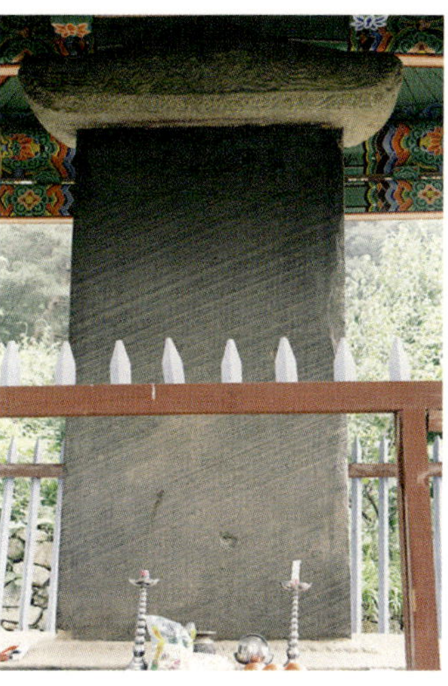

선봉사 대각국사비

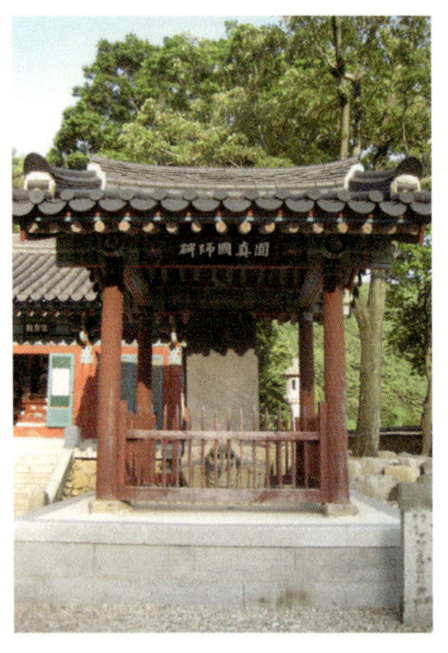

포항 보경사 원진국사비

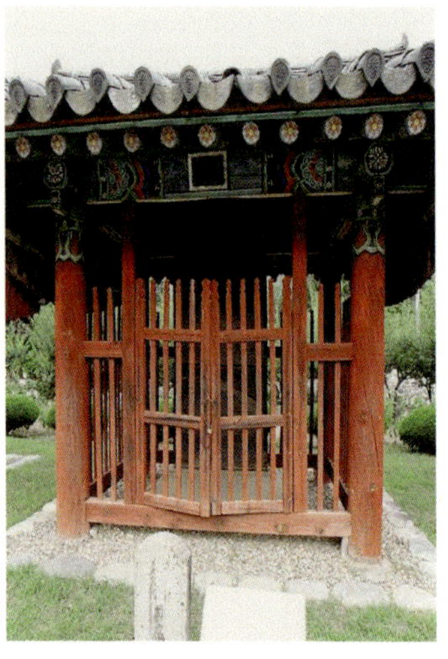

청도 운문사 원응국사비

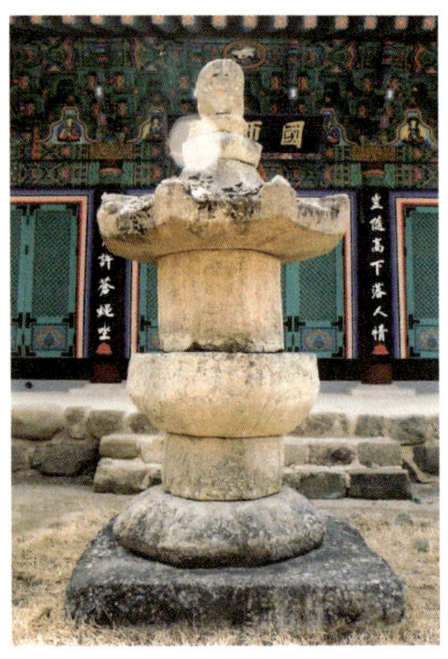

군위 인각사 보각국사탑

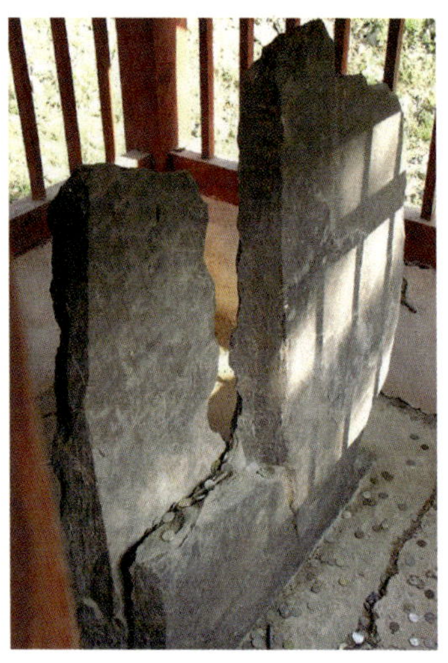

군위 인각사 보각국사비

절터(寺址)

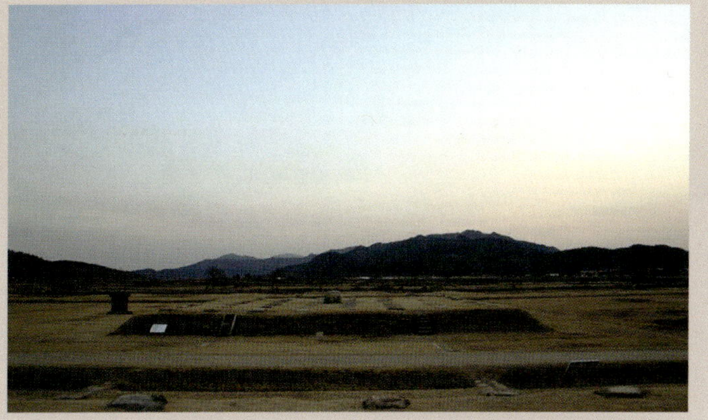

문화재로 지정된 절터

2008년 9월 현재

지정종별	지정 문화재명	소 재 지
사적 제493호	법광사지	포항시 북구 신광면 상읍리 967
사적 제6호	황룡사지	경주시 구황동 320-1외 366필
사적 제7호	망덕사지	경주시 배반동 956외 13필
사적 제8호	사천왕사지	경주시 배반동 935-2외 14필
사적 제15호	경주 흥륜사지	경주시 사정동 281-1외 5필
사적 제31호	경주 감은사지	경주시 양북면 용당리 55-1
사적 제45호	경주 장항리사지	경주시 양북면 장항리 1081외
사적 제46호	경주 원원사지	경주시 외동읍 모화리 2-1외
사적 제82호	경주 천군리사지	경주시 천군동 548-1
사적 제340호	경주 천관사지	경주시 교동 244외 11필
문화재자료 제240호	인용사지	경주시 인왕동 341-3외 12필
사적 제374호	군위 인각사지	군위군 고로면 화북리 612

범종(梵鐘)

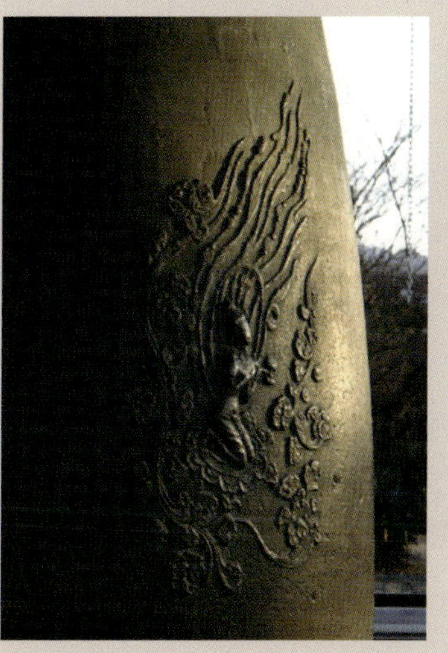

종(鐘)은 절에서 시각을 알리기 위하여 치는 것으로 불교에서는 예불 시간에 사용하며, 법고, 목어, 운판과 함께 불전 사물 중 하나이다.

우리나라의 신라종(新羅鐘)은 과학성과 우수성, 조각의 아름다움이 전 세계적으로 널리 알려져 있다. 알려진 종으로는 국내에서 가장 오래된 범종으로, 오대산 상원사 동종(국보 제36호)이 있다. 이 종은 명문(銘文) 내용에 따르면, 신라 성덕왕 24년(725)에 제작된 것으로 종신에 주악 천녀상이 새겨져 있다.

우리나라에 현존하는 최대의 종은 성덕대왕신종(국보 제29호)인데, 신라 경덕왕(景德王)이 부왕인 성덕왕을 위해 만든 것이며, 혜공왕(惠恭王) 때인 771년에 완성되었다. 현재 국립경주박물관 야외에 있으며, 에밀레종으로 더 잘 알려진 이 종은 비천상(飛天像) 조각으로 유명하다.

신라종은 종신에 비천상이나 주악 천녀상이 새겨져 있다.

고려시대에는 종신에 지장보살상이 새겨져 있고 문양이 신라종과 차이가 있으며, 크기가 다소 작아졌다.

조선시대에는 중국 종의 양식이 나타나며 일부 모방된 소형 범종들도 제작되었으나 절대적인 연도가 새겨져 있어 제작 연도를 알 수 있는 작품들이 대부분이다.

경북지역에는 지정 문화재로 고려 후기의 범종인 포항 오어사 동종(유물전시관), 안동 봉정사 동종(문화재 자료 제404호), 구미 수다사 건륭37년명 동종(문화재 자료 제435호), 고령 반룡사 동종(유형문화재 제288호), 영주 희방사 동종(유형문화재 제226호), 문경 김용사 동종(보물 제11-2호)이 있다.

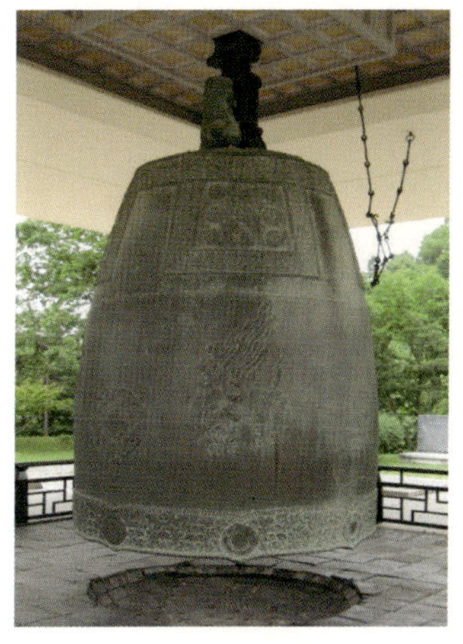

성덕대왕신종
(국립경주박물관)

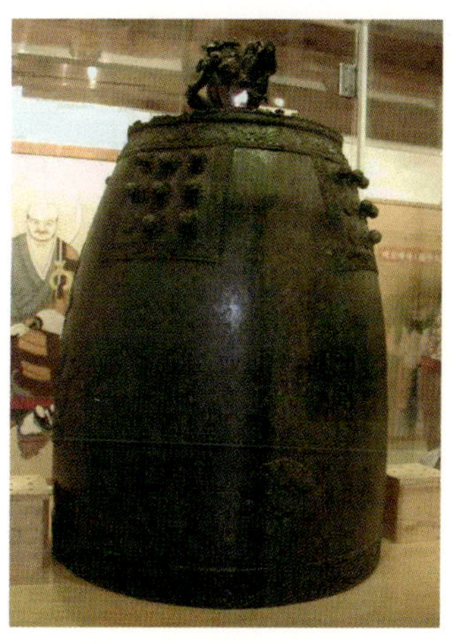

오어사 동종
(오어사유물전시관)

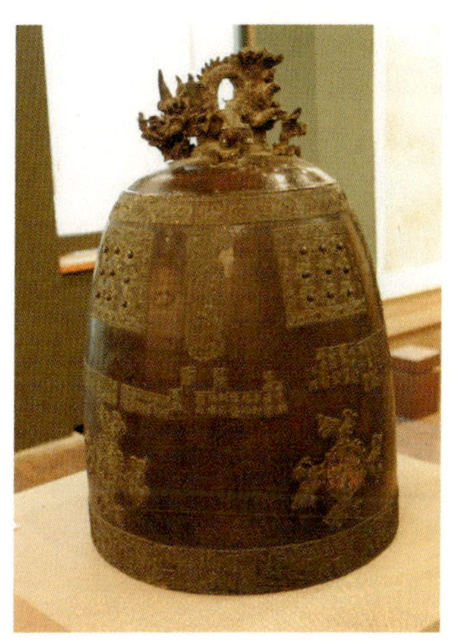

김용사동종(직지사성보박물관)

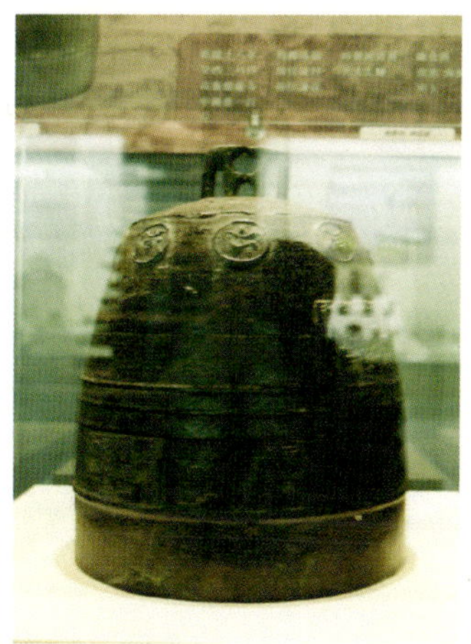

반룡사동종(고령대가야박물관)

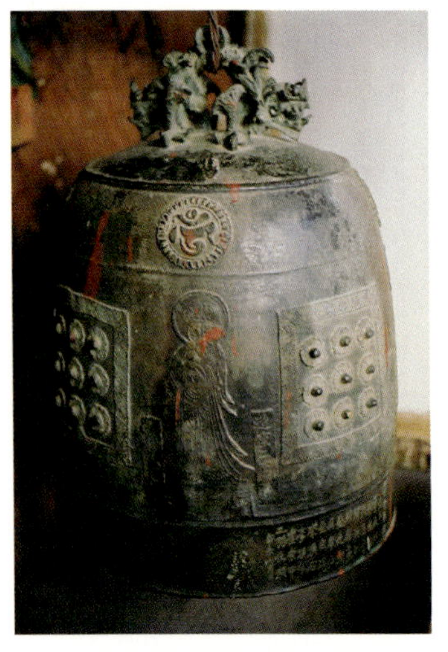

수다사 건륭37년명 동종

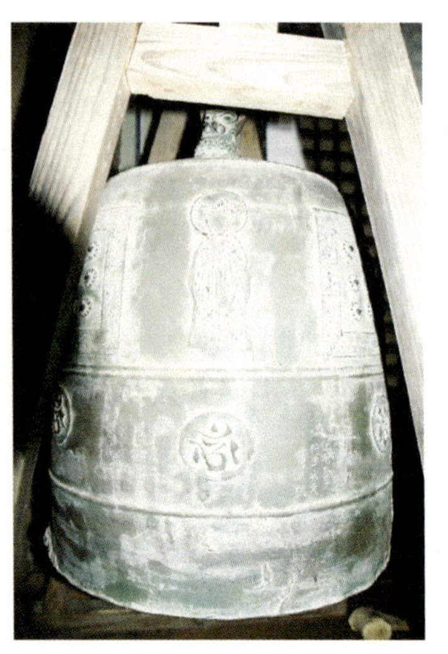

안동 봉정사 동종

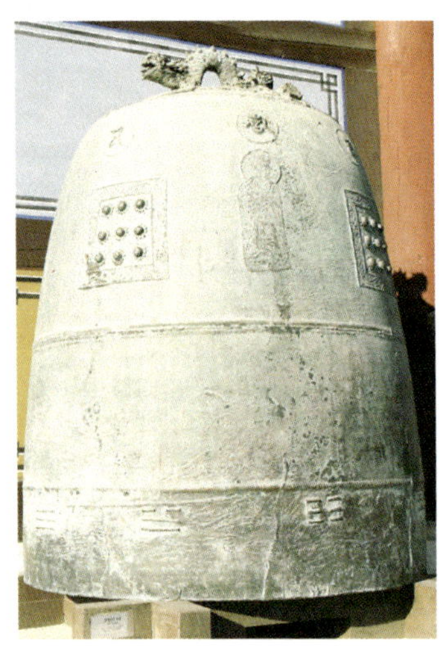

직지사성보박물관 종

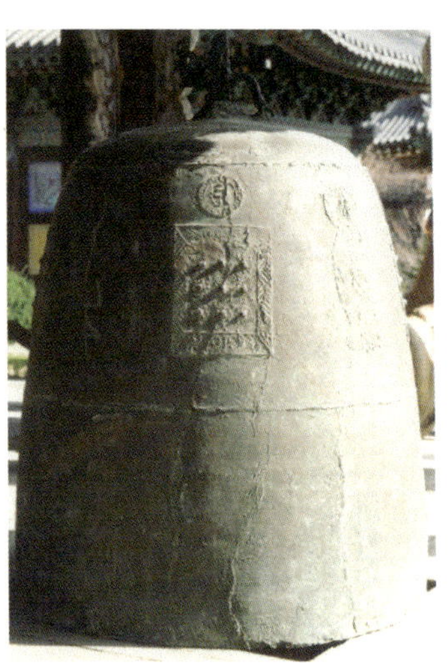

청도 운문사 비로전 옆 종

문화재로 지정된 종

2008년 9월 현재

지정종별	지정 문화재명	소 재 지
보물 제11-1호	포항 보경사 서운암 동종	포항시 북구 송라면 중산리 622
보물 제1280호	오어사 동종	포항시 남구 오천읍 항사리 34
국보 제29호	성덕대왕신종	경주시 인왕동 76 국립경주박물관 소장
문화재자료 제404호	봉정사 동종	안동시 서후면 태장리 901
문화재자료 제435호	수다사 건륭37년명 동종	구미시 무을면 상송리 산12
유형문화재 제226호	희방사동종	영주시 풍기읍 수철리 313-3
보물 제11-2호	문경 김룡사 동종	문경시 산북면 원북리 410현) 식시사 성보박물관 보관
유형문화재 제288호	반룡사 동종	고령읍 지산리 460현) 대가야 유물전시관 소장

괘불(掛佛)

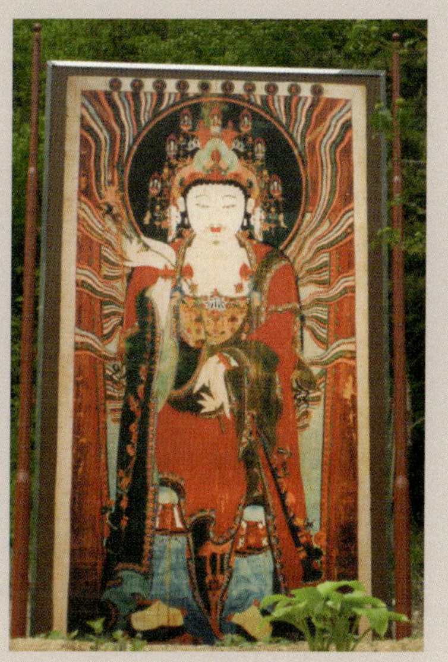

괘불은 절에서 큰 야외 법회나 의식을 행하기 위해 법당 앞뜰에 걸어 놓고 예배를 드리는 대형의 불교 그림이다. 괘불지주에 걸어 두며, 보통은 크기가 10미터 정도 이상 크고, 그린 사람과 그려진 연도가 확실한 예들이 많다.

경북지역에 지정된 괘불탱은 은해사를 비롯하여 축서사, 용문사 등에 있으며 그 현황은 다음과 같다.

지정 종별	지정 문화재명	소재지
보물 제1270호	은해사 괘불탱	영천시 청통면 치일리 479
보물 제1271호	수도사 노사나불 괘불탱	영천시 신녕면 치산리 311
보물 제1278호	북장사 영산회 괘불탱	상주시 내서면 북장리 38
보물 제1374호	용흥사 괘불회 괘불탱	상주시 지천동 772
보물 제1379호	축서사 괘불탱	봉화군 물야면 계단리 1
보물 제1432호	적천사 괘불탱 및 지주	청도군 청도읍 원리 981
보물 제1445호	용문사 영산회 괘불탱	예천군 용문면 내지리 391
유형문화재 제303호	김용사 괘불	문경시 산북면 김용리 410
유형문화재 제357호	선석사 괘불탱	성주군 월항면 인촌리 217

후불탱화(後佛幀畵)

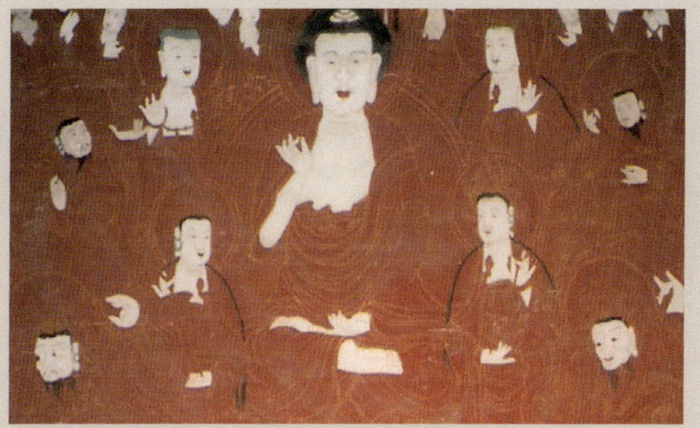

후불탱화는 보통 후불탱이라 하며, 불상이나 보살상 뒤에 그림을 그려 표현한 것이다. 전각에 따라 모셔진 종류도 다양하게 표현되었다.

경북지역 후불탱화 지정현황

지정 종별	지정 문화재명	소재지
보물 제1272호	불영사 영산회상도	울진군 서면 하원리 122
유형문화재 제336호	수다사 대웅전 석가모니 후불탱화	구미시 무을면 상송리 12 (직지사 성보박물관 보관)
유형문화재 제337호	상주 황령사 아미타 후불탱	상주시 은척면 황령리 35 (직지사 성보박물관 보관)
유형문화재 제342호	은해사 대웅전 후불탱 및 삼장탱화	영천시 청통면 치일리 479
유형문화재 제349호	예천 용문사 천불탱	예천군 용문면 내지리 391
유형문화재 제367호	보경사 서운암 후불탱 및 신중탱화	포항시 북구 송라면 중산리 638
유형문화재 제371호	정수사 영산회상도	의성군 구천면 장국리 381
유형문화재 제372호	정수사 지장시왕도	의성군 구천면 장국리 381
유형문화재 제373호	영덕장육사영산회상도	영덕군 창수면 갈천리 120
유형문화재 제374호	영덕장육사지장보살도	영덕군 창수면 갈천리 120
유형문화재 제380호	예천 서악사 석가모니 후불탱	예천군예천읍 대심리 산13 (직지사 성보박물관 보관)
유형문화재 제383호	영천 봉림사 대웅전 영산회상도	영천시 화북면 자천리 2372
문화재 자료 제348호	문경 대승사 윤필암 후불탱화	문경시 산북면 전두리 17
문화재 자료 제468호	대전사 명부전 지장탱화	청송군 부동면 상의리 200
문화재 자료 제470호	대전사 주왕암 나한전 후불탱화	청송군 부동면 상의리 200
문화재 자료 제525호	영주 성혈사 신중탱화	영주시 순흥면 덕현리 277

목각탱(木刻幀)

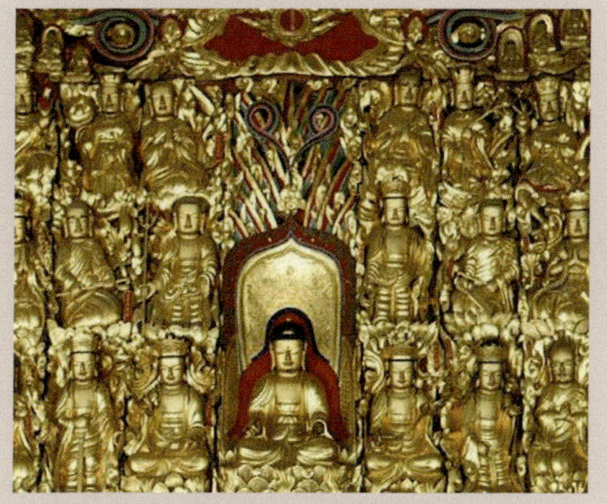

나무를 조각해서 불상 뒤에 만든 불상
뒷면에 불상으로 주로 조선시대 후기에 많이 나타나며 그 예
가 그리 많지 않으며, 경북지역에는 우수한 작품이 남아 있다.

지정 종별	지정 문화재명	소재지
보물 992	남장사 보광전 목각탱	상주시 남장동 502
보물 923	남장사 관음선원 목각탱	상주시 남장동 502
보물 575	대승사 목각탱, 관계문서	문경시 산북면 전두리 8
보물 989	용문사 대장전 목불좌상 및 목각탱	예천군 용문면 내지리 391

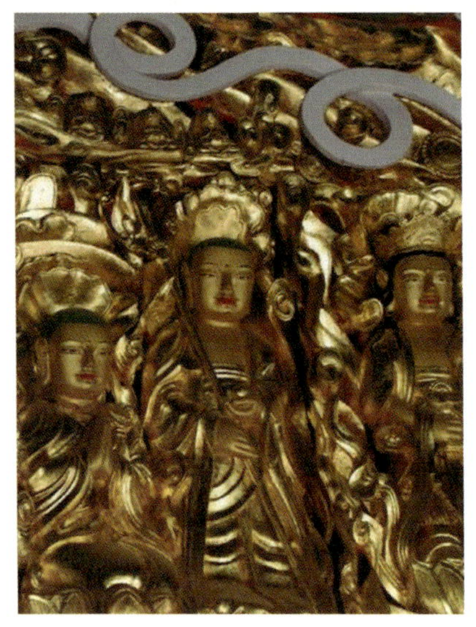

참고문헌

구미시, 『구미의 문화유산』, 2006.

군위군, 『우리고장의 문화유적』 2006.

김환대, 『경북지역 통일신라 9세기불상연구』, 한국학술정보, 2008.

김환대, 『경주남산』, 한국학술정보, 2008.

김환대, 『경주의 불교문화유적』, 한국학술정보, 2008.

문경문화원, 『내고장 전통가꾸기』, 1999.

박성상, 『한국고대마애불상』, 학연문화사, 2004.

봉화군, 『문화유적총람』, 2000.

상주시·상주대학교상주문화연구소, 『상주의 문화재』, 2003.

안동문화원, 『지정문화재편람』, 1993.

안동문화원, 『지정문화재편람』, 1994.

엄기표, 『신라와 고려의 석조부도』, 학연문화사, 2003.

엄기표, 『한국의 당간과 당간지주』, 학연문화사, 2007.

영주문화원, 『찾아가는 영주기행』, 2005.

영천시, 『자연과 함께 하는 문화재탐방』, 2005.

울진군, 『울진문화유적바로알기』, 2007.

전정중, 『구미문화재탐방』, 한국학술정보, 2007.

청도군, 『청도의 지정문화재』, 2002.

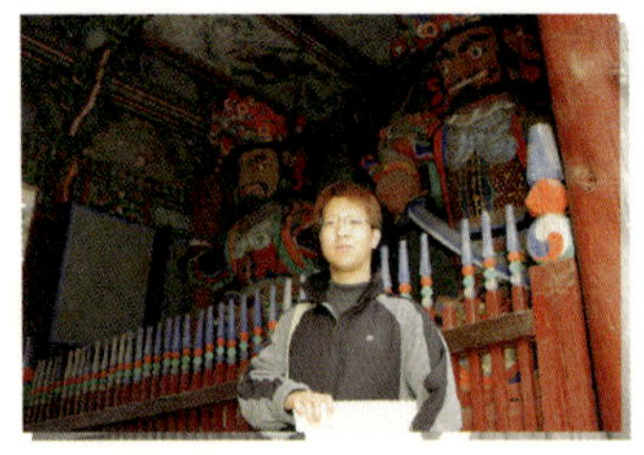

· 저자 ·

김환대
金煥大

·약 력·

경북 경주 출생
동국대학교 고고미술사학과 졸업
대학원에서 역사교육을 전공하였다.
경주문화유적답사회장
관광칼럼리스트
문화유적과 관련된 모임에서 활동
현재 어린이 문화체험 학습과 삼국유사 현장기행 답사진행
전국의 석조 문화재를 비롯하여 문화유적을 답사하고 있다.

·주요논저·

「통일신라 9세기 불상연구」
「경주지역 십이지신상에 관한 연구」
「한국 석탑의 장엄조식」
「경주 문화재에 대한 이해」
『신라 천년의 고도 경주를 찾아서』
『경주의 문화유적』
『신라왕릉』
외 다수

경북지역 불교 문화재

• 초판 인쇄	2008년 10월 30일
• 초판 발행	2008년 10월 30일
• 지 은 이	김환대
• 펴 낸 이	채종준
• 펴 낸 곳	한국학술정보㈜
	경기도 파주시 교하읍 문발리 513-5
	파주출판문화정보산업단지
	전화 031) 908-3181(대표) · 팩스 031) 908-3189
	홈페이지 http://www.kstudy.com
	e-mail(출판사업부) publish@kstudy.com
• 등 록	제일산-115호(2000. 6. 19)
• 가 격	29,000원

ISBN 978-89-534-0451-9 93900 (Paper Book)
　　　978-89-534-0452-6 98900 (e-Book)